Tödliche Torten

W0311117

LEPORELLO
KRIMI

© 2005 LEPORELLO Verlag
Richard-Wagner-Straße 15, D-47799 Krefeld
leporellobuch@aol.com
www.leporellobuch.de
Alle Rechte vorbehalten.
Gestaltung: WerbeAtelier Coelen
Druck und Bindearbeiten: PBtisk s. r. o.
ISBN 3-936783-11-X

Herausgegeben von Ina Coelen

Tödliche Torten

Süßer Tod am Niederrhein

– mit Backrezepten aus der Region –

Kriminalgeschichten von
Nessa Altura, Nina George,
Almuth Heuner, Beatrix Kramlovsky,
Ulla Lessmann, Eva Maaser,
Sandra Lüpkes, Susanne Mischke
u. a.

Leporello Verlag · Krefeld

»Süßer Tod am Niederrhein«

Backrezepte aus der Region

INHALT

Am Niederrhein
ist gut morden.

Vorwort

In diesem Band haben sich neunzehn Autorinnen und ein Alibimann zusammen gefunden, um Ihnen »Kuchenkrimis« und die dazu passenden Backrezepte zu präsentieren. Wir alle haben außer einer gewissen kriminellen Energie eines gemeinsam – wir backen oder essen gern.

Der Niederrhein hat uns inspiriert, seine Landschaft zu Tatorten werden zu lassen und seinen Bewohnern kriminelle Machenschaften anzuhängen. Es hat uns mörderischen Spaß gemacht, reale Schauplätze für unsere fiktiven Kriminalfälle zu entdecken. Vielleicht können wir Sie dazu anstiften, einige der Tatorte selbst aufzuspüren.

Ein Bonbon in diesem Buch sind sicherlich auch die Rezepte, die zum größten Teil typisch sind für diese Region. Beispielsweise wurde »Kalter Hund«, der auch als »Kellerkuchen« oder »Blutwurst« bekannt ist, von einer Generation zur nächsten weiter gereicht. Die »Grillagetorte« ist eine Krefelder Spezialität und in anderen Regionen allenfalls als eine Variante der Eissplittertorte bekannt. Der »Onjeschwedde« ist untrennbar mit Rheydt und Umgebung verbunden – und den Obstkuchen vom Blech hat schon meine Oma regelmäßig zur Erntezeit gebacken.

Mit den Rezepten wollen wir dazu beitragen, dass dieses Stückchen Kultur nicht in Vergessenheit gerät. Wir möchten Sie dazu verführen, selbst aktiv zu werden – vielleicht stehen Sie mit einer »Käsesahnebröseltorte« oder den »Spitzbuben« beim nächsten Familientreffen oder Kaffeeklatsch im Mittelpunkt.

Mörderisch gute Unterhaltung wünscht
Ina Coelen

*Sie wissen ja, die Schauplätze unserer Kriminalgeschichten
können Sie selbst am Niederrhein besuchen.
Die Protagonisten in unseren Geschichten sind allerdings
das Produkt der Fantasie ihrer AutorInnen.
Jede Ähnlichkeit mit lebenden oder verstorbenen Personen wäre
daher purer Zufall und ist nicht beabsichtigt - oder?*

Ulla Lessmann

Hacki und der Herd

Wenn er nur nicht »gute Frau« gesagt hätte! Dann wäre vielleicht alles anders gekommen. »Gute Frau«! Als hätte ich einen IQ von 63. Oder wäre 90, da gilt man ja auch grundsätzlich nicht mehr als zurechnungsfähig. Ich bin der Meinung, dass, wer mich »gute Frau« nennt, mit Betonung auf »gute« und herablassend lächelt und seufzt, als wäre ich doof und eine Last und Plage, der hat es letztlich nicht besser verdient. Der Obstkuchen wurde trotzdem locker und schön knusprig am Rand, was nicht jeder kann.

Ich bin noch lange nicht 90, aber ich gehöre zu den Leuten, die wissen, dass man sich bei den Nachbarn vorstellt, wenn man neu in der Straße ist. Am Schicksbaum, unserer Siedlung, mitten auf dem nackten Acker am Rande von Krefeld, in der wir noch Monate lang durch Matsch anstatt auf Asphalt liefen und in der natürlich eigentlich alle neu waren und in der ich bei den ersten drei Gelegenheiten beim Nachhausekommen dreimal in den falschen Vorgarten lief, der noch gar keiner war, sondern nur ein brauner Klecks lehmigen Bodens und versuchte, meinen Schlüssel in die falsche Haustür zu stecken und immerhin rechtzeitig merkte, dass es nicht meine Tür war, rechtzeitig, bevor die Nachbarn einen Einbruchsversuch vermuten konnten. In dieser Siedlung, in die mich die Scheidung getrieben hatte und in der ich mir mit meiner Abfindung von Peter ein schmalbrüstiges Einheitshäuschen leisten konnte, musste ich mich bei den Nachbarn rechts und links bekannt machen, denn wir saßen auf unseren Terrassen quasi an einem Tisch, hätte ich denn schon einen Tisch gehabt. Den hatte ich mir noch gespart, wahrscheinlich würde ich warten, bis der Kirschlorbeer, das am schnellsten wachsende Abstandsgewächs und deshalb schon tausendfach in der Siedlung vertreten, hoch genug wäre, damit ich wenigstens den Kuchenteller vor den Nachbarn verbergen konnte. Es ist nicht so, dass ich täglich Kuchen esse, nur Samstags wird gebacken, da kann passieren was will, das hat mir auch über die Trennung von Peter hinweg geholfen. Samstags backe ich einen Kellerkuchen, einen Quarkstollen oder einen Obstkuchen vom Blech! Mit zwei bis drei Stücken komme ich Samstags dann aus, Sonntags ist dann die Hälfte etwa gegessen, der Rest wird eingefroren.

Der Blick geradeaus von der Terrasse war im übrigen bislang noch alles andere als idyllisch, denn kurz hinter den Grundstücksgrenzen, mit schon leicht rostenden Eisenstöcken markiert, wurden bereits die Baugruben für die nächste Häuserreihe ausgehoben. Ich wollte abwarten, bis die Häuser fertig waren und dann auch an diese Grenze Kirschlorbeer pflanzen. Jetzt hatte das noch keinen Sinn, die Bauarbeiter würden nur darüber trampeln.

Ich hatte gehofft, auch bei mir würden sich die Nachbarn vorstellen, aber nachdem ich mich rechts und links vorgestellt hatte, blieb es dabei – von gegenüber und zwei, drei Häusern weiter links oder rechts hörte ich nichts, beziehungsweise nur das, was seit Monaten aus allen Häusern zu hören war: Hämmern, Bohren, Schleifen. Die Häuser waren ungewöhnlich preiswert gewesen, also war viel Eigenarbeit notwendig. Ich kann weder Bohren noch Hämmern noch Schleifen, aber das geht niemanden etwas an, ich kann hervorragend backen und Peter wird sich noch umgucken bei seiner Neuen, die wahrscheinlich Bohren, aber nicht Backen kann.

Ich hatte nicht die Absicht, die Nachbarn einzuladen, bei denen ich mich vorstellte, ich wollte nur höflich sein und sicherstellen, dass sie es merken würden, wenn bei mir eingebrochen würde oder wenn ich eines Tages die

Jalousien nicht hochziehen würde. Ich wollte wenigstens schnell gefunden werden, wenn es soweit wäre. Frau Brusalski aber lud mich sofort ein. Aus Vluyn sei sie, also nicht weit weg und frisch geschieden und ob ich die Vluyner Kirmes und den Klompenball kenne und sie hörte gar nicht mehr auf, obwohl sie höchstens 55 ist und man doch sagt, das nur die alten Frauen immer so viel reden, wenn sie mal jemanden finden, der ihnen zuhört. Ich jedenfalls kam gar nicht zu Wort. Ich kenne die Vluyner Kirmes, aber das wollte sie gar nicht wissen, obwohl ich was erzählen wollte, denn meine eine Tante wohnte dort, und wir gingen zusammen Fronleichnam nach Vluyn zum Klompenball.

Frau Brusalski kochte sofort Kaffee und stellte einen halben Käsekuchen auf den Tisch, obwohl es Mittwoch war und redete in einem fort. Von ihrem Neffen. Dieser Neffe sei »ein Segen«. Das sagt sie oft, denn ich bin nach dem ersten Mal und dem Käsekuchen schon drei-, viermal wieder bei ihr gewesen, sie passte mich ab, hatte ich das Gefühl, wenn ich vom Einkaufen zurückkam, die 1,5 Kilometer nach Krefeld rein, die schaffe ich zu Fuß sehr gut, ein Auto ist mir zu teuer und sie hatte immer einen halben Kuchen da, als ob sie in dem Moment, wenn sie die eine Hälfte aufgegessen hatte, nach jemandem Ausschau hielt, mit dem sie die andere Hälfte teilen konnte.

Der Neffe also sei »ein Segen«. Sie begann unser Gespräch gewöhnlich mit: »Also, gerade neulich, wissen Sie, sprachen mein Neffe und ich über ...«. Dieses »wissen Sie« faszinierte mich besonders und mehr als einmal war ich versucht, zu antworten »ja, weiß ich schon« und so alle Gesprächsversuche zu torpedieren oder mit dem Satz »nein, woher denn?« unhöflich zu werden. Aber das wäre gegenüber Frau Brusalski nicht fair gewesen, sie konnte gut backen und so kam ich auch Dienstags oder Donnerstags zu meinem Kuchen.

»Mein Neffe sagte, ‚stell dir vor, die hatten diese preiswerten Bohrer nicht mehr da.' Und wissen Sie, was er dann gemacht hat?«

Ich wusste es nicht, und wenn ich es gewusst hätte, hätte ich es nicht gesagt. Ich nickte aufmunternd. In meinem ganzen Leben hatte ich mich noch nicht für Bohrer, geschweige denn preiswerte, interessiert. Und wer waren überhaupt »die«? Aber ich schwieg und kramte mimische Anweisungen aus meinem Gedächtnis, die ich in der Laien-Theatergruppe an der Volkshochschule gelernt hatte: Ich zog fragend eine Augenbraue in die Höhe und machte große Augen. Ich guckte offenbar richtig.

»Er hat sich beschwert. Wissen Sie, mein Neffe kann dann so sein. Ich bin ja anders, deswegen ergänzen wir uns so gut. Der geht da hin und beschwert sich. Hat sich jemanden kommen lassen, stellen Sie sich das vor. Da waren die aber auf Zack, sage ich Ihnen.«

»Auf Zack?« fragte ich. Ich war ein wenig eingenickt.

»Ich erzählte gerade, wie Hacki sich neulich wegen der preiswerten Bohrmaschine, die sie nicht mehr hatten, jemanden hat kommen lassen und sich beschwert hat. Ich hätte das nie fertiggebracht, aber Hacki ist da wie nichts. Immer vorneweg.«

Sie lächelte stolz. Dass der Neffe von Frau Brusalski Hacki heißt, hatte ich noch gar nicht erfahren. Bislang kannte ich in nur als »mein Neffe, wissen Sie« und »ein Segen«. Bei mir in Gedanken hieß er immer »ein Segen«. Mein Gott, und nun hieß er plötzlich Hacki! Einen solchen Namen musste er schon im Kindergarten von böswilligen Gleichaltrigen bekommen haben. Wie konnte ein Mensch, der Hacki genannt wurde und das nicht spätestens in der ersten Klasse unter Aufbietung aller Kräfte wieder rückgängig gemacht hatte, sich wegen des Bohrers jemanden kommen lassen? Wie konnte ein Mensch namens Hacki auf Zack sein? Vielleicht war er so geworden, gerade weil er Hacki hieß. Weil immer alle ihn gehänselt, bedrängt und benachteiligt hatten wegen dieses entsetzlichen Namens, so dass er beschlossen hatte: Ich kämpfe um jede billige Bohrmaschine und werde mir nie etwas gefallen lassen, und dann kann meine Tante das überall herumerzählen, ihrer Nachbarin zum Beispiel.

»Hm«, machte Frau Brusalski gerade.

Es klang misstrauisch. Ich hatte überhaupt nicht zugehört. Das passierte mir häufig, ich guckte interessiert und dachte einfach außerhalb des Gespräches weiter. In diesem Falle war das völlig egal, weil ich jederzeit wieder einsteigen konnte. Gerade als ich darüber nachdachte, dass der Backofen neulich streikte, als ich meinen wunderbaren Obstkuchen vom Blech backen wollte, mit Kirschen aus dem Glas, weil die Pflaumen noch nicht reif waren, die ich immer in Rheurdt bei einem alten Bekannten geschenkt bekam, fuhr Frau Brusalski fort: » . . . weil, wenn die das anpreisen, müssen sie es auch haben, das habe ich im Fernsehen gesehen, aber sie versuchen ja alles mit einem, weil die glauben, sie können sich alles erlauben, aber nicht mit meinem Neffen, das können Sie mir glauben, und der hat dann auch ein Auftreten, es ist ein Segen.«

Ich nickte und nippte an meinem Likör. Es gab nach dem Kuchen immer Eierlikör. Das wunderte mich sehr, ich fand Frau Brusalski viel zu jung für Likör.

»Die Leute merken das«, fuhr sie in vertraulichem Ton fort, »dass da jemand ist, der sich jemanden kommen lässt und sich nicht alles gefallen lässt. Wo käme man da auch hin, wenn sie einen immer nur beschwindeln und für dumm verkaufen wollen?«

Sie sah mich fragend an und ich, die gerade versuchte, mich daran zu erinnern, wo die Gebrauchsanleitung für den Herd hingekommen war und dass Peter vielleicht, als er mir vor drei Monaten den Herd angeschlossen hatte, irgend etwas falsch gemacht hatte, um mich zu ärgern, sagte hastig: »Das weiß man wirklich nicht.«

„Jedenfalls nicht zu einer Bohrmaschine“, Frau Brusalski sprach jetzt sehr eindringlich, »und was meinen

Sie? Die haben ihm eine raus gesucht, zu dem billigen Preis, weil die natürlich wussten, wenn das im Fernsehen kommt, dass man Sonderangebote bekommen muss und drauf bestehen kann und dann kommt wirklich einer und besteht darauf und sie haben die nicht, dann gibt's Ärger. Und den können die sich auch nicht leisten. Nicht mehr heutzutage, wo alles im Fernsehen kommt. Und nun hat er die tatsächlich, ein wunderbares Stück, sagt Hacki und das Regal im Klo ist sehr passend geworden, wie dafür gemacht.« Sie strahlte mich an, und ich war völlig erschöpft, weil ich mir Mühe gegeben hatte, nicht wieder den Faden zu verlieren.

»Wunderbar«, sagte ich und ließ einfach mal offen, ob ich Hacki oder das Regal oder die Bohrmaschine meinte.

Bei dem Wort »Klo« erinnerte ich mich an meine Verpflichtungen Frau Brusalski gegenüber und sagte rasch: »So ein Regal im Klo ist immer sehr passend und die werden sich das bestimmt dreimal überlegen, ob sie noch mal versuchen, ihre Bohrmaschinen ins Fernsehen zu bringen.«

Dankenswerterweise wurde ich nicht gebeten, diesen Satz zu erklären, denn Frau Brusalski sagte gerade: »Und wenn Sie mal was zu bohren haben, der Hacki macht Ihnen das Ruck-zuck.«

Ich war ganz benommen von dem Likör und den Hacki-Geschichten und verabschiedete mich ziemlich rasch mit der Bemerkung, dass ich doch etwas müde würde so am späten Nachmittag mit dem ungewohnten Likör und mich ein Weilchen hinlegen müsste, was überhaupt nicht stimmte. Ich durfte dann kein Licht machen, denn das hätte sie gesehen. Ich testete im Dämmerlicht meinen Backofen, stellte 200 Grad ein, aber nach einer Viertelstunde war er gerade mal nur lauwarm.

Elektriker sind sehr teuer. Ich hatte nach dem Einzug den Herd anschließen und die Lampen anbringen lassen, weil ich mir das nicht zutraute. Sonst gab es nichts, wozu ich einen Handwerker gebraucht hätte. Die Bilder hatte ich nicht aufgehängt, sondern auf das Buffet und in die Schrankwand gestellt und im Bad und in der Küche hatte ich Klebehaken. Vielleicht sollte ich den berühmten wunderbaren Hacki bitten, sich meinen Herd anzusehen? Ich hatte keine Ahnung, was Hacki von Beruf war, vielleicht hatte ich Pech und er war Elektriker oder jedenfalls jemand, der für Herdreparaturen zuständig war. Dann würde er auch teuer werden, denn welche Veranlassung hatte er, für die Nachbarin seiner Tante umsonst zu arbeiten? Oder er war Bürokaufmann, dann wäre das Heimwerken sein Hobby und er würde es umsonst machen oder für Kaffee und Kuchen oder ein Bier. Im Tiefkühlfach hatte ich noch Rosinenstuten, Quarkstollen und Nusskuchen, aber richtig perfekt und am besten gelang mir immer der Obstkuchen, den würde ich ihm servieren. Aber ich hatte keine gefrorenen Reste vom Obstkuchen mehr und ich konnte den Obstkuchen ja erst wieder backen, wenn Hacki meinen Herd repariert haben würde.

Das war kompliziert. Die Geschichte mit der Bohrmaschine sprach dafür, dass Hacki von Beruf eher kein Handwerker war, denn die konnten sich ja wohl ein solches Gerät aus der Firma mitbringen, wenn sie zu Haus etwas zu bohren hatten. Ich beschloss, am nächsten Nachmittag mit einem aufgetauten Stückchen Rosinenstuten bei Frau Brusalski zu klingen. Ich könnte sagen, dass ich mich revanchieren wollte und dann unauffällig das Gespräch auf Hacki und seine vielfältigen Fähigkeiten lenken. Ich konnte auch einfach sagen, ich hätte etwas zu bohren und ob er mal vorbeischauen könnte, dann hatte ich ihn einmal da und konnte ihn ganz beiläufig auf den Herd aufmerksam machen. Obstkuchen bekam er dann eben nicht, der Nusskuchen musste es dann richten, vielleicht aß er auch keinen Kuchen und wollte lieber ein Bier. Ich musste auf jeden Fall Bier besorgen, Hacki trank bestimmt Bier, wahrscheinlich Sonderangebote und machte ein Theater, wenn die Angebote aus waren.

Am übernächsten Nachmittag klingelte ich mit dem Rosinenstuten auf meinem guten Kuchenteller, dem mit dem Rosenmuster, das Ganze mit Klarsichtfolie abgedeckt, bei Frau Brusalski. Ich sah mich, weil sie nicht sofort an die Tür kam, mit den Augen der anderen Nachbarn, gegenüber rechts und links, alle mit dem Küchen- und Gästetoilettenfenster auf die immer noch nicht fertig asphaltierte Straße ausgerichtet, wie sie mich dort stehen sahen mit dem Kuchenteller und dachte, na, falls ihr neidisch seid, ihr hättet euch ja auch mal vorstellen können. Leider hatte ich noch nicht wirklich identifizieren können, wer in welchem Haus wohnte, die meisten Menschen hasteten mit gesenktem Kopf durch den Matsch, verständlicherweise, wenn auch noch Pfützen hinzukamen und ich wusste auch nicht genau, wie undurchsichtig meine neuen weißen Halbgardinen in der Küche waren und ob, wenn ich dort stand, um den neuen Nachbarn zuzugucken bei ihrem Slalom um die Pfützen, sie mich auch sehen könnten, falls sie mal hochsahen, wenn es trocken war. Manche Menschen spüren, wenn sie beobachtet werden. Das wäre mir sehr peinlich gewesen, weil ich gar nicht neugierig bin.

»Ach, das ist aber nett«, sagte Frau Brusalski, als sie endlich öffnete und ich sah, dass sie Lippenstift aufgelegt hatte.

Wohl nicht für mich, bestimmt hatte sie jemand anderen erwartet oder erhofft, als ich klingelte. Aber sie lächelte freundlich, kochte sofort Kaffee und wir plauderten über die unasphaltierte Straße und dass es vielleicht bald eine Bushaltestelle geben würde und dass manche Leute sehr lange brauchen, bis sie Küchengardinen haben.

Und endlich, der Stuten war alle und Frau Brusalski holte ohne zu fragen die Eierlikörflasche aus dem Wohnzimmerschrank, endlich sagte sie: »Was mein Neffe ist, der Hacki, ich habe vielleicht schon mal von ihm erzählt, der kommt mich morgen am späteren Nachmittag besuchen, das ist so einer, wissen Sie, der besucht seine Tante!«

Ich überlegte schnell, was ich sagen könnte, um zu erfahren, was Hacki von Beruf wäre und ob ich meinen kaputten Herd ins Spiel bringen sollte.

Doch Frau Brusalski sprach schon weiter: »Der kann sich das einteilen, der Hacki, der ist da souverän wie sonst was, der entscheidet, ‚ich besuche meine Tante in ihrem neuen Haus' und dann kennt der nichts, der Hacki.«

Womit ich nun erfuhr, dass der famose Hacki in den drei Monaten, in denen wir hier wohnten, seine Tante noch nicht besucht hatte, obwohl der da nichts kannte und gleichzeitig, dass er souveräner Herr seiner Zeit war. Das sprach möglicherweise für einen selbstständigen Handwerker oder für einen arbeitslosen Heimwerker? Verdammt, ich musste einfach fragen.

»Was macht denn eigentlich Ihr Neffe so?« fragte ich also mutig, ich konnte doch schließlich, wenn Frau Brusalski antwortete, dass Hacki ein völlig ausgebuchter Elektriker sei, mein Herdproblem völlig verschweigen.

»Der Hacki, der ist sehr vielseitig.« Frau Brusalski schenkte Eierlikör in ihre grünen Likörgläschen. »Wohlsein! Wahnsinn, was der alles macht und kann, es gibt ja Menschen, die scheuen sich vor nichts und kennen sich wirklich aus.«

Ich trank etwas unkontrolliert den Eierlikör mit einem Schluck aus. Frau Brusalski war auch sehr begabt, überhaupt nichts zu sagen. So kam ich nicht weiter.

»Hat Ihnen der Rosinenstuten geschmeckt? Ich habe nämlich Probleme mit der Herdtemperatur.«

»Davon hat man überhaupt nichts gemerkt!", sagte Frau Brusalski ungläubig. Konnte man natürlich nicht, weil der Stuten ja aus der Tiefkühltruhe war und längst gebacken, bevor der Herd Zicken machte. Aber ich wollte ihr nicht gestehen, dass ich tiefgefrorenen Kuchen mitgebracht hatte. Ich kam keinen Schritt weiter.

»Der Hacki«, sagte Frau Brusalski und goss umstandslos mein Glas wieder voll, »der Hacki weiß Bescheid, das muss man sagen«. Sie trank einen Schluck und ich tat es ihr nach. »Das finde ich toll, wenn junge Leute sich nichts vormachen lassen.«

In meiner Verzweiflung trank ich auch das zweite Glas aus und wollte mich gerade erheben, als Frau Brusalski sagte: »Ich sag' dem Hacki das mit ihrem Herd, das kann der sich mal ansehen, da kennt der nichts der Hacki, der sieht sich alles an, wenn man ihn drum bittet, der ist eine Seele von Mensch, das sage ich Ihnen, da muss man sich wundern, so selten ist das.«

»Das ist wirklich sehr nett«, brachte ich heraus und verabschiedete mich eine Spur zu schnell.

Nun wusste ich gar nichts, jetzt konnte der Starkstromelektriker Hacki mit seiner 300-Euro-Rechnung und zwei Lehrlingen mich genauso heimsuchen wie der begeisterte Hobbywerkler, der der Nachbarin seiner Tante mal eben für ein Bierchen den Herd reparierte.

Ich war stocksauer auf mich selber, das kam davon, dass meine Mutter immer sagte, man solle nicht mit der Tür ins Haus fallen. Als ich noch mit Peter verheiratet war, hatten wir das Problem nie gehabt. Peter war immer ein gesuchter und gut bezahlter Elektriker gewesen.

Den restlichen Abend verbrachte ich auf einem Hocker sitzend vor meinem Backofen. Ich stellte ihn auf verschiedene Temperaturen, auf Oberhitze, Unterhitze und Umluft, auf Grillen und Grillen mit Umluft. Bei allen Möglichkeiten wurde er grundsätzlich nur mal gerade lauwarm, ich konnte meine Hand ohne weiteres in den Backofen legen, obwohl ich auf 250 Grad Grillen gestellt hatte. Ich konnte mir doch nicht meine einzige Freude, das Kuchenbacken, verderben lassen. Ich konnte aber auch nicht mehrere Hundert Euro für eine Herdreparatur ausgeben.

Ich verbrachte eine unruhige Nacht und schlief erst gegen Morgen ein. Den ganzen Tag trödelte ich im Haus herum, umdröhnt vom Hämmern und Bohren der Nachbarschaft, vom Bagger hinter dem Haus. »Späten Nachmittag«, hatte Frau Brusalski gesagt, käme Hacki. Und bestimmt würde seine Tante nicht sofort sagen: »Schau mal bei meiner Nachbarin nach dem Herd!«

Wenn sie es nicht überhaupt vergaß. Ich hatte den Verdacht, dass sie sehr viel Eierlikör trank. Was heißt überhaupt »später Nachmittag«? Ich hatte mir morgens ein paar Stücke Nusskuchen aufgetaut und aß am Nachmittag davon. Ich traute mich nicht aus dem Haus, falls Hacki klingeln würde, obwohl ich eigentlich Bier hätte kaufen wollen und sollen. Verzweifelt rührte ich einen Obstkuchenteig an und stellte ihn zum Gehen auf den Heizkörper in der Küche.

Es wurde früh dunkel und gegen 17 Uhr war es schon ziemlich dämmerig. Die Straßenlaternen waren uns versprochen worden, genau wie der Asphalt und genau wie der fehlten sie bislang. Ich ging abends nicht mehr aus dem Haus, solange es keine Straßenbeleuchtung gab und ich hatte den Eindruck, die meisten meiner Nachbarn taten das genauso wenig.

Missmutig kaute ich auf dem hervorragenden Nusskuchen herum, als es plötzlich klingelte. Hacki! Ich konnte mich also auf Frau Brusalski verlassen. Hastig stellte ich den Kuchen in den Kühlschrank, dann könnte ich nach getaner Arbeit sagen, ich wollte gerade Kuchen essen, möchten Sie auch ein Stück. Oder ich könnte sofort den frischen Obstkuchen backen! Und ihn dann zu Frau Brusalski hinüberbringen.

Ich öffnete die Tür und sah den Mann, kaum größer als ich, nicht weniger gedrungen, überraschend ältlich, wobei ältlich ein Attribut für Frauen ist, aber ich fand sofort, dass Hacki ältlich aussah, nicht alt, aber auch nicht mehr jung, so zwischendrin in allem. Nicht richtig blond, nicht richtig dunkel, nicht richtig schlank, aber auch nicht dick und nicht überwältigend und unmittelbar sympathisch, aber auf keinen Fall unsympathisch.

Er lächelte ein wenig schüchtern, was mich wunderte bei einem, der sich auskannte und ich holte Luft und sagte rasch: »Das ist wirklich sehr nett von Ihnen, dass Sie vorbeikommen, kommen Sie doch herein, hier links ist gleich die Küche, wie bei allen hier, ha, ha.«

Ich redete ein bisschen viel und schnell, aber ich wollte so gerne, dass er sich nur ganz kurz aufhielt, denn dann konnte er nicht so viele Stundensätze berechnen. Und die Anfahrt konnte er eigentlich auch nicht berechnen, fiel mir ein, er besuchte ja seine Tante und ich hatte ihn gar nicht bestellt! »Schauen Sie, das ist der Herd und er wird einfach nicht mehr heiß.«

Hacki schaute mich an, nicht unfreundlich, schaute den Herd an und sagte: »Tja, gute Frau, dann schauen wir mal.« Und drehte Knöpfe auf und ruckelte den Herd von der Wand und schaute an seiner Rückseite auf die Leitung und ich überlegte die ganze Zeit, wie ich ihn anreden sollte, ich konnte ja nicht Hacki sagen und wusste natürlich nicht, ob er auch Brusalski hieß. Ich wunderte mich, dass er so still war und gar nicht so wirkte, als ob er sich jemanden kommen ließ, wenn ihm was nicht passte, aber manche Leute tauen ja auch erst auf und dass er »gute Frau« gesagt hatte, ärgerte mich, aber ich wollte ihn auf keinen Fall verärgern und schwieg ebenso.

»Ich komm gleich wieder, gute Frau, ich hol mir mal was«, sagte er nach einer Weile und ich sagte, »das ist aber nett, vielen Dank« und ärgerte mich über das zweite »gute Frau«.

Er ging aus der Tür, ich ließ sie offen, stand im Flur herum und schon nach wenigen Minuten kam Hacki wieder, ging stumm an mir vorbei, eine Bohrmaschine in der Hand. Hatte er das so mühsam erworbene Stück extra für mich mit zu seiner Tante gebracht, hatte sie ihn also vorgewarnt? Oder hatte er immer seine Bohrmaschine im Auto? Und wieso brauchte er für den Herd eine Bohrmaschine?

»Das haben wir gleich, gute Frau«, sagte Hacki, fuchtelte mit der Bohrmaschine herum und stieß die Schüssel mit dem Obstkuchenteig vom Heizkörper, wo sie, zugegeben, etwas wackelig gestanden hatte.

»Ach, du meine Güte, gute Frau, das ist aber unpraktisch hier mit dem Teig«, sagte Hacki, lächelte ein bisschen dämlich, quetschte sich umstandslos hinter den Herd, hielt die Bohrmaschine wie ein Gewehr auf mich gerichtet, sagte strahlend: »Akku!«, kniete sich zwischen Herd und Wand und bohrte. Es kreischte. Ich wusste nicht, was tun. Erst den Teig aufwischen oder fragen, was er bohrt? Am Herd? In der Wand? Ich konnte Hacki nicht verärgern, ich brauchte seine Tante, die anderen Nachbarn stellten sich ja nicht vor und wenn Hacki sauer wurde, war er wahrscheinlich sauer bis ans Lebensende, weil er vom Lebenskampf gestählt war und dann würde seine Tante solidarisch mit ihm sein und ich würde niemanden mehr kennen, der meinen Kuchen lobte.

Lieber nur den Teig aufwischen und schweigen. Ich hatte Hefe auf Vorrat, alles andere sowieso, ich konnte schnell einen neuen Teig ansetzen, und wenn der Herd repariert war, würde ich rasch den Obstkuchen backen und rüberbringen. Ich ging ins Bad, füllte den Putzeimer mit warmem Wasser, gab einen Spritzer Neutralseife hinzu, griff nach dem Wischlappen und ging in die Küche zurück, wo das Bohren aufgehört hatte.

Hacki schlängelte sich gerade mit eingezogenem Bauch hinter dem Herd hervor, die Bohrmaschine wieder wie eine MP auf mich gerichtet und sagte: »Alles Paletti, gute Frau«.

Ich machte einen großen Schritt auf ihn zu, um ihn endlich zu bitten, mich mit meinem Namen anzusprechen und die »gute Frau« zu unterlassen, da hob er die Bohrmaschine noch höher, er sah aus wie die Freiheitsstatue mit der Fackel, trat in den Teighaufen, verlor das Gleichgewicht, knallte mit dem Hinterkopf auf die Kante der offenen Backofentür, sein Kopf rutschte ab, knallte auf das Linoleum. Und Hacki blieb liegen. Auf dem Rücken. Mit dem Kopf im Teig. Mit offenen Augen.

Ich sah das und glaubte es nicht und dachte, der Hacki, der ist auch in einer Laienspielgruppe an der VHS und sagte leise »Hacki?«, aber ich sah auch, dass unter seinem Kopf eine Blutlache wuchs und sich mit dem Teig vermischte und ich dachte nur, das verzeiht mir Frau Brusalski nie, was soll ich tun ohne sie, niemand stellt sich vor, Peter hat eine Neue, auf der Terrasse sieht dich jeder und die Straßenlaternen funktionieren nicht und Frau Brusalski wird dich dafür hassen, dass ihr Segen tot ist.

Ich handelte. Es war dunkel. Ich zog Hacki durch die Küche in den Flur, durchs Wohnzimmer, gut, dass ich Laminat hatte und keinen Teppichboden, ich zog immer weiter, er war schwer, aber nicht unhandlich, ich zog ihn, ohne aufzusehen, durch den Garten, an den rostenden Eisenstangen vorbei bis zur Baugrube, ich stieß ihn über den Rand, unten stand das Grundwasser, aufgefüllt mit dem Regenwasser der letzten Tage, Hacki versank. Ich rannte zurück, ich holte die Bohrmaschine, ich warf sie hinterher in der Dunkelheit, wie gut, dass die Straßenlaternen nicht brannten, wie gut, dass neue Häuser gebaut wurden. Morgen kamen die Betonmischer.

Ich wischte die Küche. Zwei Stunden lang. Ich wartete auf Frau Brusalski. Ich wartete, dass sie klingeln und fragen würde, wo denn ihr Neffe bliebe, der doch nur rasch zu mir herüber kommen wollte, um nach dem Herd zu sehen. Ich ruckelte den Herd an die Wand zurück, ich rührte einen neuen Obstkuchenteig an, ganz mechanisch, 100 Gramm Margarine, ein viertel Liter Milch, ich hatte alles im Kopf, ich würde nachher rübergehen zu Frau Brusalski und fragen, ob denn ihr Neffe heute noch käme? Dann würde sie sagen, der ist doch schon da, der ist doch gleich zu ihnen.

Ich stellte den Herd auf 200 Grad. Er wurde heiß. Ich

musste weinen. Hacki, dachte ich, du hast, wie auch immer, mit einem einzigen Bohren mit deiner so heiß erkämpften Bohrmaschine meinen Herd und mein Leben gerettet. Aber wie sollte ich das Frau Brusalski erklären?

Der Obstkuchen wurde wunderbar, die Kirschen aus dem Glas passten prima. Ich schnitt ein großzügiges Stück ab und ging hinüber zu meiner Nachbarin, es war kurz nach 21 Uhr.

»Guten Abend, Frau Brusalski«, sagte ich, als sie die Tür öffnete und bevor sie etwas sagen konnte, »ich bringe ein Stückchen Obstkuchen, um ihnen zu zeigen, dass mein Herd wieder in Ordnung ist, das war wohl nur ein Wackelkontakt, deshalb geht er wieder und Ihr Neffe braucht nicht mehr zu kommen, aber falls er schon da ist, wollte ich den Obstkuchen bringen als Beweis, dass er nicht mehr zu kommen braucht.«

Was für ein aufgeregter, dummer Satz! Aber Frau Brusalski strahlte, nahm mich am Arm und zog mich hinein.

»Ein Gläschen Madeira?« fragte sie und holte schon die Flasche und zwei Gläser. »Für Kaffee ist es ja zu spät, aber für frischen Obstkuchen nie. Setzen Sie sich doch. Der Hacki ist heute doch nicht gekommen, der hat vorhin angerufen, er trifft sich mit ein paar Kumpels, der Hacki ist ja sehr beliebt, überall gefragt, der trifft sich also mit ein paar engen Freunden, weil er dieses Jahr Klompenkönig werden will und das ist natürlich wunderbar und in unserer Familie ganz neu, aber der Hacki, der packt das.«

Ich sank auf die Couch. Der tote Mann in der Baugrube war nicht Hacki. Um Himmels Willen, warum nicht? Wer war das? Wer hatte bei mir geklingelt und dann meinen Herd repariert?

»War der Herr Ziboleit auch bei Ihnen?« sprach Frau Brusalski weiter und legte zwei Papierservietten auf den Tisch, griff sich ein Stück von meinem Kuchen, »sehr gut, wunderbar locker, eine schöne Idee, so für den Abend, also der Herr Ziboleit von gegenüber, der macht heute Abend die Vorstellungstour, hat er gesagt, bisher ist er nicht dazu gekommen, wir hatten uns schon ein paar Mal gegrüßt, ich dachte, er kommt sicherlich bald mal offiziell.«

Aha, der Lippenstift von neulich. Nun, wenigstens etwas klärte sich an diesem Abend.

»Und nun ist seine Frau bei ihrer Mutter und er hat gedacht, er stellt sich mal vor und wir haben ein Gläschen getrunken und er hat mir erzählt, dass er alles selber gemacht hat in seinem Haus, weil er auch diese Bohrmaschine hat, die der Hacki hat, die Männer sind ja doch alle sehr patent. Mein Ding ist das nicht. Aber jetzt haben wir ja den Herrn Ziboleit von gegenüber, wenn mein Neffe beschäftigt ist. Ist denn der Herr Ziboleit schon bei Ihnen gewesen?«

Ich schüttelte den Kopf, ich konnte nicht sprechen.

»Na«, sagte Frau Brusalski und goss uns nach, »wahrscheinlich waren Sie mit dem Backen beschäftigt und haben ihn nicht gehört und er ist erstmal ein Haus weiter gegangen.«

Ja, so konnte man das sagen. Ein Haus weiter.

Obstkuchen vom Blech

FÜR DEN TEIG:

500 g Mehl
1 Päckchen Hefe
100 g Margarine
80 g Zucker
1/4 l Milch
Salz
Backpapier

FÜR DEN BELAG:

2 kg Äpfel
oder 2 kg Pflaumen
oder Pfirsiche, Aprikosen, Kirschen aus der Dose

Mehl in eine Schüssel geben, in der Mitte eine Mulde bilden und die Hefe hinein krümeln.
Einen Teelöffel Zucker und etwas warme Milch hinzugeben und mit der Hefe und etwas Mehl in der Mitte einen Vorteig anrühren.
Etwa 10 Minuten gehen lassen.
Margarinenflöckchen, eine Prise Salz, den restlichen Zucker und die Milch hinzufügen und alles gut durchkneten.
Ca. 30 Minuten gehen lassen.
Den Teig auf einem mit Backpapier ausgelegten Blech ausrollen und mit dem vorbereiteten Obst, Äpfel in Spalten oder Pflaumen in Hälften etc. belegen.
Bei 200 Grad ca. 45 Minuten backen (bis der Teig an den Seiten knusprig wird).

Eva Maaser

Küchengeschichte

Da stand nun die neue Küche in all ihrer Pracht und roch nach Tod.

Formaldehyd? Ein Hauch von Phenolen?

So durfte eine Küche nicht riechen, dachte Hermann Raddisch traurig. Das Holz sah nett aus, lauter echte Kirschfronten, gekrönt von einer graurosa marmorierten Steinplatte, der »Arbeitsfläche«. Kalt und glatt war dieser Stein, genau wie die Kirschfronten.

Marion strahlte, er schwieg und ließ sie fortwährend mit ihrem Geschnatter die zwei Herren stören, die die Pracht zusammenmontierten. Hier noch punktförmige Strahler, da ein Kranzleistchen, alles Schnickschnack, den Hermann in seiner Küche nicht brauchte. Eine Küche nach seinem Geschmack hatte vor allem eins nötig: verführerische Düfte.

Bis die beiden Herren sich endlich verabschiedeten – sie hatten zwei Überstunden an ihre Arbeitszeit drangehängt, und nur so hatte sie Hermann am Freitag nachmittag noch antreffen können – hielt er einen angebrannt wirkenden Tontopf in den Armen, wiegte ihn wie ein schlummerndes Kind und wartete darauf, dass die Haustür klappte. Nun war der Moment gekommen, der neuen Küche ein Stückchen Seele von der alten einzuimpfen.

Wohin nun mit dem Topf? Hermann ließ abwägend den Blick zwischen Mikrowelle, Gasherd und Spüle schweifen und streckte schließlich die Hände aus, um den geliebten Topf erst einmal abzustellen. Ein scharfes Kommando ließ ihn innehalten.

»O nein!«

Flehend schaute er Marion an, die in der Tür lehnte, nachdem sie die Küchenmonteure hinausbegleitet hatte.

»Der Topf zerkratzt die neue Platte, mach das ja nicht.«

Hermanns warme braune Augen flehten stärker.

»Er passt auch nicht in die neue Küche, sieh das doch ein«, ergänzte sie.

»Und ich dachte, wo nun alles fertig ist, könntest du ...« Er hielt den Topf ein Stück in die Höhe.

»Heute noch backen? Aber Hermann«, sagte sie müde, »bring bloß den Topf in den Keller.«

An diesem Abend steckte Hermann zum ersten Mal den Kopf in einen der beiden braunen Unterschränke, die er aus dem Gerödel der alten Küche gerettet und in den Keller bugsiert hatte. Die ganze alte Küche hatte er ja einen Tag zuvor nach Dienstschluss selbst abmontiert, nur um mit den zwei Schränken im Keller zu verschwinden. Mit dieser Küche hatten sie vor acht Jahren die Spuren von zwei Vorbesitzern erworben. Hermann hatte sich Frauen vorgestellt, die ihre Ehemänner mit fettriefendem Nudelauflauf und duftendem Gewürzbrot beglückten, angenehme Spekulationen, die ihm die erforderlichen Umbauarbeiten leicht machten, das Geld für den Küchenmonteur konnten sie sich damals sparen.

Der Schrank mit den Schubladen sollte Schrauben und Nägel aufnehmen und der mit der Tür die Winkelschleifmaschine, hatte er behauptet. Nun steckte er mit dem Kopf tief in dem größeren der Schränke und sog den Duft ein. Eine vergessene Muskatnuss führte in einer Ecke ein duftschwangeres Leben und hatte wahrscheinlich für diesen Moment eines dringend benötigten Trostes seit Jahren segensreich im Verborgenen gewirkt. Eine der Schubladen enthielt drei Rosinen.

Sultaninen, korrigierte sich Hermann versonnen, nachdem er die Seance im Küchenschrank leidlich gestärkt beendet hatte und daran gegangen war, die Schubladen gründlich zu inspizieren. Drei schrumpelige, steinharte

Sultaninen, die des Namens wegen Assoziationen an ein Haremsleben wachriefen, an Lust und Leidenschaft.

Auf einer blumenübersäten Wiese an einem Altarm des Rheins bei Wesel-Bieslich hatte er Marion zum ersten Mal lieben dürfen. Als er ein paar Mücken auf ihren weißen, wunderbar molligen Schenkeln erschlug, hatte sie gemurrt, aber ihn dann doch gelassen.

Und wie sie ihn gelassen hatte! Ihre Brüste glichen gut aufgegangenen Hefesemmeln und rochen sogar danach, das hatte ihn sehr froh gestimmt und die Erinnerung machte ihn bis heute glücklich.

Wegen eines Bienenstichs in eine ihrer Pohalbkuppeln behielt sie die Stunden auf der Rheinwiese nicht in so guter Erinnerung wie er und weigerte sich in Zukunft, nochmals im Freien ihre Kleider abzulegen. Dabei hatte er in dieser Idylle aus weichem Gras und dottergelben Löwenzahnblüten eine kleine erotische Kühnheit ausgebrütet, aber sich nicht getraut, sie Marion zu unterbreiten. Gern hätte er ein bißchen von dem Gewürzbrot, das sie zum Picknick mitgebracht und dessen Duft ihn so betört hatte, zwischen ihre Brüste und in ihre Spalte gebrockt und von dieser verführerischen Unterlage aufgeschleckt, aber wahrscheinlich hätte sie dankend abgewehrt, sich auf ihre kalvinistische Erziehung besinnend. Dabei ritt ihn nicht etwa ein Hang zur Ausschweifung, er war nur hungrig nach ihrer butterweichen zärtlichen Fülle.

Nach acht Jahren Ehe wusste er, dass sein Traum, jetzt eingesperrt in eine alte Schublade, ein Traum bleiben würde. Eigensinnig brachte er den Topf wieder mit herauf. Marion wischte die Granitplatte sauber, kritisch sah er ihr dabei zu.

»Zwei Türen hängen schief«, murmelte er dumpf.

»Was?«, schreckte Marion auf.

Er deutete auf zwei der Hängeschränke. »Schief«, sagte er nur. Einen kurzen Moment hoffte er, dass die schiefen Türen eine Handhabe boten, den ganzen schimmernden

Klimbim wieder loszuwerden.

Marion brauchte die neue Küche, um endlich einmal ein paar wichtige Leute aus dem Büro nach Hause einladen und stilvoll bewirten zu können. Solange die hässliche alte Küche, die zu ihrem neuen Haus wie ein Landstreicher zu einer Luxuslimousine passte, in der Küchennische vor sich hin pestete, ginge das nicht, hatte sie erklärt, da würde sie sich mit einer Einladung etwas vergeben.

Fürs Vergeben, sann Hermann, hätte er sich Wichtigeres reserviert: wenn ihm zum Beispiel eine Katze vors Auto laufen und er sie totfahren würde. Da hätte er dann zu tun, um sich das zu vergeben. Mit einem Vergeben, wie Marion es meinte, hatte er nichts am Hut.

Marion war mit dem Putzlappen in der Hand neben ihn getreten und musterte jetzt ebenfalls die Türkanten.

»Du hast recht«, sagte sie seufzend und wandte sich ihm direkt zu. »Aber das kannst du bestimmt richten, nicht wahr?«

Fragend zog er die Brauen hoch. »Aber wie sieht es mit der Gewährleistung aus, wenn ich an den Türen herumfummle?«

Sofort gab sie sich geschlagen. »Das ist auch wieder richtig. Na, macht nichts, die Leute müssen sowieso noch mal kommen. Sie konnten die Granitplatten noch nicht richtig an der Wand befestigen. Irgendwas hat gefehlt.«

Sie hatten die Kacheln abgeschlagen, die dort erst seit drei Jahren klebten, denn Marion hatte passend zur Arbeitsplatte auch den Spiegel, den Streifen zwischen Unter- und Oberschränken, mit Granit verkleidet haben wollen.

Hermann nahm sich, bevor er schlafen ging, vor, gleich am Samstag ein paar verdeckte Erkundigungen nach dem Verbleib der alten Küche einzuziehen. Die Monteure hatten sie doch bestimmt nicht sofort in einer Presse versenkt oder sonst etwas Furchtbares damit angestellt.

Am Wochenende durfte in der neuen Küche wegen der Reklamation und der ausstehenden Befestigung der

Granitplatten, die nur lose hinten an der Wand lehnten, nicht gekocht werden. So blieb auch der Gestank nach Formaldehyd ungeschmälert erhalten.

Die Spur seiner alten Küche konnte Hermann nicht aufnehmen, vergeblich suchte er das Küchenstudio auf, ein größerer Betrieb im Gewerbegebiet von Wesel. Dort hielt ein smarter Verkäufer die Stellung und wusste von nichts, was den Verbleib von mitgenommenem Sperrmüll betraf, wühlte aber zuvorkommend in einem Aktenordner. Den Unterlagen nach, erklärte er, sei sicher, dass am Montag jemand wegen der losen Granitplatten zu ihnen herauskäme, die schiefen Schränke könnten dann auch gleich gerichtet werden. Hermann verabschiedete sich, von einem flauen Gefühl im Magen gequält.

Einen kleinen Sieg hatte er aber noch am Freitagabend erfochten. Er hatte den Tontopf auf den feuchten Putzlappen in die Ecke neben der Mikrowelle gestellt, ein kleines Zeichen der Hoffnung.

Pünktlich um zwei am nächsten Freitagnachmittag, als Hermann gerade sein Fahrrad über den Plattenweg zum Haus schob, kamen die zwei tatenfreudigen Herren vom Küchenstudio, um den Rest in Angriff zu nehmen, Marions tägliche Anrufe hatten endlich Wirkung gezeigt. Die Monteure hängten im Nu die Türen gerade, hatten aber die Befestigungsklammern für die Granitplatten vergessen. Nach einer halben Stunde waren sie verschwunden, Hermann zog das Trockenblumengesteck, mit dem Marion den Blick von dem schwarzbraunen Tontopf abgelenkt hatte, aus dem Topf heraus und stellte ein paar Einkäufe daneben: Mehl, Eier, Trockenhefe, eine Zwiebel . . .

»Was machst du da?« Marion war hinter ihn getreten.

»Ich dachte, jetzt könnten wir doch endlich die Küche einweihen. Der Backofen funktioniert bestimmt«, sagte er und legte ein Päckchen Rosmarin zum Mehl.

»Ach, Hermännchen.« Marion umfing ihn von hinten und schmiegte den Kopf an seine Schulter. »Du und dein

Tontopf, dabei ist es doch meiner, ich müsste das Ding wegschmeißen.«

»Nicht, bevor du darin noch mal das Gewürzbrot gebacken hast, dann kaufe ich dir einen neuen Blumentopf, einen größeren.«

Dass Marion sich anschmiegsam gab, wertete er als vielversprechend. Ihr Kinn drückte auf seine Schulter und ihr Zeigefinger erschien neben seiner Nase. »Siehst du den Kratzer an der Tür? Eine richtige Macke. Warst du das?«

Hermann schaute nicht von seiner Einkaufstüte auf und angelte die restlichen, für das Gewürzbrot benötigten Zutaten heraus. »Ich seh' keine Macke.«

»Aber sicher, da ist eine Schramme.«

Er vermisste ihren Arm, sobald sie ihn von seiner rundlichen Taille gelöst hatte, um an die Küchenzeile zu treten. Zuerst fuhr sie mit der flachen Hand und anschließend mit einem Finger über die Schranktür. »Dann müssen es die beiden vom Küchenstudio gewesen sein.«

»Zwei für eine Macke?« wandte Hermann ein und ordnete seine Backzutaten.

»Also leugnest du nicht mehr, dass die Schranktür diesen Kratzer hat. Ich will, dass die Tür ausgewechselt wird«, sagte Marion resolut und beäugte seine Einkäufe. »Und räum das weg. Wir warten, bis alles fertig ist. Ich will nicht, dass das ganze Zeug hier herumkrümelt. Schau dir mal das Mehl an. Die Tüte ist nicht dicht.« Sie verbannte den Tontopf samt der Backzutaten auf die Fensterbank.

Abends kniete Hermann wieder im alten Küchenschrank im Keller und hatte sich, einem plötzlichen Entschluss nachgebend, Anis mitgebracht. Anis und Muskatnuss würden ihm helfen, auch dieses Wochenende mit einer kalten Küche zu überstehen.

Am Samstag und Sonntag gingen sie Pizza essen, am Montag telefonierte Marion mit dem Küchenstudio. Ihre Stimme wurde zunehmend scharf, während sich Hermann leise zur Haustür hinausstahl.

Am Montag hatte niemand vom Küchenstudio Zeit, außerdem hatte man festgestellt, dass die speziellen Haken für die Befestigung der Granitplatten erst noch bestellt werden mussten. Marion hatte diese Informationen für Hermann auf einen Zettel geschrieben und ihm außerdem mitgeteilt, dass sie später nach Hause käme und ihn gebeten, den Rasen zu mähen.

Folgsam schob er den Mäher über das Rasenstück, das wie eine Klammer das Haus von drei Seiten umfing. Ein Reihenendhaus, darauf hatte Marion bestanden, während seinem Gefühl für Symmetrie mehr eins der Mittelhäuser entsprochen hätte. Vielleicht hätten sie sich auch ein völlig freistehendes Haus leisten können, wenn Marion drei Jahre früher Chefsekretärin geworden wäre. Er war leider Werkmeister geblieben, den Posten eines Oberwerkmeisters gab es in seiner Metallkleinteile herstellenden Firma nicht und Gehaltserhöhungen waren auch selten und fielen bescheiden aus. Die Firma wechseln wollte er trotzdem nicht. Alteingesessene Familienunternehmen boten ihren Mitarbeitern eine Heimeligkeit und eine vertrauliche Arbeitsatmosphäre, auf die große Firmen nicht den geringsten Wert legten.

Für eine neue Küche hatten sie wegen der dritten freien Hausseite kein Geld mehr gehabt.

Im Laufe der Woche räumte Hermann die Backzutaten in den kleineren von den Unterschränken im Keller, eine Schublade war frei geblieben. In den zwei anderen lagen jetzt Nägel, Schrauben und ein Satz seltsamer Haken, die irgendwo zwischen Styropor und Pappeschnipseln herumgelegen hatten. Der Tontopf stand weiterhin als einsamer Wächter auf der Fensterbank in der Küche.

Am Donnerstag musste Marion mit ihrem Chef auf Dienstreise gehen, das kam seit einem Jahr hin und wieder vor. Der Chef war ein distinguierter Herr Mitte vierzig mit drahtiger Figur, vollem Haar und Maßanzügen. Selbstverständlich verheiratet, Leute auf Managerposten waren es meistens und auch sonst stimmte alles: Er hatte eine neunzehnjährige Tochter, die gerade Abitur machte, und einen zehnjährigen Sohn, der seit kurzem das Gymnasium besuchte. Trotz seines distanzierten Auftretens, das Hermann auf einer Betriebsfeier erlebt hatte, musste Herr van Geulen zum Plaudern neigen: entweder um zehn Uhr morgens beim Kaffeetrinken in seinem Chefsessel oder auf einer Dienstreise abends in der Bar.

Als Hermann Donnerstag abend in den Keller hinabstieg und an die Dienstreise dachte, die erst Samstag enden sollte, war er sich bewusst, dass er Gefahr lief, sich in gewisse bösartige Gedanken zu verlieren, das wollte er weder sich selbst noch seiner Ehe antun. Weil er aber nicht für blöd gelten wollte, nahm er sich für Samstag vor, Marion bei ihrer Rückkehr nach den Abenden, den Drinks in der Bar und wie so Abende endeten, zu fragen.

Samstag morgen entdeckte er seinen alten Küchenschatz in einem Trödelwarenhaus auf der Straße von Wesel nach Bocholt, ein Kollege hatte ihm den Tipp gegeben. Er überredete den Inhaber, sich mit einer geringen Anzahlung und einer ungewissen Wartezeit zufrieden zu geben.

Zufällig sah er aus dem Fenster, als Marion dem Taxi entstieg. Er betrachtete sie ausgiebig, geradezu hungrig hing sein Blick an ihr, er spürte, dass seine Verliebtheit seit ihrer Heirat kaum nachgelassen hatte. Marion steckte in einem grauen Business-Kostüm. Der Rock war kurz genug, um ihre schlanken Beine zur Geltung zu bringen. Früher wiesen ihre Knie Grübchen auf, in die er sacht seine Finger stubsen konnte, für beide Seiten ein kitzliges Vergnügen. In den Jahren ihre Ehe hatte er die Pfunde zugelegt, die sie verloren hatte. Sie gehörte zu den Frauen, die erst mit fünfunddreißig auffallende Attraktivität entwickeln, jetzt wirkten ihre von weichen Rundungen gereinigten Züge klassisch und die Figur vollendet ebenmäßig. Ein lila Lippenstift gab ihrer Aufmachung etwas Verruchtes und sie ging auf ihren hochhackigen Schuhen mit schwingenden Hüften den Plattenweg auf die Haustür zu, als hinge sie in Gedanken einem geheimen Vergnügen nach. Erst einen Meter vor der Tür sackte sie leicht in sich zusammen.

»Wie war die Reise?« erkundigte er sich stockend, nachdem sie ihm die Wange zum Kuss hingehalten und ihm über den Kopf gestreichelt hatte, mit den Schuhen war sie ein Stück größer als er. Auf dem Weg zur Küche, den sie zielstrebig vor ihm hergehend eingeschlagen hatte, stimmte er sich auf sein weiteres Vorgehen ein.

Sie wischte sich über die Stirn als Zeichen der Erschöpfung. »Frag mich nicht sowas, wenn ich kaum durch die Tür bin. Ich brauch jetzt einen Kaffee.« Kaffee war immer das erste, nach dem sie bei einer Heimkehr von Dienstreisen verlangte, als wäre sie übermäßig mit strapazierenden Dingen beschäftigt gewesen. »Wo ist der Kaffee geblieben?«

Ein paar Utensilien für Frühstück und kaltes Abendessen standen seit gut zwei Wochen auf einem fahrbaren Beistelltisch und auf der Fensterbank. Marion hatte sich strikt geweigert, die neue Küche in irgendeiner Weise zu benutzen, bevor sie nicht für die Endabnahme bereit war. Der Kaffee war von der Fensterbank verschwunden.

»Entschuldige«, murmelte Hermann, »hab ihn wohl in einen der Oberschränke gestellt, war dusselig von mir.«

»In den da?« Marion wies auf den Schrank, der den Platz dessen einnahm, wo früher Kaffee und Zucker untergebracht waren.

Hermann bemerkte jetzt erst ihre lila lackierten Fingernägel. »Muss wohl - ich kann den Kaffee kochen«, bot er an, rührte sich aber nicht von der Stelle.

»Lass nur, du machst ihn mir nie stark genug, ich brauche jetzt wirklich was Kräftiges.«

Er sah genau, wie sie die Hand nach dem Türgriff ausstreckte, die lila Nägel leuchteten. Marion schrie auf und betrachtete entsetzt ihre wild blutende Hand, sie ballte sie zur Faust, und trotzdem quoll das Blut hervor, Lila und Dunkelrot gingen eine unheilige Allianz ein. Hermann eilte geistesgegenwärtig herbei und hielt ihre Hand über die Spüle, damit das Blut nicht noch mehr den jungfräulichen Granit befleckte. Vorsichtig bog er ihr die Finger auf.

»Sieht schlimm aus«, sagte er zerknirscht. Er ließ sich von ihr ins Badezimmer scheuchen, um Verbandszeug zu holen, rang seine Abscheu vor Blut nieder und wickelte fürsorglich Mull um die zwei tiefen, quer über die Innenseite der Finger laufenden Schnitte.

»Dieser Griff ist ja rasiermesserscharf«, quetschte Marion hervor.

»Ja«, kommentierte Hermann. »Ich könnte die Kanten ein bisschen beifeilen«, fügte er unsicher hinzu.

Marion, allmählich zornig werdend, reagierte wie erwartet auf den Vorschlag. »Auf gar keinen Fall, jetzt soll mich diese bekloppte Küchenfirma kennenlernen. Am Montag kriegt sie einen geharnischten Brief von mir, in dem ich ankündige, dass wir den Preis der Küche wegen der Mängel und der Verzögerungen um fünfzehn Prozent kürzen. Gut, dass wir bisher nur die Anzahlung geleistet haben. Die Preisreduzierung ist vollkommen gerechtfertigt. Das macht man so.« Aus ihr sprach die erfahrene Chefsekretärin, deren Ausführungen Hermann unumwunden zustimmte.

Eigentlich dachte er, dass er mit dem scharf gefeilten Griff vielleicht ein bisschen zu weit gegangen war. Am späten Nachmittag, als ein Strauß Rosen eintraf, revidierte er seine Meinung. Den Blumen war ein hübsches Kärtchen von Herrn van Geulen beigefügt, auf dem er sich in charmanten Wendungen für die von Marion auf der letzten Geschäftsreise geleisteten Dienste bedankte. Für den üppigen Strauß hatten sie nicht einmal eine passende Blumenvase im Haus, ohnehin steckten alle Vasen, die früher in dem Hängeschrank über dem Herd standen, jetzt sorgfältig in Zeitungspapier gewickelt, in einem Pappkarton im Keller.

So oder so stellten die Rosen ein Problem dar. Da Marion gerade in der Badewanne lag, schnippelte Hermann die Rosen mit einer Drahtzange klein und vergrub sie tief in der den Grünabfällen vorbehaltenen Mülltonne.

Am Dienstag abend um halb sechs standen zwei etwas angestrengt lächelnde junge Herren vom Küchenstudio vor der Tür und brachten gleich für alle Schränke Ersatzgriffe mit. Leider konnten sie immer noch nicht mit den Befestigungshaken für die Granitplatten dienen, die Zulieferfirma lieferte nicht. Hermann heuchelte Empörung, über die Sache hätte er die beiden aufklären können. Es war seine Firma, die diese Haken herstellte, per Zufall hatte er den kleinen Auftrag des Küchenstudios entdeckt und verschwinden lassen und grübelte seitdem über Alternativsabotagen nach, denn ewig ließ sich die Verzögerung mit den Haken nicht aufrecht halten.

Bevor die beiden Küchenexperten gingen, warnten sie noch davor, die losen Granitplatten anzurühren, wahrscheinlich hatte ihnen der Unfall mit dem scharfkantigen Griff zu denken gegeben. Sie boten sogar an, die Platten wegzunehmen und stoßsicher zu verpacken. Marion lehnte ab, sie wollte sich wenigstens am Anblick erfreuen, wenn sie schon nicht den Nutzen hatte.

Abends, als sie zum Kegeln mit Freundinnen entschwunden war, kam Hermann auf die Idee, das alte Vorhaben mit dem Gewürzbrot in Angriff zu nehmen. Vielleicht war ja doch etwas Terrain zurückzugewinnen, wenn er seine Frau in geliebte Düfte hüllte. Er glaubte nicht, dass Herr van Geulen zu phantasievollen Einfällen neigte.

Nur fehlte ihm das Rezept, das, wie er wusste, auf einem angeschmuddelten, ins Kochbuch eingelegten Zettel stand. Zunächst suchte er an den wahrscheinlichen, danach an den weniger wahrscheinlichen Orten, zu denen auch die Schublade in Marions Schreibtisch gehörte. In einem Ledermäppchen fand sich ein Portraitfoto von Herrn van Geulen. Warum, fragte sich Hermann, sollte

Marion nicht ein Foto ihres Brotgebers in der Schreibtischschublade aufbewahren? Vielleicht holte sie sich beim Betrachten des Fotos den nötigen Schwung für die Wochenendschreibdienste, zu denen sie gelegentlich für zwei, drei Stunden in den vermutlich menschenleeren Bürotrakt ihrer Firma befohlen wurde. Trotz dieser Überlegung fühlte sich Hermann angesichts von Herrn van Geulens männlich-markigem Antlitz schlecht.

Nun hat sie dich doch gepackt, dachte er, die so erbärmliche Eifersucht. Chefsekretärinnen hatten nun mal Pflichten, beschwichtigte er das wütende Reißen in seinem Innern, Pflichten, die den ganz normalen, kleinen Sekretärinnen erspart blieben. Auch die hässlichen kamen dafür nicht in Frage. Nur Attraktive, die auf Dienstreisen nach Wien, Zürich und Como am Comersee neben ihren Chefs und deren Geschäftsfreunden in stimmungsvollen Bars, in denen es nach Cubazigarren und Maltwhisky roch, etwas hermachten.

In Marions Kalender fand sich der Zettel auch nicht. Dafür eine Eintragung, der er entnahm, dass in vierzehn Tagen das erste, perfekt gestylte Abendessen mit besonderen Gästen stattfinden sollte. Einen hatte sie namentlich erwähnt.

Hermann sah sich in einem Anfall von Verzweiflung als kleine pummelige Erscheinung vor dem hochpotenten und dekorativen Herrn van Geulen geistig und moralisch in die Knie gehen, von Verdächtigungen ausgehöhlt, mit Blödheit geschlagen, wenn er unter Marions strengem, aufforderndem Blick etwas Gerissenes zur Weltwirtschaftslage äußern sollte.

Den Teig knetete er, was die Mengen betraf, aus dem Gedächtnis zusammen. Unter großer Vorsicht hatte er den Herd eingeschaltet, die Butter geschmolzen, das Mehl gesiebt, großzügig Hefe zugefügt und presste am Ende den bereits nach Dill, Anis und Fenchel duftenden Klumpen in den Tontopf.

Auf der Rheinaue hatte es betörend süß nach wildem Fenchel gerochen, eine Herausforderung zu bedingungsloser Hingabe und zum Glücklichsein. Es war ihm doch gelungen, die Erinnerung über alle Fährnisse zu retten, sie sollte der Schlüssel sein, um Marions Herz wieder für ihn aufzuschließen.

Der Teig entwickelte eine unvorhergesehene Eigenmächtigkeit, denn er wuchs über den Topf hinaus zu einem wunderbaren, weichen Ballon, mit dem Hermann begierig, sehnsuchtsvoll und mit sanfter Lüsternheit Marions Bauch, den Po und die Brüste assoziierte, so rund und prall, wie er sie von den Stunden auf der feuchten Rheinwiese im Gedächtnis behalten hatte.

»Nein, bist du blöd«, schimpfte Marion eine Stunde später, lächelte aber halb amüsiert und trat an das Teigkissen heran, unter dem der Topf verschwunden war.

»Ich räume alles wieder auf, du wirst keinen Fleck entdecken, ich versprech's dir.« Der Teig bedeckte auch die schwach rosa Blutflecken, die der Unfall mit dem Griff hinterlassen hatte.

»Du kleiner Dussel, du.« Marion legte ihm die Hände an die Taille und rieb die Nase an seiner. »Dass du es nicht erwarten kannst, dass die Kocherei und Backerei wieder losgeht. Die paar Wochen reduzierte Kost tun deiner Figur bloß gut.«

Hermann bezweifelte das, stillte er doch seinen Hunger öfter als früher an Bratwurstbuden.

»In zwei Wochen gebe ich unser erstes festliches Essen, dann ist auf alle Fälle Schluss mit Hungern.«

Hermann versteifte sich. »Und wenn die Küche bis dahin nicht fertig wird?«

»Das macht nichts. Ich lasse das Essen vom Partyservice kommen. Ist schon alles abgesprochen.« Sie wandte sich um und tupfte den wabbeligen Teig an, der langsam in die Breite ging. »Das ist ja ekelhaft.«

Vielleicht hatte der Teig die Granitplatte erreicht und

drückte dagegen oder Marion hatte am Unterschrank geruckt, das konnte Hermann später nicht mehr aus seiner Erinnerung rekonstruieren.

Sie bückte sich, um in das erleuchtete Innere des Backofens zu spähen, den er vorgeheizt hatte. In diesem Moment klappte die eine von drei Granitplatten um, traf auf den butterweichen Teig, kippte nochmals und schlidderte gemächlich über die Kante des Unterschranks. Seinem Ermessen nach hätte Hermann den Fall aufhalten können, er hätte vorpreschen, die Platte mit bloßen Händen ergreifen, sich ihrem enormen Gewicht entgegenstemmen können, statt dessen schaute er versteinert zu, wie sie auf Marions gebeugten Nacken traf. Das Geräusch war eindeutig, ein signifikantes, nicht misszuverstehendes Knacken.

Schon als Marion zu Boden stürzte, samt der Platte, die auf den Küchenfliesen in drei Teile zerschellte, begann er zu schluchzen. Gramvoll kniete er neben der Toten und nahm ihren Kopf in den Schoß. Vom Unterschrank tropfte Teig.

Nach einer Weile bettete Hermann unendlich behutsam den Kopf zurück auf den Boden, erhob sich, wühlte aus dem Teigflatschen den unversehrten Topf heraus und stellte ihn mit dem, was er noch an Gewürzteig enthielt, in den Backofen. Gewürzbrotkrümel würde Marion, als Hermanns letzten Liebesgruß tief in ihrer Spalte versteckt, mit ins Grab nehmen.

Gewürzbrot (im Blumentopf)

ZUTATEN FÜR EINEN BLUMENTOPF
(ca. 14 cm Durchmesser):

250 g Mehl
20 g Hefe
1 halbe Tasse (etwa 1/16 l) warme Milch
1 Prise Zucker
1 Zwiebel
25 g Butter
1 Ei
je 1 Prise Salz,
Muskatnuß, getrockneter zerriebener Rosmarin, getrockneter Dill, Anis, Fenchel

1 neuer Blumentopf
Öl zum Einfetten
1 Tasse Wasser

Mehl in eine Schüssel geben, eine Mulde formen und die Hefe hineinbröseln. Mit der lauwarmen Milch, dem Zucker und etwas Mehl einen Vorteig rühren und ca. 20 Minuten gehen lassen. Die Zwiebel schälen und fein hacken. Die Butter schmelzen und mit dem Ei und den Gewürzen verrühren. Das Gemisch zu dem Vorteig geben, verkneten und ca. 30 Minuten an einem warmen Ort gehen lassen.
Den Blumentopf einfetten, Teig einfüllen und erneut ca. 20 Minuten gehen lassen.
Den Backofen auf 190 Grad vorheizen, die Brotoberfläche mit Wasser bestreichen und mit Anis bestreuen. Eine Tasse Wasser in den Backofen schütten und das Brot 40 Minuten abbacken.

Lokalkolorit

»Da!«

Er hielt mir das Buch entgegen. Ich hatte es schon gesehen, als ich das Büro betrat und den Einband sofort erkannt. Welcher schwachsinnige Designer auch immer für dieses Cover verantwortlich war, man sollte ihn vierteilen.

Nun nahm er das Objekt meiner Abscheu auf und hielt es mir unter die Nase.

»Später.« Ich verschränkte die Arme vor der Brust.

»Nun schau es dir wenigstens an.«

»Leg es einfach wieder auf den Tisch.« Ich knirschte mit den Zähnen, schämte mich dafür, lachte. Ein Lachen, das ein Beutetier hätte lähmen können.

»Lokalkolorit! LO-KAAAAL-KOLO-RIIIIT!« Er zog die Silben lang.

»Ja.« Ich nickte. Was hätte ich auch sonst sagen sollen, wusste ich doch, dass er Recht hatte. »Es ist verdammt schlecht geschrieben.«

»Du hast es gelesen?«

»Ich muss es nicht gelesen haben, um das zu wissen. Alles, was er schreibt, ist schlecht. Woher sollte er auf einmal die heiligen Weihen der Innung erhalten haben?“

»Hat er nicht. Aber . . .“«

»Ja, ja.« Ich biss mir auf die Lippe, nur ein bisschen, nur bis es weh tat. »Lokalkolorit, ich versteh schon.«

»Mach das auch! Bitte! Es verkauft sich. Natürlich nur regional, aber dort wie warme Semmeln.«

Blut schoss mir ins Gesicht. Wie immer wenn ich schamvoll erröte, sehe ich aus wie eine Tomate, die man mit kochendem Wasser übergossen hat, um ihr die Haut abzuziehen. Genauso fühlte ich mich in diesem Moment auch.

»Ich schreibe besser!«

»Das weiß ich ja. Jeder hier im Haus weiß das. Aber . . .«

»Lokalkolorit!« Ich spie das Wort aus, spürte die Hitze in meinem Kopf pochen. Warum konnte ich nicht zart erröten, wie in einem Schnulzenroman? Wer respektiert schon das Drohgebaren eines Glühwürmchens? Jan, mein Verleger, auf jeden Fall nicht.

»Ich schreibe Kammerspiele. KAMMERSPIELE! Wie soll ich denn da eine bestimmte Umgebung einbauen?« Hart schluckend ließ ich meinen Blick durch sein Büro wandern, suchte Fixpunkte, die mich davon abhalten sollten, auf das Buch zu starren, das nun wieder zwischen uns lag.

»Ja, Kammerspiele. Das machst du auch ganz gut.«

Hinter ihm im Regal standen die beiden Bücher von mir, die bis jetzt herausgekommen waren. Sie lagen wie Wackersteine in den Buchhandlungen und verkauften sich nur schlecht. Der Gedanke daran tat weh. Ich suchte etwas, um von der Scham abzulenken.

»Jan, was ist mit deinem Rasierapparat passiert?« Der Versuch heiter zu klingen, misslang gründlich.

»Hmm«, brummte er missmutig. »Ich habe bloß meinen Rasierplan auf Freizeitmodus umgestellt. Steht mir nicht?«

»Das ist noch ein bescheidener Euphemismus!«

Sein Blick traf mich. »Du wechselst das Thema. Wie nennt man das in der Psychologie?«

»Das Thema wechseln.« Ich stand auf, griff nach dem verhassten Buch und verließ ohne weiteren Gruß den Raum. Wütend öffnete ich die Tür meines Wagens, schleuderte das Objekt meines Missfallens auf den Beifahrersitz und stieg ein.

Dass ich von Düsseldorf nach Krefeld gefahren sein muss, ist eine Tatsache, denn irgendwann fuhr ich von der A 57 auf den Europaring. Doch wie, ist mir völlig entgangen. Mein Denken war ausgeschaltet, der Geräuschpegel gegen Null gesunken, reflexartige Handlungen. Nur gut, dass die anderen Autofahrer die grundlegenden Verkehrsregeln beachteten. Vor Wut war ich den Tränen nah.

Bald musste ich rechts in den Breiten Dyk einbiegen und wäre fast zu Hause. Doch dorthin zog mich momentan gar nichts. Mein neuestes Manuskript lag auf dem Schreibtisch. Es sollte mein Durchbruch in der Welt der Literatur werden, das hatte ich mir jedenfalls vorgenommen. Ein Mädchentraum, der unerfüllt bleiben sollte, weil ich die Kunst des LOKALKOLORITS nicht beherrschte?

Wütend schlug ich auf das Lenkrad. Nein, nach Hause würde ich nicht fahren. Ich setzte entschlossen den Blinker und fuhr nach links. Zügig überquerte ich die Moerser Straße und fuhr die Wilhelmshofallee entlang. Die Bäume standen in Blüte, es war einer der ersten herrlichen Frühlingstage.

Eine Menge anderer Leute waren wohl auch auf die Idee gekommen, den Biergarten im Stadtwald aufzusuchen. Trotzdem fand ich eine Parklücke. Einen Moment blieb ich noch sitzen, den Motor abgestellt, den Blick starr nach vorne gerichtet. Sollte ich oder sollte ich nicht? Der Gedanke spielte Fangen in meinem Kopf. Auch wenn ich nicht hinsah, so wusste ich doch, dass das Buch immer noch dort auf dem Beifahrersitz lauerte. Todesmutig nahm ich es an mich und schlenderte dann in den Biergarten.

Überall wuselten die eifrigen Kellner im Auftrag des »Herrn L« umher, ein Platzregen von Gesichtern umgab mich. Ich nickte hierher, erwiderte einen Gruß dahin, war aber fest entschlossen, alleine zu bleiben.

Manchmal ist es schon seltsam – wenn man Langeweile hat und in den Biergarten geht, trifft man keine bekannte Seele. Will man aber einfach nur ein bisschen den Ausblick auf den Stadtwaldweiher genießen und in Ruhe ein Getränk zu sich nehmen, dann sind sie alle da. Lieber Himmel, arbeitet eigentlich niemand um diese Zeit in Krefeld?

Ich holte mir ein Glas Weißweinschorle und zwei Brezeln an der Bude und suchte einen sonnigen Platz möglichst weit weg von bekannten Gesichtern. Die Schorle war eiskalt und göttlich. Ich nippte daran und versuchte das vor mir liegende Buch zu ignorieren.

Vermutlich gab es einen Ausdruck für mein Verhalten, ein wissenschaftliches Wort mit vielen Silben. Oder auch nur ein einfaches wie: »Neid«.

Ich nahm das Werk in die Hände, widerwillig, und schlug es auf. Die erste Seite war eine Qual, körperlich zu spüren, ein Schmerz der hinter den Augen anfängt und sich bis zur Hirnrinde hinzieht. Allein schon seinen Namen auf dem außerdem noch hässlichen Cover zu lesen war eine Zumutung.

Peter Brand. Warum er? Er verfolgte mich seit meiner Kindheit. Zwei Jahrgänge über mir besuchte er die gleiche Schule. Als er vierzehn war, so erinnerte ich mich plötzlich, beneideten ihn viele meiner Freundinnen. Ein böses Lächeln stahl sich bei dem Gedanken auf meine Lippen. Sie beneideten ihn, weil er größere Brüste hatte als wir. Manch eine sah in ihm einen wahren Freund. Das mag daran gelegen haben, dass ihnen seine Körperformen vertraut waren. Er war ein Kumpel, ein Vertrauter. Nie das Objekt der Begierde. Ich habe ihn immer gehasst. Auch ich hatte damals einen Körper, der mich zu unbetretbarem Territorium machte. Heute gab es den einen oder anderen Mann, der mich bewundernd »Rubensfigur« nannte, aber früher gehörte die flämische Malerei nicht zu unserem Beschreibungsvokabular.

»Oh, du liest das neueste Buch von Brand?« Die mir bekannt klingende Stimme einer Frau drang an mein Ohr. Schwer ächzte die Biergartengarnitur, als sie sich neben mich setzte.

»Nun, ähm . . . ja.« Wahllos schlug ich eine Seite auf, überflog sie. Dreimal bog dort jemand von der Nordtangente in den Breiten Dyk ein. Aha.

»Lokalkolorit. Wunderbar. Man erkennt alles wieder. Du schreibst doch auch, oder? Auch über den Niederrhein?«

»Nein, das ist Brands Platte, nicht meine.«

»Bei vielen Leuten in meinem Literaturkreis kommt es gut an.«

Wenn Blicke töten könnten, wäre diese impertinente und unsensible Frau sofort von der Bank gesunken.

»Gut zu wissen, dass es bei irgendjemandem ankommt!« Ich klappte das Buch zu. ‚Er fuhr über die Nordtangente und bog in den Breiten Dyk ein.' Lokalkolorit, soso!

Wie in verzweifelter Notwehr trank ich mein Glas Weißweinschorle leer. Ich hatte heute noch nicht viel gegessen und der Alkohol stieg mir in den Kopf. Wütend zupfte ich die Laugenbrezeln klein, stopfte Stücke davon in meinen Mund, kaute langsam und schmeckte das grobe Salz.

Meine Blicke schweiften über die Menschenmenge, suchten jemanden, der mir mehr Sympathie entgegenbringe würde. Doch ich hatte Pech: Nur zwei Tische weiter saß er! Peter Brand.

Auch vor ihm lag ein Buch auf dem Tisch.

Die Zeit war gnädig zu ihm gewesen. Sein Körper hatte sich mit den Jahren gestreckt, war breiter und muskulöser, aber nicht fetter geworden.

Ich betrachtete ihn voller Abscheu. Mörderische Gedanken zuckten durch meinen Kopf. Ich könnte aus der Küche ein scharfes Messer klauen und es ihm in den Rücken rammen. Vielleicht würde er aufstehen und zum Weiher spazieren, über die Brücke . . . ein heftiger Schlag gut gezielt auf den Hinterkopf und er würde im schlammigen Wasser versinken.

Geistesabwesend streckte er die Hand aus, griff in eine Tüte, nahm eine Laugenbrezel hervor. Ich könnte vergiftete Laugenbrezeln backen und sie ihm bei der nächsten Gelegenheit anbieten. Schneewittchens böse Stiefmutter. Möge er sich verschlucken und daran ersticken!

Wie gebannt beobachtete ich ihn. Die Frau neben mir

plapperte, aber da ich sie nicht weiter beachtete und auch keine Antworten auf ihre Fragen gab, stand sie bald auf und ging beleidigt. Gut so!

Ich schloss kurz die Augen. ‚Peter Brand, Krefelds Literaturgröße, gewinnt den Pulitzerpreis.' Schlagzeilen dieser Art tauchten auf dem Inneren meiner Lider auf. Das betäubende Gefühl der Unzulänglichkeit stieg in mir hoch und mit ihm abgrundtiefer Hass.

Manchmal umringen mich Schatten. Ich wache morgens auf und sie sind da. Erst grau und dünn wie Nebel, dann dichter und dunkler. Sie kriechen näher, auf meine Haut, legen sich um meinen Hals, die Arme. Dann werde ich matt, meine Bewegungen folgen nicht mehr exakt meinen Gedanken und ich tue seltsame Dinge.

Urplötzlich waren diese Schatten nun auch hier im Biergarten. Ich wollte sie abschütteln, vertreiben. Die Sonne schien doch.

Wie war ich zu meinem Wagen gekommen? Ich weiß es nicht mehr. Ich stieg ein und fuhr los, einfach so, ohne Ziel. Fuhr die Hüttenallee durch, die Moerserstraße bis nach Niep und über den Hülser Berg zurück, fuhr und fuhr. Langsam wich die Farbe aus dem Tag. Die satten Töne verblassten, wurden stumpf.

Meine Gedanken jagten sich. Doch endlich verdrängte ich diesen Typen aus meinem Kopf, diesen Möchte-Gern-Schriftsteller mit Lokalkolorit. Der Europaring lag vor mir. Ein paar Ampeln weiter musste ich rechts in den Breiten Dyk einbiegen und dann . . . und dann geschah es . . .

War es dieser Satz, der auf einmal in meinem Gehirn aufleuchtete wie ein Warnsignal und mich rot sehen ließ oder war es der mächtige Zufallsgenerator, der sein übles Spiel mit mir trieb?

Da war er. Vor meinem Wagen, gerade als ich vom Ring in den Breiten Dyk einbiegen wolte. Peter Brand. Die Tüte mit den Laugenbrezeln aus dem Stadtwaldbiergarten entsetzt vor die Brust gepresst, weitaufgerissene Augen wie ein gehetztes Tier.

Es war dieser Sekundenbruchteil, der einem manchmal im Leben gegeben ist, um die richtige oder die falsche Entscheidung zu treffen und ich traf sie. Der schmale Grat zwischen Ordnung und Chaos, Freundschaft und Hass, Leben und Tod. Wissentlich ging ich ihn. Ohne Reue. Es war tatsächlich die RICHTIGE Entscheidung. Für mich jedenfalls.

Eine Aufprall, ein dumpfes Geräusch, gar nicht so, wie ich mir das immer vorgestellt hatte. Mein Kopf schlug auf das Lenkrad und ich fluchte. Das laute Quietschen der Bremsen hallte in meinen Ohren wieder.

Denn gebremst hatte ich, mit voller Wucht war ich in die Eisen getreten. War es zu spät? Ich löste den Gurt, stieg benommen aus, rieb mir die Stirn.

Wo war der Kerl?

All die Mordgedanken, die ich im Laufe des Nachmittags gehegt hatte, kamen mir wieder in den Sinn. Tod durch Überfahren war nicht dabei gewesen, oder doch? Das Unterbewusstsein ist ein psychischer Vorratsbehälter. Ein Teil unseres Bewusstseins, in den wir Erfahrungen und Gefühle einlagern, mit denen wir nichts zu tun haben wollen. Wenn er umkippt, kann es schon mal zu seltsamen Reaktionen kommen.

Zwei Schritte nur, die mir wie eine Ewigkeit vorkamen, und ich hatte den Wagen umrundet. Dort lag er tatsächlich. Vor meinem Auto. Doch der Lack hatte keinen Schaden genommen, auch eine Beule konnte ich nicht entdecken und wo war das Blut?

Er richtete sich auf, sah mich verwirrt an.

»Tut mir leid! Ich habe dich zu spät gesehen. Bist du verletzt?«

»Du . . . ?“«

Er kannte mich. Auch das noch. Der Gedanke, in das

Auto einzusteigen, zurückzusetzen und dann mit Vollgas mein Werk zu vollenden, schoss durch meinen Kopf. Ich verwarf ihn und reichte Peter stattdessen die Hand, um ihm aufzuhelfen.

»Ich bin nicht verletzt . . . du hast rechtzeitig gebremst. Es tut mir leid, ich hätte besser aufpassen sollen.«

Ich hatte ihn gar nicht wirklich angefahren? Aber da war doch dieses dumpfe Geräusch gewesen.

»Wo . . . wo . . . ?« Er sah sich suchend um. »Ach, da . . .« Mit einer wendigen Bewegung, die ich ihm gar nicht zugetraut hätte, lehnte er sich über die Kühlerhaube und griff nach etwas, was dort lag.

Mein Buch. Ich erkannte es sofort.

»Ich habe es wohl vor Schreck weggeworfen«, stammelte er.

»Das . . . ist von mir.« Ich war fassungslos.

»Ja, ich habe alles von dir gelesen. Sagenhaft, wie du schreiben kannst.«

Dieser Moment der Demütigung war fast zuviel für mich. »Vielleicht können wir uns ja mal zu einem Gespräch unter Kollegen treffen?« Matt legte ich ihm die Worte vor die Füße. Nimm sie, dachte ich, froh, ihn nicht umgebracht zu haben.

Brezeln aus Hefeteig

ZUTATEN:

500 g Mehl
25 g Hefe
1/2 Teelöffel Salz
1/4 l Milch
50 g Butter
1 Ei
1 Eigelb zum Bestreichen
2 Essl. grobes Salz

Mehl in eine Schüssel geben, das Salz darüber streuen und in die Mitte eine Mulde drücken. Hefe in die Vertiefung bröckeln und mit etwas lauwarmer Milch einen Vorteig rühren.
Zugedeckt ca. 20 Minuten gehen lassen.
Das restliche Mehl mit dem Vorteig, der Butter, dem Ei und der Milch zu einem geschmeidigen Teig verkneten.
Den Teig zugedeckt ca. 45 Minuten gehen lassen.

Den Teig in ca. 20 gleich große Teile rupfen und eine fingerdicke Wurst rollen. Zu Brezeln formen, nicht zu nah aneinander auf das Blech legen und noch einmal ca. 15 Miuten gehen lassen.

Den Backofen auf 200 Grad vorheizen, die Brezeln mit dem Eigelb bestreichen und mit dem groben Salz bestreuen. Auf der mittleren Schiene ca. 10 Min. goldbraun backen.

Attentat in Alpen

Ein Attentat in Alpen? Nicht in den Alpen, dort, wo einst die Alpenfestung beschworen wurde, sondern hier in Alpen, hier bei uns am Niederrhein? Das wollen Sie nicht glauben? Oh doch, nichts ist unmöglich hierzulande, hören Sie nur zu! Haben Sie eigentlich einen Fernseher? Nein? Dann können Sie die Geschichte getrost überblättern.

Die Tagesthemen kommen mir in letzter Zeit vor wie Konserven. Halb elf und ich meine, ich hätte mich im Datum geirrt, sähe heute das Programm von gestern und gestern das von übermorgen und morgen das von heute. Jacke wie Hose. Irak wie Iran. Afghanistan wie Aserbeidschan. Merz wie Merkel. Schröder wie Stoiber. Will wie Wickert.

Dennoch lasse ich mich immer wieder zu den Tagesthemen verführen. Und nicht nur davon – zusätzlich, und das kann ich mir eigentlich ganz und gar nicht erlauben, verführt mich ein dick geschnittenes Stück Rührkuchen zu jeder Tagesthemenminute zum sündigen Genuss. Bis der Kuchen alle ist und ich das verkrümelte Zellophan traurig entsorge – so ist das eben mit aller Verführung. Sie trifft zuerst auf Widerstand, siegt und schließlich endet sie, und das immer zu früh.

Rührkuchen, Tagesthemen, Verführungskünste ... was geschah in jener Nacht? Oder vielmehr an jenem Nachmittag? Als meine Lider sanken, mein Magen verdaute und mein Geist spazieren ging, während Wickert so wunderbar wichtig aus seinen Sehschlitzen guckte? Wie Vanillinzucker, Margarine, Mehl und Eier mich verführten ...

Das wollen Sie nicht hören? Sie sind auf eine deftige Killergeschichte mit einer Prise Sex aus und nicht auf Völlerei? Bitte sehr. Es ist vor kurzem passiert und daher kann ich es taufrisch weitergeben. Mit einer hochgestellten Persönlichkeit, die Sie alle kennen. Unter mehr als mysteriösen Umständen. Ist Ihr Widerstand geweckt? Sie ziehen die Augenbrauen an – für Prominentenklatsch geben Sie sich nicht her? Na wunderbar, dann kann es losgehen.

Das Objekt meiner Begierde kennen Sie seit vielen Jahrzehnten aus Zeitung, Funk und Fernsehen. Es ist der derzeit revolutionärste Mensch auf Erden, nicht eben schön, aber absolut männlich. Bärtig. Buschig. Böse. Behaupten jedenfalls die Amerikaner.

Mich hat er von jeher attrahiert – sagt man so? – und unsere gute alte Marlene Dietrich wusste immer schon, warum: *Wenn die Soldaten durch die Stadt marschieren, öffnen die Mädchen die Fenster und die Türen. Ei warum? Ei darum! Ei warum? Ei darum! Ei bloß wegen dem Schingderassa, Bumderassasa!*

Sie verstehen mich? Genau – er trägt stets Uniform und ist der Häuptling, der das geheime Glockenspiel verwahrt. Das sagt mir schon die Biologie, die ja auf Auslese setzt – nur die Alphamännchen bekommen die Braut. Wenn die Alphaqualitäten sich in keinem veritablen Krieg abarbeiten können, sammeln sie sich an anderer Stelle unter der Uniform. Mit einem breitem Lederkoppel an der feurigen Eruption gehindert.

El Comandante!

USA habe ich gesagt, sorry, eine falsche Fährte, wir befinden uns nicht im gefährlichen Dschungel latinolastiger Südstaatenstädte, sondern auf den strahlend hellen Wiesen am Niederrhein. Nicht auf einem fernen Kontinent, sondern im nahen Westen der Republik. Nicht weit von der holländischen Grenze. Man riecht schon den Gouda, wenn der Wind günstig steht. In Alpen. Genauer gesagt: auf der Wiese vor meinem Haus. Unter einer meiner Kopfweiden. Im Frühsommer. Am helllichten Nachmittag. Ahnen Sie, auf wen ich es abgesehen habe? Psst, nicht weitersagen, Verführung ist nur spannend, wenn sie im Geheimen, Verbotenen der Vollendung entgegenstrebt.

Es war nicht eben leicht, an ihn heranzukommen. Insellage. Sargassosee. Bermuda-Dreieck. Karibische Gewässer. Piraten- und haiverseucht. Sicherheitskordon und so. Weitaus gefährdetste Person der Zeitgeschichte, Sie wissen schon. Über 600 Attentaten entkommen, so will es die Fama. Der CIA und ihren absonderlichen Rafinessen getrotzt. Mir war bekannt, dass er gern Zigarren raucht, diese fetten, deren Deckblätter auf den Innenseiten der Oberschenkel junger Nonnen gerollt werden. Heißen sie Cohibas? Egal, hatte also ein paar davon in meiner Handtasche. Haben ja auch bei Clinton gewirkt, diese Dinger. Der amerikanische Expräsident hat übrigens dem Meinigen nie eine Audienz gewährt. Nur einmal sind sie sich bei einem Lunch kurz begegnet, die Journalisten streiten noch heute darüber, ob sie sich die Hand gegeben haben oder nicht. Zu einem Austausch von erotischen Zigarrenspecials unter Leadern kann es also nicht gekommen sein, eigentlich schade. Vielleicht gelingts noch . . . ältere Herren haben ja immer viel Zukunft.

Verführung braucht sorgfältigste Inszenierung, wenn sie gelingen soll. Allein meinen Waffen einer Frau traute ich nicht ganz, dieser Mann war ja schon lange im Geschäft und sicherlich vorsichtig. Sonst wäre er ja heute überhaupt nicht mehr am Leben, bei den niederträchtigen Anschlägen auf seine Gesundheit – Rum, Mujitos, Zucker, Kaffee und Schwüle, Carneval und Rumba – die sie dort ständig haben, nicht wahr? Und der Jüngste ist er ja auch nicht mehr, wäre es aber gern. Ich also unter Vorspiegelung einer falschen Krankenschwesterausbildung (properes Häubchen, knapper Kittel) darunter ein Hauch von Dessous – ganz ohne wäre ich nicht präsentabel gewesen, push up musste schon sein, Machtmenschen stehen ja bekanntlich auf Frontfülle – und im Besitze eines nagelneuen hochwirksamen Verjüngungsmedikamentes sowie eines rheinischen Rührkuchens hinter die Absperrgatter in die unmittelbare Nähe des Ersehnten. Ein paar Kühe glotzten hinter mir her.

Er saß unter meiner Kopfweide am Schreibtisch, auf dem ein Ventilator surrte. Er schnalzte mit den gut durchbluteten Lippen, die mir unvorstellbare Fertigkeiten zu versprechen schienen. Sie kennen doch diese Werbung über die Saugkraft von Düsen? Fünfzehn Watt, behaupten sie da, beim Kuss – und das schon bei normaler Lippenausstattung. Hier allerdings ein Lippenpaar unter dem Kräuselbart, das mühelos vier Stunden am Stück mitreißende Reden halten konnte – ohne Ermüdungserscheinungen! Vier? Ach was, sechs! Und dies zum Leidwesen der Zuhörer immer wieder, immer wieder unter Beweis stellte. Patria o Muerte! Venceremos! Sim, si, basta!

Sie haben genug? Mein Gott, Sie sind aber schwer aus den Puschen zu holen! Sonst auch so gemächlich in Fahrt, oder etwa nur bei mir? Verführung braucht uneinhaltbare Versprechen, also denn: Sie werden jetzt etwas lesen, was Sie so noch nie gelesen haben und nie wieder lesen werden. Abartige Perversionen. Der Fluch der Karibik! Attentat in Alpen! Absolut shocking! Geradezu wüst!

Na also. Er hob die maximalen Schlafzimmerlider und musterte mich. Mit einem Hauch von Unverschämtheit, ein wenig schmutzig, genau die Sorte Blick, die unsereinem verrät, dass hier einer aufs Ganze geht. Ich drückte das Kreuz durch, bei schlotternden Knien – man verführt ja nicht alle Tage einen Helden, der gewöhnlich vor

Revolutionsgarden spricht, wenn er nicht gerade in Partisanenuniform durchs tropische Zuckerrohr streift. Gefahr gehört übrigens auch dazu, sonst wäre eine Verführung ein bloßer Zeitvertreib und nicht eine Sache von höchster Brisanz. Er rückte diese Kappe zurecht, die er immer auf dem Kopf trägt – in diesem Augenblick war mir der korrekte Begriff dazu entfallen, so aufgeregt wie ich war. Würde er sie abnehmen? Tat er es mit oder ohne? Sie können noch eine Wette abschließen, wenn Sie wollen, noch waren wir nicht soweit.

Er schloss die Augen unter den buschigen Brauen, weil ihn die helle Niederheinsonne blendete. Seine dicke Nase schnüffelte den Duft von frischem Gras und jungen Kuhfladen und – er nieste gewaltig – mein Moschusparfum. Ich schnüffelte seins: Hemingwayhaft-männlich, eine Aura von Mango und Tango, Malecon und Mafia, Kriegerschweiß und Tinte. Vom vielen Unterschreiben von Fünfjahresplänen, nahm ich an. Ich nestelte an meiner Bluse, zauberte mit der linken Hand eine Zigarre aus dem weichen Bett meines Busens und stellte mit der rechten das magische Medikamentenfläschchen auf den Tisch. Dann platzierte ich in der Mitte den Rührkuchen. Er hob lässig den Arm und verscheuchte die hübschen Adjudanten, die beiderseits des Mahagonischreibtisches im Grünen aufgefädelt waren. Sie verschwanden diskret, rückwärts – eine Gangart, die ich nur aus historischen Filmen kannte. Überseeische Potentaten! Ich war neu im Reich der Bananenrepubliken, das merkte man. Hatte naiverweise das Wort Republik allzu ernst genommen. Sollte ich mich vor ihm niederwerfen? Seine sandigen Zehen küssen? Seine fleischigen Knie umfangen?

Sie glauben mir nicht? Ja, haben Sie denn vorgestern die Tagesthemen nicht gesehen? Gleich nach dem Bericht über die EU-Krisensitzung? Da stand ich, halb verdeckt, links hinter ihm, man sah meine Kurven und mich im

Halbprofil, erinnern Sie sich nicht? Überhaupt, Ihnen reicht es? Halt! Wir sind mitten drin in der Verführung, Sie können doch jetzt nicht verschwinden. Das würde Verführer und Verführte lächerlich machen und das wollen Sie doch nicht verantworten, oder?

Sie sind mit im Boot – merken Sie es? Schon aus Selbstbefriedigungsgründen sollten Sie dabeibleiben – am herrlichsten ist doch das Gefühl danach: Die Verführung ist ein Rausch von kurzer Dauer, aber die Scham, die Reue, der Stolz, die Erinnerung daran währen lang. Sie sind der eigentliche Genuss, das Tiefste der Gefühle, der ewigliche Stachel im Fleisch. Die eigentliche Befriedigung. Satisfaction! Verführt zu haben macht selbstbewusst, aber verführt worden zu sein, ach . . . !

Ich hockte mich auf seine gut gepolsterten Oberschenkel und schmiegte meine Wange an die seine. Er ließ es geschehen und der kräuselige Bart, den er, Sie wissen es, seit Menschengedenken kultiviert, zeitigte eine Art wundersames Feuer auf meinen Backen, während seine Finger unter meinen zu kurzen Krankenschwesterrock griffen, um dort meine rückwärtige Hügellandschaft deftig zu cubieren – eine sexuelle Vorliebe der Bergvölker der Zuckerinsel, wie ich gehört hatte. Dieser bestimmte Griff, mit dem man auf den Antillen Sklavinnenfleisch prüfte, wenn man etwas davon verstand. Ich wand mich wie eine Klapperschlange. Die sind ja bekanntlich wechselwarm und passen sich der Temperatur der Umgebung an. Unsäglich heiß war es auf diesem üppigen tropischen Schoß. Und was trug er da in der Hosentasche? Ein kurzes Gewehr? Eine Cohiba? Havanna? Handgranate? Ich wusste es nicht; ein weibliches Urverständnis des Mannes aber erkannte die Form . . . Er knöpfte den Hosenbund, der stramme Arbeit hinter sich hatte, auf und langte nach seiner verborgenen Waffe. Ich schloss die Augen – bei echten Verführungen sind die Augen immer geschlossen; das ist ein Muss, das wissen Sie sicher ebenso gut wie ich.

Blind gab ich ihm Feuer für seine Zigarre. Er seufzte, grunzte, inhalierte, blies. Ich wähnte mich kurz vor dem Ziel. Fühlte mehr, als dass ich es sah, wie seine dicken Finger nach dem Rührkuchen langten, und seine Lippen sich in Erwartung süßer Genüsse aufwarfen.

Und dann, weh mir! – trat unangemeldet sein Bruder heran. Jawohl, er hat einen, Raúl heißt er, der verwaltet sein Reich, pflegt seine Wunden, schürt seinen Kriegerstolz, räumt ihm den Weg frei von Tellerminen und zuckrigen Kalorienbomben. Verteidigungsminister eben. »Was soll das?«, herrschte er meinen Helden an. Er wackelte mit dem Zeigefinger, der Meinige presste die Knie zusammen. Ich erschrak bis ins Mark, hüpfte gehorsam vom Schoß. Deutete hochrot auf das Fläschchen. Würde er es für Gift halten und mich unverzüglich exekutieren lassen?

Der Ersehnte räusperte sich. Raúl sah ihm scharf in die Augen. Der ältere Bruder senkte die schweren Lider. Ich hielt den Atem an. Das war zuviel für meinen push up, den ich absichtlich knapp gekauft hatte. Er zerplatzte mit einem hörbaren Knall. Die zwei Ersatzzigarren rollten unter den Schreibtisch. »Ein Attentat!«, brüllte jemand. Attentat in Alpen!

Sofort füllte sich die Wiese mit Soldaten. Die Kühe wichen verblüfft zurück, als sie Scharfschützen zwischen ihren Lieblingsgräsern fanden. Cohiba-Rauchschwaden verdüsterten die Szene. Oder war es die Sonne, die hinter einer Regenwolke aus Antwerpen verschwand? Der Maximo Leader fummelte im Zigarrennebel an seinem Hosenknopf, so, als wolle er die Pistole, die er zur Selbstverteidigung immer bei sich trug, absichtlich nicht finden, um einem der jungen Kerle zum Heldentum zu verhelfen.

So sind Staatenlenker! Sie denken rechtzeitig an die Nachfolge. Ich war beeindruckt. Raúl griff sich das Fläschchen und hielt es ans Auge, ganz so, als sei er im Besitze eines pharmazeutischen Röntgenblickes. Vor der Analyse putzte er sich die Brille. Sollte er doch! Sie würde mir das

Leben retten – war doch nichts anderes darin als brackiges Rheinwasser, das ich in einem Altarm gezogen hatte. Der Adjudant, der als erster den Finger an den Abzug gebracht hatte, durfte mir die Hände auf dem Rücken fesseln, was peinlich war, denn so war meine für Tropicana-Maßstäbe allzu schlichte Ausstattung nicht länger zu verbergen. Taktvoll schloß er mir die drei obersten Blusenknöpfe, nachdem er sorgfältig am Knoten hinter mir gewerkt hatte. Der Herrscher bedeutete uns mit einem harten, kurzen Aufwerfen des ausgeprägten Kinns, die Wiese zu verlassen. Wir hörten Raúl in ordinärem Spanisch schimpfen, als wir uns entfernten.

Später dann hat mich Marcos, der Adjudant, tatsächlich verführt – ich liebe nämlich Fesselspiele, aber das ist eine ganz andere Geschichte.

Sehen Sie! Sie haben sich doch verführen lassen, und habe ich nicht genau das getan, was ich angekündigt hatte? Eine Attentatsstory von ganz besonderer Art erzählt ... ungeahnte, nie geschmeckte Genüsse vorgegaukelt, um meine Ziele zu erreichen? Das ist das Geheimnis jeder Verführung. Fühlen Sie jetzt, was der Verführte fühlt, wenn es vorbei ist? Die Enttäuschung, das unbestimmte, aber nagende Gefühl, hereingelegt worden zu sein? Richtig, so muss es sein. Nur Führung ist einfach zu wenig. Alles erlogen, sagen Sie? Keineswegs, Sie haben es in den Nachrichten gebracht – wieder ein fehlgeschlagenes Attentat auf den charismatischen Chef. Verständlich, dass sie keine Einzelheiten bringen, um Nachahmungstäter und Täterinnen nicht zu ermutigen!

Nur eines noch, bevor ich aufwache, das Zellophan wegräume, den Fernseher ausschalte und Wickert in die Wüste schicke: Lassen Sie sich verführen, so oft es geht! Genießen Sie es. Verführen Sie selbst hemmungslos, wenn man Sie lässt! Es macht das Leben erfüllter ... überall, aber auch in Alpen. Aber meiden Sie, meiden Sie unter allen Umständen rheinischen Rührkuchen während der Tagesthemen.

Rührkuchen

FÜR DEN TEIG:

200 g Margarine
200 g Zucker
1 Päckchen Vanillinzucker
3 Eier
300 g Mehl
3 Teelöffel Backpulver
2 Eßlöffel Milch (oder Rum)
Fett und Semmelbrösel für die Form

ALS VARIANTE:

100 g Nüsse
oder Mandeln,
Kuvertüre
oder Puderzucker zum Verzieren

Margarine in Flöckchen, Zucker, Vanillinzucker und die Eier gut verrühren. Mehl und Backpulver vermischen, dazugeben und mit der Flüssigkeit (Milch oder Rum) zu einem glatten Teig verrühren. Je nach Geschmach ggfs. Nüsse oder Mandeln unterrühren.
Die Backform (rund oder Kastenfom) einfetten, mit Semmelbröseln ausstreuen und die Teigmasse hineingeben.
Bei 175 Grad etwa 50 bis 60 Minuten backen.
Nach dem Abkühlen aus der Form lösen, mit Puderzucker bestreuen oder mit Kuvertüre verzieren.

Invasion

Anfangs wollte ich nichts mit ihm zu tun haben.

»Lieber nicht«, sagte ich, als meine Freundinnen in höchsten Tönen von ihm schwärmten und mich dabei seltsam lauernd von der Seite ansahen. »Ich bin nicht der Typ dafür.«

»Lass dich doch einfach auf ihn ein«, hielten sie entgegen, wollten mir unbedingt in meinem Singledasein etwas Gutes tun.

Na ja, nett sah er schon aus, pflegeleicht. Und ja, ich konnte ihn mir gut vorstellen, an einem regnerischen Novembertag, bei Kerzenlicht und einem duftenden Tee. Normalerweise bin ich ja mehr für etwas Schnelles, Pikantes zu haben, am liebsten aus dem Süden, aber – Sie verstehen mich – jede Frau hat in der Tiefe ihres Herzens diese Sehnsucht nach Geborgenheit und trautem Heim, auch wenn sie es ungern zugibt.

Ich wurde also schwach. Und ich habe es bitter bereut, schon nach wenigen Tagen.

Zunächst war es genauso, wie ich es mir vorgestellt hatte: draußen Regen und graue Wolken, drinnen Kuchenduft und mütterliche Instinkte. Visionen eines anderen Lebens, ohne Bürohetze und Fast-Food-Pizza, ich fühlte mich als die umsorgende, backende, fröhliche Mama, die ich immer für meine (nicht vorhandenen) Kinder sein wollte – Bullerbü-Idylle eben. So scheuerte ich brav regelmäßig die Backformen aus, aber zur Arbeit musste ich trotzdem noch und meine Hausfrauengelüste kühlten ab. Auch meine Gefühle ihm gegenüber.

Sehr bald schon ging mir seine ständige Gegenwart auf den Wecker. Mein freies Singledasein hatte ein Ende, kein Absacker mehr direkt nach dem Büro, nein, ich musste nach Hause, mich um ihn kümmern. Ich hatte mich immer dagegen gewehrt, ein Meerschweinchen oder einen Hamster gegen meine Einsamkeit zu halten – zu viel Verpflichtung. Und nun musste ich mir ausgerechnet so etwas wie ihn einhandeln!

Penibel bestand er jeden zehnten Tag auf unserem gemütlichen Kuchenessen, und wenn ich es versäumte, wurde er sauer. Ich fing an, es zu hassen.

Sein Geruch, den ich anfangs so gemocht hatte, verursachte mir Übelkeit. Und er fraß, Sie können sich das nicht vorstellen, er fraß und fraß und immer das Gleiche. Nach dem Verdauen wollte er geknetet und massiert werden – bald ekelte es mich an, ihn berühren zu müssen.

Ich wurde ihn nicht mehr los. Alle Versuche, ihn unter die Leute zu bringen, scheiterten.

Er hatte sich massiv in mein Leben gedrängt, wurde immer fordernder, als ob ich nur für ihn auf der Welt wäre. Fragen Sie mich nicht, warum ich das mitgemacht habe. Wir Frauen neigen halt manchmal zum Masochismus.

Einmal kam ich nach Hause, es war alles so merkwürdig, so still und drückend warm und überall hing sein säuerlicher Geruch. Ich ging in die Küche, um nach ihm zu sehen. Da stürzte er sich auf mich, bedeckte mich mit seiner Masse, ich bekam keine Luft mehr, schlug um mich, er war überall, mit letzter Kraft kroch ich ins Wohnzimmer, schlug die Tür zu, aber er quoll durch die Ritzen, kroch über den Teppich, wabernd, stinkend, ekelhaft.

»Lass mich in Ruhe« schrie ich. »Neeein!«

Und dann wurde ich wach. Ich zitterte am ganzen Körper. Nein, nicht mehr! Nie mehr.

Plötzlich war ich ganz ruhig. Ich musste es tun. Wie ferngesteuert stand ich auf.

Er oder ich.

Mein Angriff kam für ihn völlig unerwartet. Ich kämpfte wild und schließlich gelang es mir, ihn komplett in den Ofen zu drücken. Fast eine Unmöglichkeit bei seinen Massen, ich weiß nicht, wie viel Kilo er inzwischen wog. Klappe zu, 180 Grad. Durchs Fenster sah ich zu, wie er zunächst Blasen schlug und dann dick und braun wurde.

Tagelang werde ich nun davon essen können. Aber wahrscheinlich werde ich ihn an die Tauben verfüttern, ich habe für den Rest meines Lebens die Nase voll von ihm.

Hier, sehen Sie das Marmeladenglas? Da ist er drin, ein kleiner Teil meine ich. Ich habe doch noch etwas behalten. Sie können ihn gerne haben, nehmen Sie doch, was ist denn?

Ach ja, Hermann heißt er.

Hermann

Am ersten Tag, direkt, wenn Hermann bei dir eingezogen ist, musst du ihn füttern, und zwar mit:

1 Tasse Milch
1 Tasse Mehl
1 Tasse Zucker

Lass ihn in einem hohen, abgedeckten Gefäß im Kühlschrank wohnen und rühre ihn jeden Tag um (Puristen nehmen dafür einen Plastiklöffel, kein Metall!).

Füttere ihn am fünften Tag mit den gleichen Mengen wie am ersten Tag! Pass auf, er wird immer größer, hat auch schon mal die Abdeckung hochgehoben und sich ausgebreitet. Er will halt hoch hinaus, der Junge.

Am zehnten Tag wird Hermann gebacken:
Als erstes miss eine Tasse Hermann für dich selbst und eine für eine Feindin ab und dränge ihr auch das Rezept auf.
Von der einen Tasse für dich setze einen neuen Hermann an, die verbleibenden zwei Tassen von Hermann gib in eine große Schüssel und mische folgende Zutaten dazu:

1/2 Tasse Öl
1 Päckchen Backpulver
1 Tasse Rosinen oder Schokoladenstreusel
2 Tassen Mehl
1 Tassen Zucker
1/2 Teelöffel Zimt
1 Tasse Nüsse oder Mandeln
2 Eier

Vorsichtig verrühren, bis alles gut untergemischt ist. In eine gefettete Backform füllen und bei 180 Grad ca. 45 - 55 Minuten backen.

Guten Appetit - man sagt, er soll wirklich lecker sein!

Fröhliche Spitzbuben

Da war er mal wieder, dieser komische Kerl. Jedes Jahr ungefähr im Mai tauchte er im »Fröhlichen Spitzbuben« auf und blieb für zwei Nächte im Zweibettzimmer. Stets begleitet von einem Jungen, der ihn beim Vornamen nannte und zerschlissene Hosen trug. Es war in jedem Jahr ein anderes Kind, soweit Renate sich erinnern konnte. Zwar glichen sie sich vom Typ her, waren alle etwas rotznasig und plump und immer im selben Alter, immer so zwischen zehn und zwölf Jahren, deswegen musste es stets ein anderes Kind sein als das, mit dem der komische Kerl noch vor fünf Jahren anreiste. Es sei denn, die Zeit wäre spurlos an dem Burschen vorbeispaziert.

Renate stand hinter der Durchreiche, füllte wie jeden Morgen Konfitüre aus dem Fünflitereimer in die kleinen Glasschälchen und schaute zum Ecktisch hinüber, an dem der Junge Platz genommen hatte. Die Haare des Kindes waren auf einer Seite zerdrückt, es sah übernächtigt aus. Der Mann faltete sorgfältig die Serviette auseinander und legte sie auf seine Oberschenkel. Dann tat er dasselbe bei dem Jungen. Die Männerhände strichen das mit Frühlingsblumen gemusterte Papiertuch über die Kinderbeine. Jedes Jahr fuhr ihr ein ungutes Gefühl in den Bauch, wenn sie diesem Mann – er mochte Anfang vierzig sein und trug keinen Ehering – beim Frühstück begegnete. Jedes Jahr zerbrach sie sich den Kopf, warum diese Jungs mit ihm unterwegs waren. Man las ja so viel in den Illustrierten, man bekam in den Talkshows so Schreckliches erzählt, es gab ja so viele schlimme Menschen da draußen.

Renate war täglich von sieben bis zehn für das Frühstück im kleinen, holzvertäfelten Speiseraum des Landgasthofes zuständig. Ein gemütlicher Job, um sich die Frührente ein wenig aufzubessern: Brötchen und Brot in den Korb legen, fragen, ob es Kaffee, Tee oder Kakao sein dürfe, frischen Aufschnitt nachlegen und den Gästen zum Abschied immer eine kleine Knistertüte mit frischen Spitzbuben auf den Weg geben, denn diese waren eine Spezialität ihres Chefs, und der süße Reiseproviant gehörte zur Tradition des Hauses.

Die wenigsten Gäste blieben Renate im Gedächtnis. Meistens waren es junge Familien, die sich mit ihren Kindern einen schönen Tag im nahe gelegenen Freizeitpark machen wollten und den Aufenthalt im »Fröhlichen Spitzbuben« als Pauschale gebucht hatten. Manchmal kamen auch Japaner, die den Niederrhein fotografieren wollten. Die wenigsten reisten regelmäßig an, abgesehen von Vertretern und Messegästen, die die Nähe zum Ruhrgebiet schätzten. Nur dieser – ja, wie sollte Renate ihn anders benennen – komische Kerl mit der Halbglatze und der grünumrandeten Brille war so etwas wie ein Stammgast im rot geklinkerten 30-Betten-Haus in Schermbeck-Gahlen.

Als Renate die Tüte mit vier runden, mit Marmelade bestrichenen Plätzchen füllte, nahm sie sich fest vor, dieses Mal irgendwie ein Gespräch zu beginnen. Sie band die goldene Plastikschleife mit dem daran baumelnden Geschäftslogo um die in Zellophan knisternde Süßigkeit und trat durch die Schiebetür in den Gastraum.

Der Junge biss gerade in ein Honigbrötchen und fragte mit vollem Mund: »Hey, Herbert, kannst du mal die Alte fragen, ob's echt keine Nutella gibt?«

Renate nutze die Chance und wandte sich dem Ecktisch zu. »Ich könnte dir eine Nussnougatcreme aus der Küche holen. Es ist aber eine andere Sorte.«

»Ich mag nur Nutella!« nörgelte der Junge.

»Ich hab was Besseres. Schau, hier habe ich die frischgebackenen Spitzbuben, die Spezialität des Hauses, für dich und deinen . . . Vater.« Sie reichte dem Jungen die Tüte.

»Das ist nicht mein Vater«, sagte der Junge.

Renate versuchte, eine besondere Regung auf dem Gesicht des Jungen zu erspähen. Eine versteckte Verzweiflung, vielleicht ein hilfesuchender Blick, den er in ihre Richtung warf. Renate lächelte, so freundlich und kinderlieb es ihr möglich war.

Doch der Junge riss lediglich die Gebäcktüte auf und schob sich einen Spitzbuben in den Mund. Im Nu waren seine Mundwinkel marmeladig. »Das ist nur Herbert.«

»Ich bin so etwas wie ein Patenonkel«, sagte dieser verdächtige Herbert und wischte dem Kind über den Mund.

»Habe ich Sie nicht schon öfter in unserem Haus gesehen?«

»Ja, stimmt«, antwortete Herbert, hielt es aber offensichtlich nicht für nötig, diese Tatsache zu kommentieren, sondern schenkte sich statt dessen noch eine Tasse Kaffee aus der Thermoskanne ein. Dann griff er zur bereitgelegten Tageszeitung und begann zu lesen.

Renate gab auf. Zumindest für den Moment. Doch noch während sie langsamen Schrittes zurück in die Kaffeeküche schlich, entschloss sie sich, ihren freien Nachmittag nicht mit Staubwischen, Unkrautjäten und Gerichtshows gucken zu verbringen. Heute würde sie ihren Motorroller aus dem Schuppen holen, ihn bei der freien Tankstelle generalüberholen und auftanken lassen, und dann würde sie zum Vergnügungspark fahren und schauen, was dieser Herbert im Schilde führte.

»Movie World« hieß der Ort, an dem Renate noch nie gewesen und zu dem es sie auch noch nie hingezogen hatte. Ein Wust aus Familien drängte durch die vergitterten Eingangstore und wurde dahinter von merkwürdigen Gestalten empfangen, von Bugs Bunny und einer schwarzen Ente mit gelbem Schnabel. Die Kinder stürzten sich begeistert in die Arme der stummen Kostümierten, wurden von ihnen gestreichelt und mit ihnen fotografiert.

Niemand nahm Notiz von Renate, von einer unscheinbaren Dame um die fünfzig. Warum sollte auch irgendjemand auf sie aufmerksam werden, als sie allein auf den großen Platz trat, über den Lautsprecher Musik warfen wie Fangnetze. Diese chaotische Zeichentrickmusik, bei der sie zu Hause immer den Fernseher umschaltete, damit sie nicht nervös wurde von dem Gepfeife und Gezischel und Geklopfe. Sie fand dies schon in Zimmerlautstärke unerträglich, doch hier unter freiem Himmel fühlte sich Renate, als sei sie mittendrin in ihrer Flimmerkiste, gefangen in einem Comicfilm, ohne Fernbedienung in der Hand.

Eine Hinweistafel verriet ihr, dass diese fremde Welt wahrscheinlich um einiges größer war als Schermbeck-Gahlen. Wie sollte sie sich hier auskennen? Und noch viel wichtiger: Wie sollte sie hier in diesem Durcheinander Herbert und den kleinen Jungen finden?

Die Schilderpfeile waren in einer fremden Sprache beschriftet, sicher in Englisch, »Ice Age« und »SpongeBob«, immerhin: »Hollywood« war auch für Renate ein Begriff. Sie ließ sich auf einer Bank nieder und rieb sich die Augen, dann musste sie ein dickes Plüschschweinchen vertreiben, welches sich neben sie setzte und sogleich anfing, ihren Oberschenkel zu tätscheln. Noch niemals hatte jemand Fremdes ihren Oberschenkel berührt.

Sie holte ein Erfrischungstuch heraus, und während sie sich das Gesicht abtupfte, versuchte sie zeitgleich, irgendwo dort hinter der verschwitzen Stirn den Grund zu finden, warum sie sich hierher getraut hatte. Wegen dieses Herberts. Der so aussah wie ein ganz normaler Mann, wie ein lieber netter Patenonkel, und genau deswegen höchstverdächtig erschien. Und das schon seit Jahren. Es war höchste Zeit, dass sie ihm hinterher spionierte.

Und dann – sie warf das 4711-Tuch in den quitschbunten Mülleimer – dann erkannte sie, dass sie richtig lag, dass sie gut daran getan hatte, heute hierher zu kommen. Im Papierkorb lag das Zellophantütchen. Die goldene Schleife, das unverkennbare Logo »Zum Fröhlichen Spitzbuben«. Ein Zeichen.

Sie dachte professionell ‚Fingerabdrücke!' und packte das Knisterpapier in die Handtasche. Wenn sie dieses - wie hieß das noch gleich im Fachjargon - wenn sie dieses Indiz so zufällig gefunden hatte, so würde sie auch Herbert und den kleinen Jungen treffen.

Sie stand auf, schaute nicht mehr auf die Wegbeschreibungen, die sie nicht verstand, sondern ging in dieselbe Richtung, in der die meisten aufgedrehten Menschen hier verschwanden. Dem Strom folgen, dachte sie, das war eine gute Methode.

Nie hatte Renate es für möglich gehalten, dass Menschen in der Lage waren, sich so etwas auszudenken. Rotierende Kaffeetassen in Kleinwagengröße. Kirchturmhohe Säulen, an denen man zuerst nach oben gezogen und schließlich im freien Fall in Lebensgefahr gebracht wurde. Und immer wieder Achterbahnen, aus Holz und aus Eisen und aus irgendeinem Material, das auch in der Weltraumforschung eingesetzt wurde.

Renate ging es sehr schlecht. Seit drei Stunden war sie nun hier, war ständig dem Menschenstrom gefolgt, hatte sich mitreißen lassen in all die unglaublichen Fahrgeschäfte, die ihr den Kreislauf komplett durcheinander gebracht hatten. An Essen war nicht zu denken, obwohl sie eigentlich schon lange über ihre gewohnte Mittagsmahlzeit hinaus war.

Der Pulk drängte sie einer Lautsprecherdurchsage entgegen, Schlange stehend durch einen grässlich-grauen Hinterhof, auf dem zerstörte Autos standen, hinein in die Ränge einer Tribüne, immer weiter, bis sie endlich in einer der vordersten Reihen einen Platz fand und Gelegenheit hatte, sich umzusehen. Zu Füßen des Publikums war eine

Straße nachgebaut, die an die Kulisse alter Gangsterfilme erinnerte. Fässer und Bretter und so ein Zeug standen herum. Männer in schwarzen Anzügen verlegten Kabel und riefen sich Befehle zu.

»Was machen die hier?«, fragte Renate eine junge Frau, die dicht an sie gedrängt saß und Kaugummi kauend auf ihr Mobiltelefon eintippte.

»Stunt-Show. Soll krass sein.«

»Stunt-Show? Sie meinen gefährliche Kunststücke?«

In diesem Moment sah Renate tatsächlich zwei Reihen vor sich Herbert und den kleinen Jungen. Das Mädchen antwortete etwas, doch Renate hörte nicht mehr hin. Der Junge aß ein gewaltiges Eis, Herbert hatte einen Notizzettel auf den Knien und schrieb. Renate war erleichtert. Bislang war wohl noch nichts Schlimmes passiert. Obwohl Renate – wenn sie ehrlich war – zugeben musste, dass sie gar nicht so genau definieren konnte, was sie eigentlich erwartete. Kindesentführung? Unzucht? Noch Undenkbareres?

Die Vorstellung begann. Die schwarzen Männer waren wirkliche Akrobaten. Sie stellten Filmprügeleien nach, machten Sprünge von ganz weit oben nach ganz weit unten, rasten mit dem Motorrad über einen Haufen Schrottwagen. Ein unsympathischer Kerl kommentierte mit dem Mikrofon in der Hand. Ab und zu ging in einer der Ecken ein Feuerwerksknaller los, dann hielt Renate sich lieber die Ohren zu. Es war so anstrengend, zuzuschauen. So viele Saltos und Flic-Flacs, dauernd diese nachgestellten Schießereien. Renate sehnte sich nach ihrem Garten und den Goldfischen im Teich. Wieder blickte sie zu den beiden Personen, wegen denen sie sich diesen Tag hier überhaupt zugemutet hatte.

Herbert steckte den Schreibblock in seine Jackentasche, er schien sich auch nicht wirklich für das wilde Geschehen vor der Tribüne zu interessieren. Er schaute sich um, inspizierte Gesichter; Renate mochte wetten, er hielt wieder nach kleinen Jungen Ausschau. Ein paar Sekunden verweilte Herberts Blick mal hier und mal da, bis er plötzlich zu der Sitzreihe gelangte, auf der Renate Platz genommen hatte. Stück für Stück wanderten die Augen hinter dem grünen Brillengestell auf sie zu. Renate versuchte, sich hinter dem jungen Mädchen mit dem Handy zu verstecken, sie schob sich näher an sie heran, wollte so tun, als sei ihr etwas zu Boden gefallen und sie müsse sich bücken, doch dann konnte sie nicht widerstehen, sie schaute kurz auf, in seine Richtung, und ihre Augen blickten direkt in die seinen. Er erkannte sie. Und er war nicht erfreut, sie zu sehen.

Dann: Ein ohrenbetäubender Knall, ein Feuerblitz im Augenwinkel, die schrillen Schreie des Publikums, dies alles geschah zur selben Zeit. Renate war nicht in der Lage, überhaupt etwas zu registrieren, alles ging so schnell. Viel schneller als die Dinge sonst in ihrem Leben passierten. Noch nie war ihr in so wenigen Sekunden so viel Lärm und Bewegung und Hitze und Panik widerfahren.

Dann ein Schlag gegen die Schläfe, wie ein Fausthieb oder ein Balken, mit dem zuvor weit ausgeholt wurde, um sie niederzustrecken. Auf einmal war alles so still wie sonst auch. Sie ging zu Boden.

Da war er mal wieder, dieser komische Kerl. Seit dem Unfall vor einem Jahr, bei dem sie den geplatzten Autoreifen abbekommen hatte, ließ ihr Gedächtnis sie oft im Stich. Doch an diesen Mann erinnerte Renate sich ganz genau. Jedes Jahr ungefähr im Mai tauchte er im »Fröhlichen Spitzbuben« auf und blieb für zwei Nächte im Zweibettzimmer. Stets begleitet von einem rotznasigen Jungen, der ihn beim Vornamen nannte und zerschlissene Hosen trug.

Renate stand hinter der Durchreiche, füllte wie jeden Morgen Konfitüre aus dem Fünflitereimer in die kleinen Glasschälchen und schaute zum Ecktisch hinüber. Sie war dankbar, endlich mal wieder das Gefühl zu haben, sich an etwas zu erinnern, wenn auch nur nebulös und ohne Zusammenhang. Sie wusste ja noch nicht einmal, wie es überhaupt dazu kommen konnte, dass sie sich an diesem Unglückstag in einem Freizeitpark aufgehalten hatte.

All ihre Freunde, Kollegen und Bekannten konnten sich keinen Reim darauf machen, diejenigen, die sie noch von früher kannten, beschrieben sie als eine ruhige, zurückgezogen lebende Frau. Sie hatte inzwischen sehr viele Freunde, die sich um sie kümmerten. Insbesondere nachdem ihr Anwalt den Besitzer des Freizeitparks erfolgreich auf Schadensersatz verklagt hatte. Und zwar in Amerika, dem Land der unbegrenzten Möglichkeiten und Regressansprüche. Renate war das viele Geld egal. Sie mochte ihren Garten, ihre Goldfische und die Gerichtssendungen im Fernsehen.

Als Renate die Tüte mit vier runden, mit Marmelade bestrichenen Plätzchen füllte, nahm sie sich fest vor, irgendwie ein Gespräch zu beginnen. Sie band die goldene Plastikschleife mit dem daran baumelnden Geschäftslogo um die in Zellophan knisternde Süßigkeit und trat durch die Schiebetür in den Gastraum.

»Herbert, wann gehen wir endlich los«, fragte der Junge. Doch Herbert beachtete ihn nicht. Starrte nur Renate an, die auf ihn zukam.

»Hallo, wie geht es Ihnen?«, fragte er. »Ich dachte nicht, ach, entschuldigen Sie, ich dachte wirklich nicht, dass Sie noch hier sind.«

Renate stellte das eingepackte Gebäck auf den Tisch. Sie erinnerte sich, dass sie diesen Mann nicht mochte, dass er ihr unheimlich gewesen war. Deswegen sagte sie nicht mehr als: »Bitte sehr, frisch gebackene Spitzbuben, eine Spezialität des Hauses, für dich und deinen . . . Vater!«

»Er ist nicht mein Vater. Das ist Herbert!« sagte der Junge.

Renate wusste, so oder so ähnlich hatte sie schon einmal hier gestanden. Sie wollte gerade wieder gehen, da fühlte sie die Hand des Mannes auf ihrem Arm.

»Warten Sie einen Moment, bitte.«

Renate dachte, er wolle ihr einen voll gekrümelten Frühstücksteller zum Abräumen reichen oder sie bitten, noch etwas Kaffee in die Thermoskanne zu füllen. Doch der Mann, den der Junge Herbert nannte, schaute sie durch seine dunkelgrün umrandete Brille freundlich an. »Wenn es Ihnen nichts ausmacht, dann bleiben Sie kurz stehen. Ich hab nämlich im letzten Jahr so viel an Sie gedacht.«

Renate spürte, wie ihre Finger kalt und feucht wurden. Sie brachte keinen Ton heraus.

»Erinnern Sie sich an mich?«

Ja, dachte Renate und sagte: »Nein!«

»Sie haben mich an dem Tag angesprochen. Morgens beim Frühstück. Es war fast so wie jetzt. Aber ich habe etwas genervt reagiert. Und dann sah ich Sie im Freizeitpark. Bei dieser Show. Kurz bevor . . . Sie wissen schon. Ich dachte erst, Sie wären tot. Später habe ich dann gelesen, dass Sie schwer verletzt worden sind. Und ich habe mir dauernd Vorwürfe gemacht.«

Der Junge hatte damit begonnen, an der Tüte herumzunesteln. Mühsam ergatterte er einen Spitzbuben und steckte ihn sich in den Mund. Im Nu waren seine Mundwinkel marmeladig. »Lecker!« schmatzte er.

»Ich habe gedacht: Seit Jahren bedient dich diese Frau so nett, steckt dir immer diese köstlichen Plätzchen zu, und du bist so abweisend. Und dann stirbt sie vor deinen Augen, na ja, Gott sei Dank stimmt das ja so nicht. Hätte ich Sie im Freizeitpark einfach zu mir herüber gewunken, dann wäre es nicht passiert.« Er schüttelte den Kopf über sich selbst und Renate verstand die Welt nicht mehr. »Aber in meinem Job bin ich so viel unterwegs, ständig frühstücke ich in anderen Hotels, immer sehe ich fremde Leute. Da wird man irgendwann wohl so. Aber nach der Sache mit Ihnen habe ich mich grundlegend geändert. Das wollte ich Ihnen nur mal sagen. Wie schön, dass ich diese Gelegenheit hatte.«

Renate musste lächeln. Sie wusste beim besten Willen nicht mehr, warum sie bei diesem Mann so ein ungutes Gefühl beschlichen hat. Seit dem Unfall spielte ihr limbisches System, das Gefühlszentrum im Gehirn, kleine Streiche. Dieser Herbert war ein netter Mann.

»Was machen Sie denn beruflich?« fragte sie.

»Ich bin Journalist bei einem Familienmagazin. Einmal im Jahr gehe ich mit einem Heimkind auf Deutschlandreise. Wir testen die großen Freizeitparks zu Saisonbeginn. Und wissen Sie: Jahr für Jahr dieselbe Route, vierzehn Tage lang Achterbahn und Lärm und so weiter. Da wird man etwas merkwürdig mit der Zeit. Aber den Jungs macht es Spaß, oder nicht?«

Der Junge hatte bereits den zweiten Spitzbuben in der Hand und nickte.

Renate lächelte. »Dann wünsche ich Ihnen einen schönen Tag«, sagte sie.

Und noch während sie langsamen Schrittes zurück in die Kaffeeküche schlich, überlegte sie, warum ihr der Mann nur jemals verdächtig erschienen war. Wo er doch so ein anständiger Mensch zu sein schien.

Spitzbuben

ZUTATEN:

150 g Margarine
250 g Zucker
2 Eier
1 Prise Salz
1 Messerspitze Zimt
250 g gemahlene Haselnüsse
(oder Mandeln)
250 g Mehl
Backpapier
Kuvertüre

Margarine in Flöckchen, Zucker, Eier, Salz und Zimt in eine Schüssel geben und gut verrühren. Nüsse (Mandeln) und Mehl hinzufügen und gründlich verkneten. Den Teig in Alufolie gewickelt 30 Minuten im Kühlschrank ruhen lassen.
Den Teig etwa 3 – 4 mm dick ausrollen und Dreiecke ausschneiden. Die Plätzchen auf ein mit Backpapier ausgelegtes Blech geben.
Bei 175 – max. 200 Grad ca. 10 Minuten backen, bis sie goldbraun werden.
Auskühlen lassen. Die Kuvertüre im Wasserbad erhitzen und jeweils eine spitze Ecke durch die Schokolade ziehen. Den Guss auf einem Kuchengitter trocknen lassen.

Aber bitte mit Mandeln

»Weißt du was? Mir reicht es. Diese riesigen, verstaubten Schinken interessieren mich nicht die Bohne. Ich will jetzt nach Hause. Außerdem kommt gleich Wrestling im Fernsehen.«

Elvira Eiermann seufzte. Es war wohl doch keine so gute Idee gewesen, ihren Mann zu überreden, sie zur »Langen Nacht der Museen« zu begleiten. Dabei hätte Elvira sich die Gemälde so gerne einmal in Ruhe angeschaut. »Impressionisten aus Frankreich und Deutschland – Ein Vergleich« hieß die Sonderausstellung im Kunstmuseum.

Immer nur ging es nach Eugens Nase, seit Anbeginn ihrer Ehe vor fast dreißig Jahren. Sie hatten sich auf einer Hochzeitsfeier von gemeinsamen Freunden kennengelernt. Zwei Monate später war Eugen ins Rheinland gezogen, um den Getränkehandel seines verstorbenen Onkels zu übernehmen. Und Elvira war bis über beide Ohren verliebt ihrem Eugen von Hamburg nach Düsseldorf gefolgt. Was sich jedoch schon bald als der größte Fehler ihres Lebens herausstellen sollte.

Fast wäre sie über seine Füße gestolpert, so abrupt war Eugen vor einem Bild stehen geblieben. Erst holte er tief Luft, dann stieß er einen anerkennenden Pfiff aus. »Nanu!«

»Nana«, antwortete Elvira.

»Hä, wie . . . ?«, fragte Eugen verständnislos.

»Das Bild heißt Nana«, wiederholte Elvira und beugte sich ein wenig vor, um die winzig kleine Schrifttafel besser lesen zu können. »Edouard Manet, Öl auf Leinwand, Paris 1877, steht hier.«

Eugen starrte auf das Bild. »Also, ich muss sagen . . .

diese Französinnen haben wirklich Geschmack«, säuselte er und schnalzte mit der Zunge. Mit fahrigen Händen griff er in seine Jackentasche, kramte eine Pillendose hervor und schluckte hastig eine Herztablette hinunter. Wie gebannt starrte er auf das Bild einer jungen Frau mit aufgesteckten Haaren, die in einem eleganten Boudoir vor einem Spiegel stand und sich die Nase puderte. Ihre einzigen Kleidungsstücke waren ein hellblaues Mieder und ein weißer Tüllunterrock. »Was für ein Weibsbild. Bei der sitzt jedes Pfund am rechten Fleck.«

Elvira sah sich verlegen um. Was sollten nur die anderen Besucher von ihnen denken?

»Deine Figur ist auch nicht mehr das, was sie mal war«, fuhr Eugen ungerührt fort. »Bist ja mächtig aus der Form geraten in den letzten Jahren.«

Elvira schnappte nach Luft. Zugegeben, sie war wohl etwas mollig, aber doch gut proportioniert. Sollte ihr Mann doch einmal selbst in den Spiegel schauen. Dieser glatzköpfige Schmerbauch mit seinen schwabbeligen Oberschenkeln und den schlaffen Waden, der wegen seines Herzens mit Mitte vierzig von Geschäftsmann auf Frührentner umgesattelt hatte und seither von morgens bis abends in seinem Ohrensessel vor dem Fernseher saß.

Nun war es Elvira, die darauf drängte, wieder nach Hause zu kommen. Während der Fahrt nach Hause redete Eugen ununterbrochen von der Frau auf dem Bild und dem guten Geschmack der Französinnen, von dem sich die deutschen Frauen mal eine Scheibe abschneiden sollten. An diesem Abend konnte Elvira schlecht einschlafen.

Am nächsten Tag blätterte sie in dem Ausstellungskatalog, den sie sich heimlich, während Eugen auf der Toilette war, beim Rausgehen gekauft hatte.

»Zum Salon von 1877 wurde das Bild nicht zugelassen«, hieß es in der Anmerkung. »Manet scheiterte an der moralischen Entrüstung der Jury. Er hatte es gewagt, eine stadtbekannte Kurtisane fast lebensgroß und nur halb bekleidet als Mittelpunkt einer Gemäldeszene darzustellen.«

Seltsam, dass Eugen ausgerechnet die Darstellung einer Kurtisane so gut gefallen hatte.

Moment mal! Es sei denn ... ob ihr Mann etwa schon einmal so eine Frau getroffen hatte? Die Luft vor ihren Augen flimmerte, und Elvira fürchtete, in der nächsten Sekunde ohnmächtig zu Boden zu sinken.

Als sie nach einer Weile immer noch aufrecht dastand, schenkte sie sich erst einmal einen Cognac ein. Eugen hatte zum Glück nichts mitbekommen, im Fernsehen lief gerade ein Auswärtsspiel von Borussia Dortmund. Dann war also das der Grund, weshalb ihn diese Frau so fasziniert hatte. Eugen kannte solche Nanas von irgendwoher. Und sie selbst hatte nie etwas gemerkt.

Allerdings ... Elvira schenkte sich noch ein zweites Glas ein. Ihr Mann und ... du liebe Zeit. Sie selbst hatte dieses Kapitel ja schon vor Jahren abgeschlossen, schon lange, bevor Eugens Herz angefangen hatte zu klappern und er immer diese Atemnot bekam. Seither ging es ihr besser. Viel besser sogar. Aber sich vorzustellen, dass ausgerechnet Eugen sich mit solchen Frauen traf. Oder waren das Hirngespinste, und sie redete sich das alles nur ein?

Elvira brauchte Klarheit. Als Eugen sich wie jeden Freitag auf den Weg zum Skatspielen machte, verließ sie kurz nach ihm das Haus und folgte ihm in gebührendem Abstand. Doch Eugen ging an seinem Stammlokal »Derendorfer Glöckchen« vorbei und bog in eine Seitenstraße ein. Am Ende der Straße hatte offensichtlich ein neues Lokal aufgemacht, dessen Name in Leuchtbuchstaben über der Tür prangte: »Moulin Rouge«. Sämtliche Fenster waren verdunkelt.

Am nächsten Morgen machte Elvira vor dem Einkaufen noch einen kleinen Umweg. Vorsichtig sah sie sich nach allen Seiten um, ob sie jemand beobachtete und näherte sich auf Zehenspitzen dem Eingang des »Moulin Rouge«.

»Fühlen Sie sich versetzt in die Zeit der Belle Epoque«, las sie auf einem Plakat. »Wir servieren ihnen täglich ab zwanzig Uhr, außer montags, französische Spezialitäten. Damen haben freien Eintritt«. Neben dem Plakat prangten die Fotos einiger Frauen, die auf einer kleinen Bühne einen wilden Tanz vollführten und fast genau dieselbe Kleidung wie Nana trugen, Mieder und Tüllunterrock. Elvira hatte Klarheit.

Eines Morgens beim Frühstück fiel Elviras Blick auf eine Anzeige in den »Düsseldorfer Nachrichten« unter der Rubrik Vermischtes: »Altstadt. Monsieur Paul fertigt Unterbekleidung nach Maß. Er lässt geheime Wünsche Wirklichkeit werden.« Elvira verspürte ein seltsames Kribbeln im Bauch, ihr Herz schlug schneller.

»Ich muss nachher in die Stadt«, teilte sie ihrem verdutzten Ehemann mit.

»Wieso das denn? Da warst du doch erst letzte Woche.«

Elvira blieb gelassen. »Weil du bald Geburtstag hast. Es handelt sich um eine Überraschung.«

Aufgeregt betrat Elvira einen Laden wie aus einer vergangenen Zeit. Ringsum an den Wänden standen hohe Mahagony-Schränke mit Glastüren, durch die Stoffe in allen Farben schimmerten. Eine Vitrine quoll über von Bändern, Rüschen und Seidenblumen. In der Mitte befand sich eine Kleiderbüste, kunstvoll mit durchsichtigem, besticktem Voile drapiert. Dunkelroter Samt trennte zwei Umkleidekabinen vom Verkaufsraum ab. Ein Duft von schwerem Parfum stieg Elvira in die Nase.

»Enchanté, Madame, zu Ihren Diensten«, hörte sie eine näselnde Stimme. Ein kleiner, drahtiger, elegant gekleideter Mann mit überdimensionalem Schnurrbart stand vor ihr.

»Guten Tag«, antwortete Elvira und nahm all ihren Mut

zusammen. »Sind Sie Monsieur Paul?«

»Bien sûr. Madame wünschen?«, fragte der Mann und zupfte das Bandmaß um seinen Hals zurecht.

»Ich, äh ... also, ich suche etwas Bestimmtes«, murmelte Elvira und räusperte sich. »Können Sie auch etwas nach einer Vorlage nähen? Genau so wie dies hier?« Elvira holte das Buch aus ihrer Tasche.

»Oh, là là, das ist extraordinaire«, lobte Monsieur Paul. »Natürlisch, isch kann machen für Madame diese création.« Schwungvoll holte Monsieur Paul einen Stoffballen aus dem Schrank. »Regardez, diese Stoff, diese Schimmer. Und oben an die Schulter, wir machen eine kleine application mit diese 'übsche weiße Spitze aus Lyon. Ravissant, n'est-ce pas?«

»Tatsächlich«, Elvira sah auf die Abbildung im Buch, »genau der richtige Farbton. Aber ich brauche auch noch einen weißen Tüllrock.«

»Pas de problème. Isch bin sischer, Madame werden aussehen ... wie eine Ver'eißung«, versprach Monsieur Paul und rief seine Assistentin, die bei Elvira Maß nehmen sollte.

Als es nach vier Wochen endlich so weit war und Elvira sich im Spiegel sah, fühlte sie sich wie verwandelt. Monsieur Paul hatte wahrlich ein Meisterstück geliefert. Das Mieder saß wie eine zweite Haut, es verlieh ihrem Körper eine harmonisch geschwungene S-Linie, ohne jedoch einzuengen. Im Gegenteil, Elvira fühlte sich auf eine angenehme Weise gestärkt und gestützt.

Eugens Geburtstag verlief so, wie all seine Geburtstage zuvor auch. Nach dem Frühstück verschwand er für eine Weile im Garten, und um zwölf Uhr aßen sie zu Mittag. Eugen hatte sich Rheinischen Sauerbraten mit Knödel und Rotkohl gewünscht. Nach einem ausgiebigen Mittagsschlaf setzte er sich erwartungsvoll an den festlich gedeckten Kaffeetisch. »Na, was gibt es?«

Elvira holte die Tortenplatte aus der Küche. »Etwas Französisches. Eine Nuss-Mandel-Tarte, habe ich selbst gebacken. Und, wie schmeckt sie dir?«

»Ich kaue die ganze Zeit auf Walnüssen und Erdnüssen rum. Wenn das Rezept Mandel-Tarte heißt, dann solltest du auch nur Mandeln reintun«, kam Eugens Antwort. Innerhalb von nur wenigen Minuten hatte er drei Stück Torte verspeist. Zu jedem Stück genehmigte Eugen sich eine Tasse Kaffee und ein Glas Cognac.

»Ich habe nachher noch eine Überraschung für dich«, sagte Elvira, während sie das Geschirr abräumte. »Aber es dauert einen Moment. Ich rufe dich dann.«

Eugen zog sich einstweilen in seinen Ohrensessel zum Fernsehen zurück.

Im Schlafzimmer traf Elvira letzte Vorbereitungen. Sie zog Mieder und Tüllrock an, steckte sich die Haare hoch und nahm ihre Puderdose zur Hand. Dann rief sie nach Eugen. Der ließ sich, wie immer, mehrmals bitten, bevor seine schlurfenden Schritte auf der Treppe zu hören waren.

»Was ist?«, rief er ärgerlich. »Warum schreist du so? Der Boxkampf im Mittelgewicht hat gerade angefangen. Und was ist eigentlich mit dem Abendessen? Ich muss doch gleich noch zum Skatspielen.«

Eugen hatte die vorletzte Treppenstufe erreicht und blickte durch die offene Tür ins Schlafzimmer. »Elvira? Das ist ja . . . Nanu . . . » Mit offenem Mund stand er da, hielt sich am Treppengeländer fest und brachte kein einziges Wort heraus.

»Ich wollte dich nur fragen, ob meine braunen Wildleder-Pumps zu dem neuen hellen Sommerkleid passen. Wir wollen morgen doch zum Schützenfest«, erklärte Elvira beiläufig und puderte sich eifrig die Nase.

Eugen blieb stumm. Seine Augen schienen wie in weite Ferne gerichtet. Erwartungsvoll streckte er die Hände nach ihr aus.

Wie in Zeitlupe fiel Eugen mit einem lauten, dumpfen Poltern die Treppe hinunter.

Elvira blieb oben am Geländer stehen und sah in die Tiefe. »Eugen«, rief sie, »Eugen!«

Doch es kam keine Antwort. Elvira ging zurück ins Schlafzimmer, zog ein Kleid über und wählte die Nummer von Eugens Hausarzt.

Eine halbe Stunde später klingelte es an der Tür. Langsam ging Elvira die Treppe hinunter und stieg vorsichtig über Eugen hinweg. »Doktor Schmidtbauer, gut, dass Sie da sind. Mein Mann . . . «, schluchzte sie.

»Was ist denn passiert?«, fragte der Doktor und beugte sich zu Eugen hinunter.

»Ich war gerade im Ankleidezimmer. Mein Mann kam die Treppe hoch, und auf einmal hörte ich nur noch ein Krachen und Poltern.«

»Mein Beileid, Frau Eiermann«, murmelte der Arzt, »Ihr Mann ist tot, Herzstillstand. Und dann dieser unglückliche Sturz. Aber es ging alles ganz schnell, er hat wenigstens nicht gelitten.«

“Ach, ja, das Herz.« Elvira rieb sich mit einem Taschentuch die feuchten Augen. »Sie haben es ja immer schon gesagt, Herr Doktor. Er sollte weniger Fett essen, nicht so viel trinken, sich mehr bewegen und jede Aufregung vermeiden . . . hätte mein Mann nur mehr auf Sie gehört«, wimmerte sie und ließ sich in einen Sessel fallen.

»Aber nun ist es zu spät. Ausgerechnet an seinem Geburtstag . . .«

»Sie Ärmste«, versuchte der alte Doktor sie zu trösten und nahm ihre Hand. »Aber Sie sind doch noch jung, Frau Eiermann, und das Leben geht weiter.«

Elvira zupfte an ihrem Taschentuch. »Wissen Sie, mein Mann und ich hatten geplant, im Herbst wieder in unsere alte Heimat zu ziehen, nach Hamburg. Wir wollten dort unseren Lebensabend verbringen. Jetzt muss ich alleine zurückgehen. Damit werde ich den letzten Wunsch meines Mannes erfüllen«, schluchzte Elvira und schnäuzte sich kräftig die Nase.

»Sie sind eine tapfere Frau.« Doktor Schmidtbauer tätschelte ihren Arm. »Es hat etwas Tröstliches, sein Leben im Sinne eines geliebten Menschen weiterzuführen. In der Ferne werden Sie bestimmt auch leichter Ihren Kummer vergessen können.«

»Sie haben mir in der schwersten Stunde meines Lebens beigestanden, Herr Doktor«, wisperte Elvira, »dafür möchte ich Ihnen danken. Es ist noch etwas von der Nuss-Mandel-Tarte übrig. Darf ich Ihnen vielleicht ein Stück anbieten? Und frischen Kaffee mache ich auch noch.«

Doktor Schmidtbauer dachte einen Augenblick nach. »Patienten kommen heute sowieso keine mehr, und mit den Hausbesuchen bin ich auch fertig. Da Sie mich so nett fragen, sage ich nicht nein.«

Als der Doktor wieder gegangen war, schenkte Elvira sich einen doppelten Cognac ein und griff nach der Wochenendausgabe vom Hamburger Abendblatt, die sie sich auf dem Rückweg von Monsieur Paul am Düsseldorfer Hauptbahnhof besorgt hatte. Sie schlug den Immobilienteil auf.

Das Reihenhaus in Derendorf würde sie sicher zu einem guten Preis verkaufen können. Eine Eigentumswohnung in Harvestehude wäre genau das Richtige. Oder doch lieber Blankenese, mit Blick auf die Elbe?

Elvira zog ihre spitzen, hochhackigen Pumps aus und stellte sie sorgfältig nebeneinander. Dann machte sie es sich auf dem Sofa bequem. Behutsam massierte sie ihren rechten Fuß und streckte die schmerzenden Zehen. Ziemlich unbequem, solche Schuhe. Aber bestens geeignet, um im richtigen Moment kräftig zuzutreten.

Nuss-Mandel-Tarte

FÜR DEN TEIG:

250 g Mehl
125 g Butter
50 g Zucker
Salz
1 Ei
Fett für die Form (ca. 30 cm Durchmesser)

FÜR DEN BELAG:

je 60 g Walnüsse, Haselnüsse,
Erdnüsse, Pistazien und Mandeln
30 g Butter
200 g Sahne
50 g Mehl
6 Esslöffel Honig

Mehl, Butterflöckchen, Zucker, eine Prise Salz und das Ei zu einem glatten Teig verkneten, in Folie wickeln und 60 Minuten im Kühlschrank ruhen lassen.
Butter, Sahne, Zucker, Mehl und Honig in einen Topf geben und aufkochen. Nüsse und Mandeln mischen und unterrühren.
Die Tarteform einfetten, Teig ausrollen, in die Form legen und den Rand hochdrücken.
Nussmasse auf dem Teig verteilen und den Backofen auf 200 Grad vorheizen.
Auf der zweiten Einschubleiste von unten 30 – 40 Minuten backen lassen.
Der Kuchen läßt sich gut drei Tage kühl und trocken lagern.

Ein ehrenwertes Haus

SAMSTAG, 10. SEPTEMBER 2005

Unübersehbar prangte der Zettel am Schwarzen Brett im Erdgeschoss des dreistöckigen Mietshauses in der Mittleren Mühlengasse 17, nahe des Alten Markts in Uerdingen:

An Alle Mietbewohner des Hauses
Man muß aufmerksam mache, dat auch am Wochende die Nachtruhe um 22 Uhr begint. Auch muß dä Dreck von Wochendbesucher vor Wochenanfang weg sein.

Einzig die Unterschrift hatte Hausmeister Waldemar Satonski handschriftlich und damit unleserlich darunter gesetzt. Aber die musste man auch nicht lesen können, denn 99% dieser Machwerke stammten aus seiner Feder.

14 Uhr, Erdgeschoss rechts, Eva Heun-Martens blinkender Bildschirm

‹html›
‹head›
‹title› Mehr als Babytalk - Eva's Webspace für Alleinerziehende und andere gelegentlich genervte Zeitgenossen ‹titlex/head›
‹body vlink = #990000 font face = arial, helvetica text = # 00000 ...›
‹HR›
‹Image = eva.jpg width = 200 height = 400 align = right head = 0,5›
‹H1› Der tägliche Wahnsinn - Evas Internettagebuch ‹/H1›
‹H2› ... immer wieder Samstags ‹/H2›
‹HR›

Guten Morgen, Ihr Lieben im www. Heute hat Waldemar, der Schreckliche, sich selbst übertroffen. Die Kinder sind bei der Oma und ich dachte, ich könnte mal ausschlafen. Aber nein,

um acht Uhr (! unzivilisierte untechnisierte Unholde!) klingelt es an der Tür. Davor - Waldemar, Hausmeister, Zahnbürstenhasser, Technikdummie, Familientyrann und Blockwart in einer Person. Grinst mich an, der Schleimbeutel, hält mir einen weiteren seiner „literarischen Ergüsse" unter die Nase. Inhalt wie immer belanglos-dumpf, aber die Form, oh Ihr Lieben, die Form! Ihr erinnert Euch - vorgestern noch hatte ich ihn, höflich wie ich nun mal bin, gebeten, seine Zettel, wenn er sie schon nicht lassen kann, dann bitte lesbar zu verfassen. Und hatte dafür den Hohn der Ignoranten geerntet - von wegen, nicht jeder könne sich den Luxus einer Rechnermaschine (sic!) leisten, er als Hausmeister jedenfalls nicht. Heute morgen dann präsentiert er mir seine Lösung: Bildzeitungsbuchstaben mit Pritstift auf Kinderzeichenblock!
Nun ja, ich bin wild entschlossen, mir den Tag nicht versauen zu lassen, nicht von so einem, also, macht's gut, Ihr Lieben da draussen, bis morgen,
Eure Eva</body></html>

Eva lehnte sich befriedigt zurück. Das Internet nicht nur als Arm, Ohr und Mund hinaus in die Welt, als Verlängerung des Bewusstseins der computergebildeten, aber alleinerziehenden Mutter zweier Kinder, sondern vor allem als kathartische Rache der von Hausmeistern geplagten Mieterin – das hatte was. Sie startete das Upload ihres neuesten Tagebucheintrags und begann, ihre Sachen zusammen zu sammeln. Die Oma mochte es nicht, wenn man sie mit den lieben Kinderchen warten ließ, jedenfalls nicht, wenn sie wie heute Nachmittag, ausnahmsweise nach »Krieewel« zum Seniorentanztee wollte.

SONNTAG, 11. SEPTEMBER 2005

0.45 Uhr, Erdgeschoss links, Hartmut Zeil

Die Triangel am »Galgen« über dem Bett schaukelte noch hin und her. Hartmut hatte sich eben aus dem Rollstuhl aufs nagelneue, behindertengerechte Nachtlager gehievt. Seit dem Unfall ging er selten vor Mitternacht schlafen und auch jetzt war er noch nicht müde. Er griff nach dem Kopfhörer und wollte ihn schon in die Anlage neben dem Bett einstöpseln, überlegte es sich aber anders und verkabelte sich stattdessen mit seinem kleinen, komfortablen Aufnahmegerät.

Srrrrr surrte es in Hartmuts Hand. Klick.

Türschlagen. Schritte im Hausflur. Klack.

»Unverschämtheit!«

Kichern, noch unterdrückt.

»Wirklich Mascha, ich wüsste nicht, was an dem schmierigen Typen und seinen Kritzeleien so lustig ist! Als ob wir lauter laute Orgien feiern würden.«

Schuldbewusst kicherte auch Hartmut, als er die Stimme von Ellen Trimons auf seinem Band hörte. Erst wollte er es gleich ausschalten, zurückspulen um sein »Gebrabbel eines Krüppels«, wie er es nannte, fortzusetzen. Aber inzwischen hörte man Ellens Freundin Mascha:

»Mietbewohner, Wochenendbesucher, Hausmeister, hört mich an« – hier musste sie wieder kichern – »die schmutzigen Lesben zu outen, nicht zu preisen . . . «

Weiter war sie nicht gekommen. An dem Punkt hatte sie Ellen unterbrochen - sie konnte zwar nicht wissen, dass Hartmut gerade sein neues, verbessertes Bandgerät nebst hochempfindlichen Mikro und anderem Schnickschnack testete, aber der Hall des Treppenhauses war tragend, gerade für eine weit tönende Stimme wie Maschas. Und dann hatten die beiden plötzlich an seiner Tür geklingelt . . .

Srrrrrr. Klack. Das Band war wieder auf Anfang zurückgespult. Hartmut lauschte noch einen Augenblick der Stille des Hauses in der friedlichen Uerdinger Altstadt und drückte schließlich auf Aufnahme.

»Die 112. einsame Nacht eines Krüppels. Und das alles wegen – nein, nicht wegen des dämlichen Motorradunfalls, irgendwann nutzt sich jede Ausrede ab – das alles wegen zwei wunderschönen Frauen, einem Hausmeisterzettel und einem neuen Mikro. Ich hab mich gefühlt wie ne ,klieene

Jong', der beim Wühlen in Mutters Dessous ertappt wird – bloß, weil ich beim Mikrotest Ellen und Mascha im Hausflur erwischte. Und wie ein kleiner Trottel hab ich mich dann selbst bestraft – dabei wäre ich wirklich gerne zu ihrer ‚zwanglosen Feier' gegangen.«

Heiseres Lachen wird Husten wird Hüsteln, dann wieder Hartmuts tiefe, ironische Stimme.

»Gegangen – klar – der Krüppel hätte die Treppe ja auch heroisch raufrobben können, wenn der Idiot schon zu blöd ist, sich von zwei jungen Frauen tragen zu lassen ... ich kann schon Dr. Gutmanns Stimme hören, wenn ich ihm das erzähle ‚Hartmut, Sie müssen sich selbst gestatten, wieder am Leben teilzunehmen'. Oh Mannn ... ich denke, wenn die Küche fertig ist, sollte ich vielleicht doch eine Einweihungs ... «

Abrupt stoppte Hartmut seine Aufzeichnungen. Mit lautem Krachen flog die Haustür auf, dann unverständliches, aber eindeutig alkoholisiertes Fluchen. Schwere Schritte auf der Treppe, geräuschvolles Hantieren mit Schlüsseln und Schloss im Stockwerk über ihm. Eine hohe, ängstliche Frauenstimme. »Waldemar - wat is denn?«, kreischte sie.

„Halt dinn Mull!« - Das war der Hausmeister selbst, dann ein lautes Klatschen, ein Aufschrei der Frau - und mehr Geschrei.

Seufzend griff Hartmut nach dem Kopfhörer und stöpselte ihn in die Anlage neben dem Bett ein. Laute Musik übertönte den Lärm über ihm.

8.15 Uhr, 1. Stock rechts, Hortense Freemer

Hortense war eine rüstige 72jährige, was man angesichts ihrer zierlichen Statur nicht vermutete. Mit Leichtigkeit hob sie den Putzeimer an und leerte ihn in der Toilette aus. Als sie alles in die Besenkammer packte, hörte sie auf dem Flur erst ein Krachen und dann lautes Fluchen. Ganz und gar nicht damenhaft kichernd ging sie ins kleine Wohnzimmer und nahm den altmodischen Briefblock heraus.

Mein liebster Jost,
heute wärst Du sicher stolz auf Deine Hortense. Zu Lebzeiten hattest Du zwar nichts als Spott für mein weiches Herz und tadelnd-erhobene Augenbrauen für meinen ‚Putzfimmel', wie Du es nanntest, aber ich glaube, so schlecht sind diese Eigenschaften nicht.

Ich wußte doch, daß Hausmeister Satonski, sobald er seinen Rausch ausgeschlafen hat, auf der Lauer liegen würde, ob die netten jungen Damen von oben nach ihrer kleinen Feierstunde jegliche Spuren im Treppenhaus beseitigen würden. Also habe ich in aller Frühe und leise wie ein Mäuschen das Treppenhaus geputzt, mit viel Scheuerseife und Wasser. Ich weiß nicht, ob er gelauscht hat, aber gerade als ich die Tür hinter mir geschlossen hatte, hörte ich Geräusche aus seiner Wohnung, dann das, was ein verkaterter Mensch wohl für leise Schritte halten mag, und schließlich ein Rutschen und Krachen, als er in meine Seifenlache tappte!

Ich weiß, es ist nicht sehr christlich, sich über anderer Menschen Mißgeschicke zu amüsieren, aber ich kann mir nicht vorstellen, daß unser Herr etwas dagegen hätte, diesen scheußlichen Menschen auf den Hosenboden der Tatsachen zurückzuholen. Und Du, lieber Jost, Du kannst mir da jetzt auch nicht mit Deinen Bibelsprüchen reinreden.

Deine Hortense

Zufrieden stand Hortense vom Schreibtisch auf, um sich an die Zubereitung ihres unnachahmlichen, niederrheinischen Sauerbratens zu machen. Selbst wenn ihre Tochter wohl wieder einmal nicht zum Sonntagsbraten käme, vielleicht würde sich der neue Mieter über Hausmannskost freuen? Sie konnte sich nicht vorstellen, dass ein junger Mann im Rollstuhl große Lust hätte, selbst lange in der Küche zu hantieren.

Betrifft: Sauberkeit und Ortnung.

1. Seife und Wasser im Übermaas bei Bodenreinigung vermeiden.

2. Jeder macht sein Dreck selbst weg.

3. Autowaschen auch bei Kümmel- und Knofelgestank Sonntags verboten.

22.30 Uhr, 2. Stock links, Familie Izgar

Liebe Sena,

wie ich Dich beneide, studieren, weit weg, alleine wohnen, tun was Du willst . . . ohne dass es immer heißt, tu dies, lass das, wir wollen doch nur unsere Ruhe. Erst durfte ich gestern natürlich nicht zu der Feier von Ellen und Mascha, dabei waren da gar keine Jungs, nur Leute von der Fachhochschule Krefeld. Bestimmt nur, weil die beiden ein Paar sind und das dem dämlichen Hausmeister nicht passt. Und vor dem hat man erst Ruhe, wenn man auszieht oder tot ist. Ständig ist er hinter allen her, immerzu seine dämlichen Zettel - jetzt sehen sie aus wie Entführerbriefe, lauter zusammengeschnipselte Buchstaben. Gestern halt wegen der Party und heute was wegen Saubermachen und Autowaschen und Sonntag. Voll die Unverschämtheit - das wäre auch bei Kümmel- und Knoblauchgestank sonntags verboten! Vater hat das gelesen und es geschluckt, wie üblich. Es würde sicher stimmen, meinte er nur, und als ich sagte, der Typ wollte Dich beleidigen, siehst Du das nicht, ist er wütend geworden. Aber, klar, nicht etwa auf den Hausmeister, nein, ich sollte gefälligst in meinem Zimmer verschwinden und darüber nachdenken, wie man mit seinen Eltern spricht! Nicht mal an den Computer kann ich, weil der ja bei meinem Herrn Bruder, dem Rechneranalphabeten schlechthin stehen muss! Liebe Sena, kannst Du mich nicht adoptieren? Ich will hier raus, ich will nicht mit dreizehn schon versauern!

Deine Schwester Aischa

P.S: Kannst Du mir den Quelltext von Martins Programm schicken? Ich hab vielleicht eine Idee, wie man das Problem lösen könnte! Manchmal hat Müll wie Stubenarrest tatsächlich auch gute Seiten ... ;-))

MONTAG, 12. SEPTEMBER 2005

10.30 Uhr, 2. Stock links, Ellen Trimons und Mascha Pastichez

7.15 B.O. (Beobachtungsobjekt) beginnt morgendliches Schreiritual mit seiner Nachkommenschaft.

7.42 Nachkommenschaft verlässt Brutstätte. B.O. brüllt »On maakt mech kinne Scheiß!« hinterher. Anmerkung der Beobachterin: In anthropologischer Literatur nachschlagen, ob archaische Volksstämme so Aufmunterungen zum Ausdruck bringen.

7.58 B.O. versucht zu bohren

7.59 Bohrgeräusche werden schwächer - Vermutung: Akku dürfte leer sein. - Geschrei B.O.: »Drietdeng! Möt deutsche Wertarbeit wöerd sowat net passiere!« - Anmerkung: Diese Beschwörungsfomel ebenfalls in Fachliteratur überprüfen.

8.23 2. Bohrversuch begonnen

8.26 2. Bohrversuch scheitert

8.27 Erneute Brüll-Beschwörung durch B.O. Weibliche des B.O. versucht zu beschwichtigen. Mehr Schreierei. Türenschlagen. - Anmerkung: Glaubt B.O. durch Lärm den Akku zu laden?

Ellen saß mit einer großen Tasse Milchkaffee vor ihrer alten Olympia und betrachtete zufrieden die Ergebnisse ihres »Forschungsprojektes: Der Hausmeister als aussterbende Spezies«.

Hatte Satonskis Vorgänger Randauer sie mit seiner schleimigen Leisetreterart und seinem später immer unverhohleneren Voyeurismus genervt, machte Satonski ihr mit seinem ständigen Lärm und seinen wenig subtilen Sprüchen, was ihre und Maschas Beziehung anging, geradezu Angst. Anfangs hatte sie Mascha glühend um ihre Doktorandenstelle an der FH Niederrhein beneidet. Dort war sie wenigstens bei der Arbeit gefeit vor Satonskis Lautstärke. Einzig ihr »Hausmeisterforschungsprojekt« rettete sie.

Stellen für theoretische ausgebildete Soziologinnen mochten selten sein, aber Betätigungsfelder für Satirikerinnen gab es zuhauf. Eines Tages, hatte sie sich geschworen, eines Tages würde sie ihren Mut zusammenkratzen und ihr Manuskript einem Verlag geben ...

Gedankenversunken trank sie einen weiteren Schluck, dabei den Geräuschen aus der Wohnung unter ihr lauschend. Offenbar war Satonski derart erschöpft vom Kampf mit der Technik, dass er sich hinlegen musste. Ellen setzte sich auf und fügte dem Bericht eine weitere Beobachtung hinzu:

```
10.33 B.O. greift auf zweite, bewährte Problem-
      lösungsstrategie zurück: Beschwörung der
      Geister der Technik durch lautes Schnarchen.
```

Dann stand sie auf, denn so mutig sie als kühne Forscherin an ihrer Schreibmaschine war, so zaghaft war sie im realen Leben. Rasch wollte sie die Chance zu nutzen, unbelästigt nach der Post zu sehen.

21.36 Uhr, Erdgeschoss rechts, Eva Heun-Martens

‹Image = eva.jpg width = 200 height = 400 align = right head = 0,5›

‹H1› Der tägliche Wahnsinn - Evas Internettagebuch ‹/H1›
‹H2› Duell am Briefkasten ‹/H2›
‹HR›
Hallo Ihr Lieben im www.! Heute bedauere ich mal wieder, keine Webcam im Hausflur zu haben. Es ist morgens, die Kinder sind in der Schule, das Haus liegt friedlich da, sollte man jedenfalls meinen. Leise Schritte nähern sich dem Briefkasten - das kann nur Ellen, die liebe, sein. Fast hat sie's geschafft, der Schlüssel klappert, Papier raschelt, und dann dröhnt unvermutet die Stimme des Herrn – des Herrn Satonski natürlich. Macht sie an, wegen der Feier am Samstag und weil er ganz, ganz sicher ist, Hortense und nicht etwa Ellen oder ihre »saubere Lesbenfreundin« haben danach geputzt. Legt los, von wegen womit sie die alte Dame »am bestäsche send«, ob es wohl »Orjiien zu drett« seien. Ich will schon zur Tür eilen, da höre ich die meines neuen Nachbarn. »Ellen, gut, dass ich Sie treffe«, sagt er, und, nebenbei auch, »guten Tag Herr Satonski«. Durch den Spion – ja, ich gestehe, ich bin neugierig, sehe ich, wie der Neue seinen Rollstuhl wendet, damit Ellen in die Wohnung kann. Satonski steht verdutzt, dann stapft er davon, Richtung Keller, mit seinem üblichen Krach halt. Ich kicherte und freute mich, aber zu fr

An der Stelle blinkte der Bildschirm. Lina, Evas Jüngste, hatte einen Albtraum, und das war wichtiger als das Internettagebuch.

22.20 Uhr, 2. Stock links, Ellen Trimons und Mascha Pastichez

10.40 Beobachterin wird von B.O. verbal attackiert (Revierverhalten heterosexueller Hausmeister in Reinform)

10.42 Held auf Stahlross erscheint und rettet Beobachterin (sehr unfeministisch, aber nett); zeitgleich: B.O. poltert im Treppenhaus (Fortsetzung des Revierverhaltens, typisch für Verlierer des Balztanzes)

11.27 Beobachterin und Held entdecken bei Verlassen von Heldenbau B.O.s niederes Verhalten: Rampe für Stahlross des Helden ist verschwunden

Bis hierher hatte Mascha sich fast vor Lachen gekugelt. Sie wusste zwar, dass Ellen die Begegnung mit Satonski längst nicht so leicht nahm, wie der Forschungsbericht vorgaukelte, aber sie wusste auch, dass Ellen sich dieser »Schwäche« schämte.

An dieser Stelle richtete sich Mascha abrupt im Bett auf und sah Ellen halb ungläubig, halb entrüstet an: »Ernsthaft? Der Teutone hat die Rampe für den Rollstuhl verschwinden lassen?«

»Ja, und er kann mir nicht erzählen, dass das ein Versehen war – ich hab nachgesehen, gesucht, und weißt du wo das Ding war? In Satonskis vergittertem Kellerverschlag!«

»Und dann, was dann?«, wollte Mascha wissen.

»Dann kam Eva dazu und wir haben gemeinsam Hartmut in seinem Rolli die paar Stufen runtergehievt, damit er zu seinem Termin konnte. Eva wollte erst zu Satonski, aber den Triumph wollten wir ihm nicht gönnen . . . naja, und dann, als Hartmut wiederkam, war rein zufällig die Rampe auch wieder da. Nebst dem Zettel, den du noch gesehen haben musst – von wegen, was für eine Sauerei die Reifenspuren im Flur wären!“

DIENSTAG, 13. SEPTEMBER 2005

16.10 Uhr, 2. Stock rechts, Familie Izgar

Liebe Sena,
inzwischen bin ich sicher, dass meine Lösung für Martins Programm funktioniert, ich habe sie nämlich auf Achmeds (der Idiot spielt schon wieder

Moorhuhnschiessen!) wie auch auf Evas Rechner ausprobiert. Wenn nur alles so leicht zu ändern - und zu löschen! - wäre wie Computerprobleme. Ich war gerade fertig bei Eva - oh, bitte vergiss nicht, für die Eltern kriege ich immer noch Nachhilfe in Deutsch und Mathe von ihr, sie würden es sonst nicht verstehen - wir gehen zur Tür, reden noch über den Quatsch, warum Leute immer denken, Jungs hätten in Mathe und mit Technik so viel mehr drauf. Klar, Achmed baut sein Moped sicher mit verbundenen Augen schneller zusammen, als ich es mit Anleitung auseinander bekäme, aber setz ihn an seinen Computer und außer dämlichen Schießspielen passiert gar nichts. Jedenfalls, wir reden so, sie macht die Tür auf, und plötzlich ist sie stinksauer. Da hängt wieder so ein dämlicher Hausmeisterzettel, von wegen die Kinder sollten nicht so einen Lärm beim Spielen machen. Eva meint, das hat der Satonski nur gemacht, um sich dafür zu rächen, dass sie für den behinderten Mann nebenan die Reifenspuren vom Rolli weggeputzt hat! Und zwar nachdem sie mit Ellen den Rollstuhl runterwuchten musste, weil Mr. Blockwart die Rollirampe geklaut hat! Da packt man sich doch an den Kopf - schade nur, dass der Idiot kein Internet, nicht mal einen Computer hat. Dann hätte ich wenigstens einen Grund auszuprobieren, ob ich nicht doch einen netten, kleinen Virus hinkriege!

Deine wütende, Dich liebende kleine Schwester
Aischa

23.50 Uhr, Erdgeschoss links, Hartmut Zeil

»Der Krüppel hat es geschafft – selbst Dr. Gutmann kann mir diesen Erfolg mit seinem therapeutischen Gerede nicht mehr nehmen. Dass ich Ellen und Eva gestern unfreiwillig näher kam, schien den guten Doktor ja nicht zu beeindrucken. ‚Schön, dass Sie Ihre ... Ihre lesbische Nachbarin vor den Verbalattacken des Hausmeisters in Schutz genommen haben, aber meinen Sie nicht, Sie sollten lieber heterosexuelle Frauen kennenlernen', war so ziemlich alles, was er dazu zu sagen hatte. Und auf meine Frage, was ein Krüppel wie ich bitte schön, mit einer wie auch immer sexuell orientierten Frau soll, kam wieder nur sein übliches, ich müsse Geduld mit mir haben. Jedenfalls, ich hab's geschafft. Die Handwerker haben die Küche eingebaut und ich habe die glorreiche Tat vollbracht, meine Nachbarn für morgen zur Einweihung einzuladen. Ich hoffe, es irritiert sie nicht allzusehr, dass ich im Gegensatz zu unserem ‚Blockwart' handgeschriebene Aushänge BILD-Erpresserschreiben vorziehe?"

MITTWOCH, 14. SEPTEMBER 2005

6 Uhr, 1. Stock rechts, Hortense Freemer

Geliebter Jost, mein Gatte,
wie ich Dich manchmal vermisse. Als alte Witwe ist man doch gelegentlich zu hilflos ... nicht nur, daß mir Dein Rat und Dein männlicher Schutz fehlen, vor allem die starke Schulter zum Anlehnen und Ausweinen fehlt mir sehr. Gestern habe ich auf Evas Kinder aufgepasst – Du hast sie nie kennengelernt, weder Eva, die neben Kindern und Haushalt zuhause arbeitet, mit Computern geht sowas ja heutzutage, noch Lina und Thomas, ihre Kinder. Mein Rücken machte wieder Probleme, also bin ich mit ihnen nur in den Hof gegangen. Die Kleine ist erst vier Jahre alt, und der Hof ist doch viel sicherer als die Straße. Ihr Bruder war nach der Schule noch ausgelassener als sie, also tobten sie herum, während ich das kleine Gemüsebeet jätete, als plötzlich Herr Satonski aus dem Fenster rief – nein, brüllte. Bis drei wäre Mittagsruhe und die Kinder sollten gefälligst leise sein. Ich habe versucht, ihm höflich auseinanderzusetzen, daß Kinder Bewegung brauchen und ich nichts dagegen hätte, wenn er seine beiden ebenfalls runterschicken würde.

Er lachte höhnisch, ich werde seine Kinder nicht verziehen, und überhaupt, in den Hof gehörten nur pflegeleichte Sträucher, Blumen vielleicht noch, aber meine Gemüsebeete, die hätten da gar nichts verloren. Da wurde er ungehörig, regelrecht unflätig. Ich bin sicher, ich bin rot geworden, seine Ausdrücke kann und will ich hier nicht wiederholen; es reicht, daß sie mich die ganze Nacht nicht schlafen ließen. Aber das war noch lange nicht alles, lieber Jost, noch lange nicht ... Als wir wieder reingingen, hing unten wieder einer seiner widerlichen Zettel, eben wegen der Kinder und des Lärms, des angeblichen. Es war mir sehr peinlich, aber Eva sagte, das müsse es nicht, es müsse nur ihm peinlich sein. Und sie erzählte, daß das seine Rache wäre, weil sie tags zuvor für den netten jungen Mann die Treppe geputzt hätte! Ich hätte nie gedacht, daß ich das einmal schreiben würde, aber dieser Mensch ist schlimmer, als alle seine Vorgänger, schlimmer sogar als der Blockwart an den ich mich aus meinen Kindertagen erinnere. Und das schlimmste kommt noch – heute morgen wachte ich um fünf Uhr auf, und es war nicht, wie üblich, ein Ehezwist der Satonskis. Nein, es war der Mann selbst, der mit seinem Auto wieder und wieder auf meinem Gemüsebeet vor und zurücksetzte! Nun verstehst Du sicher, lieber Jost, warum ich Dich mehr denn je vermisse. Aber, keine Angst, Deine Hortense mag eine alte Dame sein, aber unterkriegen von einem ungehobelten Klotz wie diesem läßt sie sich nicht!

10.15 Uhr, Erdgeschoss rechts, Eva Heun-Martens

‹H1› Der tägliche Wahnsinn - Evas Internettagebuch ‹/H1›
‹H2› Der Kampf ums Blumenbeet‹/H2›
‹HR›
Hallo Ihr Lieben im „http://WWW/“WWW! Langsam reicht mir mein Schreiben hier kaum mehr als Ventil und allmählich wer-

den Sarkasmus und Ironie mir schal. Allein Satonskis Verfehlung der letzten 24 Stunden aufzuzeichnen, grenzte an einen Roman – wenn es denn nicht die bittere Wahrheit und nichts als die Wahrheit wäre.

Inzwischen ist er soweit, dass er täglich mindestens zwei bis drei Hausbewohner nervt, belästigt und/oder tyrannisiert. Da versteht man gleich, wie schon die alten Römer – oder waren es die Griechen? – den Tyrannenmord philosophisch rechtfertigten! Wenn er es wagt, heute abend Hartmuts Feier – Ihr erinnert euch? Hartmut ist der junge Radiomoderator der »Welle Niederrhein«, der nach einem Unfall querschnittsgelähmt ist und ausgerechnet in diesem »ehrenwerten Oedingschen Haus« einen Neueinstieg ins Leben versucht – also, wenn er es wagt, da aufzutauchen und seinen Mist zu verbreiten, gibt es ab morgen eine weitere Hate-Page im Web!

Wutschnaubend,

Eure Eva‹/body›‹html›

DONNERSTAG, 14. SEPTEMBER 2000

3 Uhr, Erdgeschoss links, Hartmut Zeil

»Nein, dieses Schnaufen ist nicht etwa der Krüppel, der sich wider Erwarten mit seinen Nachbarinnen wundersam geheilt sexuell betätigt. Im Gegenteil . . .

Zuerst sah der Abend nach einem Erfolg aus. Das Soufflée war perfekt, das Stangenbrot kross, der Salat frisch – soll noch einer sagen, man lernt in Reha-Einrichtung nichts fürs Leben. Meine Lieblingsköchin Tatjana wäre stolz auf ihren Meisterschüler – eine damenhafte Hausfrau wie Hortense Freemer zu beeindrucken, zählt soviel wie ein paar Hundertschaften Zuhörer bei einem Radiotalk.

Meine Gäste schienen weniger Probleme mit meinem Rollstuhl, den fehlenden Schwellen, den niedrigen Griffen und Möbeln zu haben, als ich. Wir saßen zusammen – nun ja, mir bleibt ja auch nichts anderes – redeten, hatten Spaß. Ich war überrascht, ich hätte nicht gedacht, mich in Gesellschaft so wohl zu fühlen . . . ich bin sicher, das hätte auch unseren türkischen Mitbewohnern gefallen, aber die anderen haben mir erklärt, Familie Izgar würde nie an derlei teilnehmen. Sie würden ihre Ruhe vorziehen, das heisst, die Eltern, der Sohn Achmed ist wohl meist unterwegs, und Aischa, ein 13jähriges Computergenie, grollt ihren Eltern deswegen . . . schade, das Mädchen hätte ich gerne kennengelernt.

Was man von Satonski nicht sagen kann. Ich hatte ganz vergessen, dass der Haustyrann auch Mieter ist und ich ihn sozusagen selber eingeladen habe. Weswegen ich wenig sagen konnte, als er gegen 22 Uhr mit einer Flasche Billigstschnaps vor meiner Tür stand. Offensichtlich hatte er deren Zwilling vorab getestet – seine Fahne konnte ich selbst hier unten nicht überriechen.

Dann ging es los. Erst legte er sich mit Eva an, was für eine Mutter sie sei, ihre Kinder den ganzen Abend allein zu lassen. Seine Frau würde sowas nie tun. Woraufhin Mascha konterte, das würde auch ziemlich scheiße aussehen, mit ihrem blauen Auge. Was Satonski erst recht in Fahrt brachte, denn dass sich eine Lesbe in sein ehrbares »Famillienleäwe« einmischte, wäre das letzte. Ellen meinte nur leise, er müsse bloß in den Spiegel schauen, dann wüsste er, warum manche Frauen Frauen vorzögen. Sie ist niedlich – während er sich fluchend die Flasche an den Hals setzte (danke, ich hatte ohnehin nicht vor, weitere Gesundheitsrisiken durch den Verzehr dieses Gastgeschenks auf mich zu nehmen) – entschuldigte sie sich ausgerechnet bei mir für die Bemerkung!

Er soff und polterte weiter, während die anderen nach und nach gingen. Zuerst wurde Eva abberufen – Thomas klingelte, Lina hätte einen Albtraum. Satonski hatte inzwischen die Hälfte der Flasche geleert, was den Vorteil hatte, man verstand nur noch ebensowenig von seinen dummen Sprüchen. Trotzdem – und ich kann es ihnen nicht verdenken – zogen sich die Liebenden bald zurück . . . nun, soweit ich mich noch erinnern kann, haben Liebende mit ihren Nächten mehr anzufangen als brabbelnde Krüppel.

Blieben die Witwe, die den Liebenden noch sagte, dass sie sich um alles kümmern werde, der Krüppel und die beiden Flaschen, von denen die eine immer leerer, die andere immer ätzender wurde. Als er schließlich anfing, mir einen vorzuschwärmen von einer Nutte, die er gut kannte und bei der sicher auch ein halber Mann wie ich auf seine Kosten käme, stand Witwe Freemer entrüstet auf. Er schien sie aufhalten zu wollen, jedenfalls versuchte er aufzustehen, kam damit aber nicht weiter als ich, und kippte um.

Tja, und das ist das wunderbare Hintergrundschnaufen – zur Einweihung meines Fußbodens schläft Mr. Supermacho dort seinen Rausch aus.

Die gute Witwe bedauerte, mir mit dem Beseitigen dieser Flasche nicht helfen zu können, aber was soll ein Betrunkener, der nicht mal mehr stehen kann, schon groß tun. Sie nickte nachdenklich und ging ganz in Gedanken versunken, gegen Mitternacht. Ich aber sitze dumm in meinem Bett und lausche diesem Hirntoten . . . «

11.37 Uhr, 1. Stock rechts, Hortense Freemer

Lieber Jost,

Du hast immer gesagt, ein Mann muss tun, was ein Mann tun muss. Nun, ich schreibe Dir jetzt, eine Frau muss tun, was eine Frau tun muss. Und wenn es nun mal gründliches, wirklich gründliches Putzen und Waschen ist. Ich meine, es ist doch nicht einzusehen, meinen geregelten Tagesablauf wegen des Hausmeister Besäufnissen abzuändern, schon gar nicht, wo er damit das nette Abendessen bei Herrn Zeil so gestört hat (übrigens, dieser Mann kann wirklich kochen und sogar Stangenbrot backen, endlich jemand im Haus, der meine Kochrezepte zu schätzen wissen wird!). Ich war kompromissbereit heute früh, habe ein bißchen länger geschlafen, und, obwohl es an sich unlogisch ist, vor dem Wäscheaufhängen den ganzen Hausflur, vor allem den zweiten Stock, geputzt. Dann konnte ich nicht mehr warten. Vermutlich lag es an meiner ärgerlichen Ungeduld, daß ich die Speichertreppe alleine nicht heruntergezogen bekam. Zuerst wollte mir die reizende Ellen, noch im Pyama, helfen, aber das habe ich nicht zugelassen. Das ist Hausmeisterarbeit, finde ich.

Also bin ich nach unten, habe mich bei Herrn Zeil für den Abend noch einmal bedankt und für die frühe Störung entschuldigt, und ihm, was ihm kaum unrecht gewesen sein dürfte, den verkaterten Hausmeister entführt.

Natürlich war Herr Satonski nicht erbaut, mir helfen zu

müssen, aber als christliche Dame beschloss ich, seine Unflätigkeiten zu überhören. Während er dann mit der Speicherklappe beschäftigt war – wußtest Du, wie gut man die mit einer altmodischen Haarnadel verklemmen kann? – fiel mir doch tatsächlich eine schmutzige Ecke im 2. Stock auf. Gut nur, daß mein Putzeimer noch da stand ... und wie überaus bedauerlich, erschreckend, daß unser Hausmeister den und die Lache drumherum übersah. So schnell wollte er wohl nicht vor seiner Wohnungstür sein.
Ich habe dann, wie eine gute Bürgerin, nach ihm gesehen ... wie gut, daß meine Mutter, Gott hab sie selig, obwohl ich sie stets dafür gehasst habe, drauf bestand, daß ich lerne, einer Katze das Genick umzudrehen. Anschließend fühlte ich seinen Puls, was etwas schwierig wurde, so verdreht, wie er da lag. Seine bleiche Gattin – der Lärm muß sie geweckt haben, die Ärmste, sie muss wieder einen ihrer Unfälle gehabt haben, so wie ihr Gesicht aussah – öffnete die Tür und brach mir beinahe zusammen.
Ich rief von ihrem Telefon aus den Rettungsdienst, kochte ihr einen starken Kaffee, und hielt ihre Hand, bis der Notarzt kam. Auch, wenn es noch etwas früh sein mag, lieber Jost, ich glaube, sie wird über den tragischen Verlust bald hinwegkommen. Schließlich ist nicht jeder Mann ein solches Goldstück wie mein Seliger.

Deine zufriedene Hortense

Ellen Trimmons Abschlussbericht

8.30 Beobachterin wird zum ersten Mal von Lärm geweckt. Vermutet B.O., aber es ist die Nachbarin, die Hilfe ablehnt.
Beobachterin kehrt ins Bett zurück.

8.42 Erneuter Lärm, Nachbarin kehrt mit B.O. zurück. B.O. veranstaltet übliches Arbeitsritual,

erst motzen, dann lautstark werkeln.
Beobachterin dreht sich im Bett herum, das Ritual ist bereits hinlänglich dokumentiert.

8.48 Gepolter, ein Aufschrei, noch ein Aufschrei.

8.49 Tür der Wohnung des B.O. wird geöffnet, Aufschrei seines Weibchens, beruhigende Beschwörungsformeln durch die Nachbarin. Vom B.O. erstaunlicherweise kein Laut.

9.01 Martinshorn nähert sich Beobachtungsposten

9.02 Eilige Schritte im Treppenhaus. »Mein Jott, is dä tot?« - Kurze, präzise Totenklage des Weibchens des verunfallten B.O. Der Kadaver wird abtransportiert.

9.30 Die Beobachterin macht ihre letzten Eintragungen. Auch dieses B.O. beweist im wesentlichen die These, dass die Gattung der Hausmeister eine zum Aussterben verdammte ist. Offensichtlich ist diese Spezies nicht in der Lage, sich effektiv ihrer Umgebung anzupassen.

Ellen zog das Papier aus der Schreibmaschine, heftete es mit den anderen zusammen und legte den Forschungsbericht Satonski zu den beiden vorangegangenen. Dann ging sie im Pyjama und ohne jeden Anflug von Unsicherheit runter zum Briefkasten ...

EPILOG (EINIGE ZEIT SPÄTER)

Hausverwaltung Schmitz
Niederstraße 3
Krefeld-Uerdingen

An die
Mieter des Hauses Mittlere Mühlengasse 17

Sehr geehrte Mieter,

wir freuen uns, Ihnen mitteilen zu können, dass wir die vakante Stelle des Hausmeisters diesmal hausintern besetzen konnten. Frau Eva Heun-Martens wird mit sofortiger Wirkung diese Funktion übernehmen.

Die Wohnung im 1. Stock wird demnächst frei. Wir würden uns freuen, wenn Sie uns geeignete Vorschläge für Nachmieter machen würden. Schließlich ist, nicht zuletzt nach der Serie von Tragödien, der Hausfrieden baldmöglichst wieder herzustellen.

Wir hoffen, Sie sind mit unseren Entscheidungen einverstanden.

Gez.
Die Hausverwaltung

Stangenbrot

ZUTATEN FÜR 5 STANGEN:

40 g Hefe
500 g Weizenmehl
3/8 l lauwarmes Wasser
4 Teel. Salz
Mehl für das Blech

Mehl in eine Schüssel sieben, in die Mitte eine Vertiefung drücken und die zerbröselte Hefe hineingeben. Mit der Hefe, dem Wasser und etwas Mehl zu einem Vorteig rühren, mit Mehl bestäuben und zugedeckt ca. 20 Min. gehen lassen.
In der Zwischenzeit zwei Backbleche mit Mehl bestäuben.
Das Salz hinzugeben und alles so lange kneten und schlagen, bis der Teig Blasen wirft. Danach mit Mehl bestäuben und zugedeckt ca. 2 Stunden gehen lassen.
Den Teig noch einmal gut durchkneten und in fünf gleich große Stücke teilen. Fünf Stangen formen und zugedeckt auf den bemehlten Backblechen 15 Min. gehen lassen.
Den Backofen auf 250 Grad vorheizen.
Ein feuerfestes Backförmchen mit Wasser füllen und auf den Boden des Ofens stellen.
Die Stangen auf der Oberfläche mehrfach schräg einschneiden und mit warmem Wasser bestreichen. Die Brote auf der mittleren Schiene etwa 35 Minuten backen lassen, bis sie goldbraun sind.

... und weg bist Du

Liebe Angelika,
ich bin total durch den Wind und muss dich unbedingt um Rat fragen. Ich weiß gar nicht, wo ich anfangen soll.

Als du letztes Mal bei uns in Brüggen warst, haben wir doch über unsere Nachbarin gesprochen, diese verhuschte junge Frau, die nach dem merkwürdigen Verschwinden ihrer Mutter vor zwei Jahren jetzt ganz allein in dem Haus neben uns wohnt. Ich habe dir damals schon gesagt, dass etwas mit ihr nicht stimmt, weißt du noch? Ich hatte Recht! Eigentlich hatten wir nie richtig Kontakt mit ihr. Man grüßt sich auf der Straße oder Viktor unterhält sich mit ihr über den Gartenzaun hinweg. Ihr Garten ist fantastisch, ein verwunschenes Paradies. Sie arbeitet ja auch ständig darin, legt Kräuterbeete an, pflegt und hätschelt ihre Obststräucher. Sie kennt sich eben richtig gut aus und Viktor hat sich schon viele Tipps von ihr geholt, aber mehr auch nicht.

Dachte ich. Und jetzt habe ich zufällig einen ganzen Stapel Liebesbriefe gefunden, die sie Viktor geschrieben hat. Auf rosa und lila Papier mit getrockneten Blüten und einem Glücksklee. Du glaubst es nicht. Als ich Viktor zur Rede stellen wollte, hat er die ganze Sache erst mal abgewiegelt, von wegen, sie sei ja gerade mal halb so alt wie er und das wäre nicht mehr als die Schwärmerei eines jungen Mädchens, ich dürfe das nicht überbewerten. Schließlich sei er ja auch der heimliche Schwarm von einigen seiner Schülerinnen und auf die wäre ich auch nicht eifersüchtig. Später hat er allerdings zugegeben, dass es ihm schon sehr schmeicheln würde, dass eine hübsche junge

Frau ihn so attraktiv findet. Aber er konnte mir nicht einleuchtend erklären, wieso er diese Liebesbriefe aufgehoben hat, statt sie mit einem entsprechenden Kommentar zurück zu geben. Dann wollte er sich damit herausreden, er hätte mir die Angelegenheit nur verschwiegen, weil er nicht wollte, dass ich mich unnötig aufregen würde, ich hätte mit meiner neuen Stelle schon genug Probleme. Ist das nicht unfair? Ich habe diesen Ganztagsjob als Bäckereifachverkäuferin nur angenommen, weil wir seit dem Kauf unseres Reihenhauses ziemlich knausern müssen. Die Arbeit macht mir richtig Spaß, ich habe einen guten Draht zu unseren Kunden! Mein Chef ist ein hervorragender Konditor, deshalb haben wir auch so viel zu tun, und da muss ich eben häufig länger bleiben. Aber das wäre kein Problem, wenn Viktor etwas mehr im Haushalt helfen würde oder wenigstens einkaufen ginge. Er kommt schließlich schon am frühen Nachmittag aus der Schule. Wir haben uns gestritten, wie in unserer ganzen zwölfjährigen Ehe nicht, und obwohl wir uns schließlich wieder zusammengerauft haben, ist doch ein übler Nachgeschmack geblieben. Ich habe darauf bestanden, dass er die Briefe zurück gibt. Aber er hat seit über einer Woche nichts unternommen und wenn ich ihn darauf anspreche, reagiert er sehr unwirsch. Du kannst dir vorstellen, wie schrecklich ich diesen Zustand finde. Meinst du nicht auch, dass es richtig ist, auf der Rückgabe zu bestehen, um die Angelegenheit zu beenden? Oder bist du etwa auch der Meinung, dass ich überreagiere?

Herzliche Grüße von deiner ratlosen Freundin
Elfie

P. S.: Gestern kam er mit einer roten Rose nach Hause, die er wortlos in eine Vase stellte. Ich bin sicher, dass sie ihm die Rose geschenkt hat, aber ich wollte zum verrecken nicht nachfragen. Als er heute in der Schule war, habe ich die Rose weggeschmissen.

Liebe Mama,

ich habe es geschafft! Heute hat er mich besucht. Du wärst stolz auf mich, was für einen gutaussehenden Verehrer ich habe. Wir hatten von Anfang an die gleiche Wellenlänge und er liebt die Natur genau so wie ich. Er ist Lehrer für Biologie und Erdkunde am Gymnasium und verbringt fast seine gesamte Freizeit in seinem Garten.

Er ist zwar verheiratet, aber seine Frau, eine pummelige Blondine, passt überhaupt nicht zu ihm. Sie ist den ganzen Tag über nicht zu Hause und hat überhaupt keine hausfraulichen Qualitäten. Wahrscheinlich kann sie weder kochen noch backen. Er hat mal angedeutet, dass er gerne Kinder hätte, aber sie will wohl keine.

Gestern kam er mich also überraschend besuchen. Er war richtig schüchtern, ganz süß. Ich habe ihn gleich in die Küche geführt und er war sichtlich beeindruckt, von all dem Eingemachten und meinen selbst gekochten Marmeladen. Ich habe ruckzuck meinen »Schnellen Apfelkuchen« gebacken, das hat ihn sehr beeindruckt. So haben wir richtig gemütlich zusammen Kaffee getrunken. Anschließend habe ich ihm erzählt, dass ich dringend meine Küche renovieren müsste. Es war ganz leicht, ihn dazu zu bewegen, mir seine Hilfe anzubieten.

Mama, wenn du mich nicht verlassen hättest, könntest du das Glück deiner Tochter miterleben, aber du hast es so gewollt.

Deine Tochter Lioba

Sehr geehrte Lioba Götzenrath,

hiermit möchte ich Sie auffordern, meinem Mann keine weiteren Liebesbriefe zu schicken. Sie machen sich selbst lächerlich, mehr bewirken Sie mit Ihren Briefen nicht.

Elfie Born

Liebe Mama,

jetzt hat diese arrogante Kuh ihr eigenes Todesurteil geschrieben. Ich bin mir ganz sicher, dass es meine Aufgabe ist, Viktor von dieser Frau zu befreien. Mit so einer hysterischen Person kann er niemals glücklich sein. Ich weiß, dass ich ihn glücklich machen könnte. Liebe geht durch den Magen.

Deine Tochter Lioba

Liebe Angelika,

ich wollte deinen Rat befolgen und selbst mit unserer Nachbarin sprechen. Aber sie hat mir nicht aufgemacht. Dabei bin ich fest davon überzeugt, dass sie zu Hause war, es lag so ein seltsamer Geruch in der Luft, schwer und süßlich. Vielleicht hat sie auch gerade gebacken. Ausserdem geht sie so gut wie nie aus. Das kann man hier in der Siedlung alles gut beobachten.

Zwei Mal habe ich mittwochs abends, als Viktor beim Training war, bei ihr geklingelt. Ich habe ihr dann einen Brief in den Kasten geworfen, in dem stand, dass sie Viktor in Ruhe lassen soll. Kaum hatte ich den Brief eingeworfen, war ich mir sicher, einen Fehler gemacht zu haben, aber da war es schon zu spät. Am nächsten Morgen stand ein Körbchen mit selbst gebackenen Biskuits und Apfelkuchen vor unserer Tür mit einem Zettelchen, auf dem stand, sie wolle die gute Nachbarschaft erhalten.

Ich muss leider zugeben, dass diese Löffelbiskuits ganz köstlich waren, ich konnte gar nicht davon bleiben. Viktor fand das ganz reizend und hat sich direkt über den Apfelkuchen hergemacht. Er wollte wissen, ob irgend etwas vorgefallen sei. Ich habe ihm nichts von meinem Brief erzählt, weil mir das zu peinlich war.

Viktor hat den Kuchen geradezu verschlungen und fing

an, ihre Backkünste zu loben. Als ich nachhakte, woher er denn wüsste, wie es in ihrer Küche aussieht, gestand er, dass er bei ihr gewesen sei, um die Briefe zurück zu geben. Da kam ich mir ganz schön blöd vor, mit meinem »Drohbrief«.

Du hast schon Recht, alles wird gut,
liebe Grüße, Deine Elfie

Liebe Mama,

ich schwebe auf Wolke sieben, alles läuft bestens. Seit gestern hilft mir Viktor beim Renovieren. Dabei erzählt er eine ganze Menge, das viele Reden ist er sicher aus der Schule gewohnt.

Allerdings hat er sich sehr ungeschickt angestellt, als er mich nach deinem Verschwinden aushorchen wollte. Ich habe das gleiche erzählt wie damals der Polizei. Du bist mit deinem Liebhaber durchgebrannt. Vermutlich weil der Kerl nichts mit deiner erwachsenen Tochter zu tun haben wollte. So ist es doch gewesen, du hast dich für ihn entschieden, gegen mich.

Schade, dass ich Viktor nicht sagen konnte, dass du mich in Wirklichkeit gar nicht verlassen hast, dass du noch immer bei mir bist.

Deine Tochter Lioba

Liebe Angelika,

der scheinbare Frieden hat nicht lange gedauert. Zwar stehen jetzt regelmäßig diese köstlichen Löffelbiskuits vor meiner Tür, sobald Viktor aus dem Haus ist, aber zwischen ihm und mir hat es ordentlich gekracht.

Als ich neulich früher nach Hause kam, weil es mir nicht gut ging, war Viktor nicht zu Hause. Ich hatte mich hingelegt und wurde wach, als er ins Schlafzimmer kam, um sich umzuziehen. Er war bei unserer Nachbarin gewesen und gestand schließlich, dass er ihr seit einiger Zeit beim Renovieren hilft.

Wir hatten einen mörderischen Streit, weil ich ihm vorwarf, es wäre wohl angebrachter, wenn er seiner eigenen Frau im Haus helfen würde, zumal ich in letzter Zeit gesundheitlich recht angeschlagen bin. Daraufhin meinte Viktor, wenn ich mich ganz normal um meinen eigenen Haushalt kümmern würde, statt mir in der Bäckerei den ganzen Tag Süßigkeiten reinzustopfen, würde es mir besser gehen. Das ist wirklich lächerlich, ich habe immer schon gerne Süßes gegessen, aber deshalb haben wir uns noch nie gestritten.

Ach, Angelika, was ist bloß los mit uns?

Deine verzweifelte Elfie

Meine liebe Elfie,

was machst du denn für Sachen? Ich habe mir ein paar Tage frei genommen und werde euch in den Herbstferien in Brüggen besuchen kommen. Du kannst dich mal richtig aussprechen, und dann bekommst du auch alles andere wieder in den Griff.

Nach deinem letzten Brief hatte ich schon geglaubt, dich warnen zu müssen, dass in den Plätzchen deiner Nachbarin Gift sein könnte. Aber dann habe ich zufällig eine Statistik gelesen, dass hier in Hamburg in den letzten fünfunddreißig Jahre kein einziger klassischer Giftmord mehr festgestellt worden sei. Dann wird das bei euch am Niederrhein auch nicht anders sein. Da hätte ich dich ganz umsonst verrückt gemacht.

Du siehst, die Sache verwirrt auch mich ziemlich. Am besten setzt Ihr euch mal in aller Ruhe zusammen und redet mit dieser Frau Götzenrath, sicher wird sich in einem gemeinsamen Gespräch alles klären lassen.

Ich freue mich, dich bald zu sehen, und lass den Kopf nicht hängen,

deine Freundin Angelika

Liebe Mama,

jetzt wirst du seine Frau bald kennen lernen, denn sie wird Viktor verlassen, wie du mich damals verlassen hast.

Als Viktor gestern hier war, habe ich mir heimlich seinen Hausschlüssel ausgeborgt und bin unter dem Vorwand, noch schnell etwas einkaufen zu müssen, zum Schlüsseldienst gefahren. Dort habe ich mir einen Nachschlüssel anfertigen lassen.

Morgen ist der letzte Schultag vor den Herbstferien. Wenn Viktor morgens zur Schule fährt, werde ich zu seiner Frau rübergehen. Das Gift müsste jetzt so weit gewirkt haben, dass sie sich nicht mehr großartig wehren kann. Und dann werde ich sie mit ihrem Handgepäck bei dir und deinem Lover im Hochbeet vergraben.

Ich werde noch heute in paar schöne Herbstpflanzen besorgen, schließlich sollt Ihr es auch ein bisschen nett haben.

Deine Tochter Lioba

Löffelbiskuits

ZUTATEN:

125 g Zucker
4 Eier
50 g Speisestärke
100 g Mehl
evtl. Puderzucker zum Bestäuben

Backpapier

Die Eier aufschlagen, Eiweiß und Eigelb trennen. Das Eigelb mit etwa 40 g Zucker schaumig rühren. Das Eiweiß zu steifem Schnee schlagen und nach und nach den restlichen Zucker einrieseln lassen. Anschließend die Speisestärke hinzufügen. Vorsichtig die Eigelbmasse unterheben und nach und nach das Mehl unterziehen.

Zwei Bleche mit Backpapier ausschlagen und den Backofen auf 200 Grad vorheizen.
Die Teigmasse in einen Spritzbeutel mit großer Öffnung geben und ca. 7 cm lange Stangen mit reichlich Abstand auf die Bleche spritzen. Auf der mittleren Schiene etwa 15 Minuten backen, bis sie hellgelb sind. Aus dem Ofen nehmen und auf dem Backpapier erkalten lassen.
Je nach Geschmack mit Puderzucker bestäuben.

Schneller Apfelkuchen

ZUTATEN:

125 g Zucker
200 g Butter
300 g Mehl
50 g fein gehackte Nüsse
1 Glas Apfelmus 750 g

Fett für die Form und Semmelbrösel

Zucker und Butter in eine Schüssel geben und gut verrühren. Nach und nach das Mehl hinzugeben und einarbeiten. Die fein gehackten Nüsse sorgfältig unterrühren.
Eine Springform einfetten und mit Semmelbröseln ausstreuen. Dreiviertel des Teiges hineingeben, andrücken und Apfelmus darauf verteilen.
Der restlichen Teig darüber streuseln.
Bei 180 Grad auf der mittleren Schiene ca. 40 bis 50 Minuten backen, bis die Streusel goldbraun sind.
Abkühlen lassen und aus der Form nehmen.

Mit den Waffeln einer Frau

»Oh, dazu fällt mir eine Geschichte ein!« Frederick von Beckerath lehnte sich zufrieden lächelnd zurück.

Ich auch. Frederick hatte ein Repertoire von etwa dreißig Geschichten, aus dem er immer einige gewinnbringend einbrachte.

Ein klinisch depressiver Ober näherte sich unserem Tisch, als sei es eine schwere Strafe, uns bedienen zu müssen.

Alles an diesem Treffpunkt war falsch. Normalerweise trafen wir uns in der Traditionsgaststätte »Marcelli«. Mit den niedrigen Räumen, den weißgetünchten Wänden und dem uralten Ofen strahlt es eine heimelige Atmosphäre aus. Doch »Marcelli« an der früheren Stadtgrenze zu Krefeld war geschlossen. Deshalb wählten wir diese Lokalität. Sie hatte gerade erst wieder eröffnet. Früher war es auch eins der alteingesessenen Restaurants in Krefeld. Nach jahrelangem Dornröschenschlaf küsste es ein windiger Investor viel zu eilig wach.

Jetzt litt das Lokal an schwerwiegenden Identitätsproblemen, konnte sich nicht entscheiden ob es Bistro, Restaurant oder gutbürgerliche Stube sein wollte.

Unsere Runde traf sich einmal im Monat, immer mit wechselnder Besetzung. Und für gewöhnlich war es ein Vergnügen, den Gesprächen zu lauschen, vor allem wenn sich Frederick von Beckerath dazu herabließ, uns beizuwohnen.

Diesmal fühlten wir uns unserer gewohnten Umgebung beraubt und die übliche, entspannte Atmosphäre wollte sich nicht einstellen.

Unsere Blicke wanderten von den Blumen in wilden Farben, die gar nicht welken konnten, da sie aus Plastik waren, zu dem Hirschgeweih über der Tür. Die Theke war gemauert und mit einer Platte aus Edelstahl bedeckt. Die eine Hälfte der Tische im Landhausstil konkurrierte auf seltsame Art mit der anderen im Retrolook der fünfziger Jahre.

Ich hatte schaudernd die Augen geschlossen, um dem optischen Elend zu entkommen und öffnete sie nun wieder in froher Erwartung, durch von Beckeraths Geschichte abgelenkt zu werden.

»Dazu fällt mir eine Geschichte ein«, wiederholte er in dem Tonfall von Es-war-einmal-Erzählungen. »Mein Urgroßvater mütterlicherseits besaß auch ein Gasthaus, das muss ... hmm ...«, er stockte und schien nachzurechnen. Reines Kalkül. Ich war mir sicher, dass er seine Anekdoten abrufen konnte wie einer dieser modernen Datenträger. Er änderte hin und wieder ein paar Fakten, um sie passend zu machen.

»Das muss irgendwann im letzten Jahrhundert gewesen sein. Ein Ausflugslokal in Hüls, immer gut besucht und bekannt für seine vorzüglichen Kuchen, die meine Urgroßmutter buk.«

Moment ... war das nicht die Großtante väterlicherseits gewesen? Ach, das war ja auch egal. Ich ließ mich wieder von seiner Geschichte gefangen nehmen.

»In Hüls, in der Nähe das Marktplatzes, gab es diese Bäckerei. Der Pächter, der vor meinem Urgroßvater das Ausflugslokal betrieb, bestellte immer dort die Kuchen. Doch Urgroßmutter wollte davon nichts wissen. Ihre Spezialität waren verschiedene Obstkuchen, Käsekuchen und vor allem Waffeln mit frischen Erdbeeren und Sahne. Natürlich nur im Sommer. Damals gab es ja noch keine ganzjährigen Treibhauserdbeeren. Für den Winter kochte sie Kirschen ein, die dann zu den Waffeln serviert wurden ...«

»Haben Sie schon gewählt?«, unterbrach der missmutige

Ober abrupt die Geschichte. Erschrocken sahen wir ihn an.

Nur von Beckerath lächelte nachsichtig. »Was haben Sie denn zu bieten, junger Mann?«

Als sei es eine schwere Zumutung weiter mit uns zu sprechen, wies er nur stumm auf die große Kreidetafel an der Wand.

Waffeln mit frischen Erdbeeren - stand dort in großen Buchstaben - und Käsekuchen.

»Ach wissen Sie, bringen Sie uns erst einmal nur Kaffee. Wir wählen später.«

Er entschied für uns alle, wir quittierten es mit einem dankbaren Nicken.

»Nur Kaffee?« Es lag ein deutliches Fragezeichen in der Stimme des Obers.

»Ja, guter Mann, erst mal nur Kaffee.«

Kurze Zeit später standen die Kännchen vor uns auf dem Tisch. Von Beckerath schenkte sich ein, tat zwei Stücke Zucker dazu und rührte zufrieden um.

»Ihr müsst wissen, dass meine Urgroßmutter eine zielstrebige und ehrgeizige Frau war. Und backen konnte sie, aber das sagte ich ja schon. ‚Die einfachen Sachen sind die besten' war ihr Wahlspruch,'die Zutaten müssen nur von höchster Qualität sein.'

Deshalb fuhr sie mit ihrem Einspänner einmal die Woche zu den umliegenden Bauernhöfen und suchte dort alle Zutaten eigenhändig aus. Nur saftige, dicke Erdbeeren mit viel Geschmack und pralle, fast schwarze Kirschen fanden den Weg in ihre Küche.

So manches Mal ließ sie einen Sack Mehl zur Mühle zurückbringen, wenn es ihr nicht fein genug gemahlen war und Eier nahm sie nur von den eigenen Hühnern . . . «

Er nippte an seinem Kaffee und das war für uns wie ein Startzeichen. Auch wir griffen nun zu den Tassen.

»Das Lokal florierte, wie ihr euch sicher vorstellen könnt. Nur der Bäcker verdiente immer weniger. Nach und nach bestellten die Leute für ihre Kaffeetafeln die Kuchen lieber bei meiner Urgroßmutter als bei ihm. Der Mann war von Neid erfüllt. Eine heftige Konkurrenz entwickelte sich. Der Mann kreierte Kunstwerke an reich verzierten Torten, schuf neue Rezepturen. Doch der Wahlspruch meiner Großmutter, dass die einfachsten Dinge oft die Besten sind, bewährte sich.

Damals war Krefeld ja die berühmte Samt- und Seidenstadt, viele Menschen fanden den Weg hierher. So wurden die Kuchen meiner Urgroßmutter über die Stadtgrenzen hinaus bekannt ...«

Wieder schenkte er sich Kaffee ein, tat zwei Stücke Zucker hinzu und rührte um. Es war ein Ritual, das er mit lässiger Nonchalance ausübte. Fasziniert hingen unsere Blicke an ihm.

»Den Bäcker ärgerte das maßlos. Er grübelte lange, wie er sie ausstechen könne und dann kam ihm das Schicksal zu Hilfe. Ein Fabrikant erkrankte an einem schweren Mageninfekt. Schon damals verbreiteten sich Gerüchte wie Lauffeuer. Der Bäcker schob die Magenverstimmung auf den Kuchen meiner Urgroßmutter. Ein Käsekuchen war es im übrigen ...«

Nicht nur mein Blick wanderte zu der Wandtafel.

»Der Fabrikant verstarb qualvoll und meine Urgroßmutter hatte eine Weile ein Problem. Dabei hatte ja nicht nur dieser eine Mann von dem Kuchen gegessen und niemand sonst erkrankte. Trotzdem lag nun ein Makel auf ihr. Sie buk von da an hauptsächlich ihre berühmten Waffeln. Bald vergaßen die Leute den Todesfall und das Geschäft lief wieder.

Der Sommer verging, ihre Waffeln blieben der Renner. Der Bäcker versuchte sich auch an diesem Gebäck, aber er hatte nicht das Rezept meiner Urgroßmutter, nie gelangen sie ihm so wie ihr. Er gab nicht auf.

Meine Urgroßmutter sann jedoch auf Rache. Sie war der festen Überzeugung, dass der Bäcker damals den Fabrikanten vergiftet hatte, um ihr zu schaden. Nach und nach kaufte sie alle Hühner der Umgebung auf. Natürlich konnte sie nicht das ganze Viehzeugs unterbringen, also briet sie die Hühner. Auch darin war sie erfolgreich. Was sie anpackte, das tat sie mit ganzer Kraft und viel Engagement. Sie hieß ihren Sohn Willi einen Ofen im Garten mauern und dort wurden die Hühner gebraten. Dass es Legehennen waren, machte sie mit einer würzigen Marinade wett. Später eröffnete Willi dann seinen Brathähnchenhof, doch das ist eine andere Geschichte.«

Frederick von Beckerath machte dem Ober ein Zeichen, noch mal Kaffee zu bringen.

»Schon bald«, fuhr er fort, nachdem er sich das heiße Getränk in gewohnter Manier eingeschüttet hatte, »schon bald gab es im ganzen Hülser Raum keine Legehennen mehr und somit auch keine Eier. Natürlich hatten einige Bauern der Umgebung noch Hühner, aber mit diesen Bauern hatte meine Urgroßmutter ein Abkommen getroffen. Na«, sagte er und grinste uns an, »wisst ihr was sie vorhatte?«

Wir schüttelten die Köpfe, selbst die unter uns, die die Geschichte in der einen oder anderen Version schon gehört hatten.

»Der Bäcker war natürlich verzweifelt. Er hatte keine Möglichkeit, Hühner zu halten, und die Preise für Eier stiegen und stiegen. Aber was ist ein Kuchen ohne Eier?

In diesem Jahr setzte der Winter früh ein. Die Temperaturen sanken gewaltig, etwas, was meiner Urgroßmutter sehr entgegen kam. Sie forderte den Bäcker zu einer Art Backduell. Waffeln als Waffen. Die Hülser sollten entscheiden, wer die besten buk. Der Bäcker ließ sich darauf ein.

Überall wurde der Tag bekannt gemacht, an dem das Duell stattfinden sollte. Allerdings gab es in der Woche nirgendwo mehr Eier. Der Bäcker war verzweifelt. Er glaubte schon aufgeben zu müssen, als jemand vor seiner Tür hielt und ihm drei Lagen Eier anbot. Der Preis war horrende und der Bäcker konnte ihn nicht bezahlen. Das Männlein aber fragte nach Schmuck und so wurde der Bäcker den ganzen Familienschmuck auf einmal los.«

Von Beckerath umfasste die Kaffeetasse und zog das würzige Aroma tief und zufrieden ein. Wir alle wussten, dass er gerade an eine weitere Geschichte dachte, in deren Genuss wir vielleicht auch noch kommen würden.

»So kam der Bäcker doch noch an Eier. Das einzige Manko war, dass die Eier gefroren waren. Das schreckte ihn nicht, sie würden schon wieder auftauen. Natürlich taten sie das. In der Nacht vor dem großen Tag schlief der Bäcker nicht. Seine Frau machte ihm wegen des Schmuckes die Hölle heiß und aufgeregt war er auch. Ich schiebe es auf diese Übermüdung, dass er den Geruch der auftauenden Eier nicht wahrnahm.«

Frederick hatte seine Tasse wieder hingestellt und drehte den Kopf in Richtung Küche. Er schnupperte nachdenklich und auch wir rochen plötzlich diesen leicht fauligen Geruch. Wo mochte der wohl herkommen?

»Meine Urgroßmutter startete voller Elan am nächsten Morgen in der Frühe das Waffelbacken und bald duftete es in ganz Hüls nach frischem Gebäck. Nur aus der Stube des Bäckers nicht. Dort stank es nach verdorbenen Eiern. Die Leiche des Mannes wurde einige Tage später aus dem Rhein gefischt. Voller Verzweiflung hatte er sich ertränkt.

Manch einer murmelte, dass meine Urgroßmutter ihn umgebracht habe. Dabei gab es keinen Beweis, dass die verdorbenen Eier aus ihrem Bestand gekommen waren. Und woher hätte diese einfache Frau auch wissen sollen, dass der Geruch sich verliert, wenn Eier einfrieren? Ich denke nicht, dass ihr das bewusst war.«

»Möchten die Herrschaften nun etwas bestellen?« Der Ober war wieder aufgetaucht und blickte uns fragend an. Der seltsame Gestank hatte sich ganz sicher verstärkt und wir alle lehnten ab, bezahlten und verließen das Lokal.

Vor der Tür versammelten wir uns um von Beckerath.

»Das nächste Mal werden wir uns wieder bei Marcelli treffen«, meinte er und lächelte zufrieden. »Oder was meint ihr? Hier sollten wir uns nicht mehr treffen. Habt ihr mal einen Blick unter die Theke geworfen? Da gedeihen Lebensformen. Ganze Sippen von Mikroorganismen. Da ist mehr Kultur als in der Stadtbücherei.«

Hefewaffeln

ZUTATEN:

375 g Mehl
25 g Hefe
50 g Zucker
4 Eier
125 g Margarine
1 Prise Salz
Zitronensaft

Puderzucker, evtl. Sahne
Öl für das Waffeleisen

Mehl in eine Schüssel sieben, in die Mitte eine Mulde drücken und die Hefe hinein bröseln. Mit einem Teelöffel Zucker, 1/8 l lauwarmer Milch und etwas Mehl einen Vorteig rühren. Zugedeckt ca. 20 Minuten gehen lassen. Die restlichen Zutaten hinzugeben und einem lockeren Teig verkneten. Etwa 30 Minuten gehen lassen.
Das Waffeleisen vorheizen und die Flächen mit Öl bepinseln. Etwa 2 bis 3 Eßl. Teig auf das Waffeleisen geben und die Waffeln goldbraun backen lassen.
Nach Geschmack mit Puderzucker, heißen Früchten, Eis oder Sahne servieren.

Süßer Tod

Es hätte alles so harmonisch sein können, wenn Matthes sich in sein Schicksal gefügt hätte. Aber als die Sache mit dem Kuchen passiert ist, war sein Schicksal besiegelt. Ich meine jetzt nicht, das mit dem Gift im Kuchen, nein, ich meine die Geschichte, als die kleine Katze auf den Kaffeetisch gesprungen ist und am Obstkuchen geknabbert hat.

Eigentlich hat alles damit angefangen, dass ich misstrauisch geworden bin. Bei uns waren die Rollen von Anfang an festgelegt. Matthes hatte seine Arbeit und ich das Haus. Klar, das war ja auch mein Elternhaus.

Aber ich hätte viel lieber gearbeitet. Jahrelang hatte ich davon geträumt, die Bäckerei meiner Eltern zu übernehmen. Aber es war eben nur ein Traum. Weil ich ein Mädchen war, kam das für meinen Vater gar nicht in Frage. Als er mit sechzig in den Ruhestand ging, hat er die Bäckerei verkauft und ist mit meiner Mutter an die Côte d'Azur gezogen. Wegen des gesünderen Klimas, das kann man ja verstehen. Ich war damals zweiundzwanzig, hatte nach dem Abitur eine Lehre als Bäckereifachverkäuferin gemacht und wollte so gerne Konditorin werden.

»Gudrun, das lohnt sich nicht«, meinte mein Vater, »Mädchen heiraten und kriegen Kinder, wofür so viel Zeit und Geld in eine Ausbildung stecken?«

Ich habe dann den Matthes geheiratet. Der hatte Jura studiert und arbeitete in einer bekannten Anwaltskanzlei in Krefeld. Das war schon was. Er wollte nicht, dass ich arbeiten ginge, das hätte so ausgesehen, als könne er von seinem Gehalt keine Familie ernähren. Ich bin also zu Hause geblieben, habe mir die Zeit mit putzen, kochen und backen vertrieben und wurde schwanger. Dann hatten wir den Unfall. Einen Augenblick lang nicht aufgepasst und das ganze Leben verändert sich. Matthes hatte die Vorfahrt übersehen und ich habe das Kind verloren. Ich habe lange im Krankenhaus gelegen, und er hat sich rührend um mich gekümmert. Er hatte ein schlechtes Gewissen, der Arme, denn ich konnte keine Kinder mehr bekommen. Er wäre so gerne Vater geworden, das hat ihm sehr zu schaffen gemacht.

Ich muss richtig dankbar sein, dass er bei mir geblieben ist, hat mein Vater gesagt, denn ich habe seit dem Unfall ein Hinkebein. Also, mit dem eleganten Gang war es vorbei und lange stehen kann ich seit damals auch nicht mehr. Aber ich war ja sowieso immer nur zu Hause, da war das nicht weiter tragisch. Matthes hat immer mehr gearbeitet und sehr viel Geld verdient und es ging uns wirklich sehr gut all die Jahre. Ich hatte eine Menge Bekannte und Freundinnen und verstand mich gut mit allen Leuten auf unserer Straße. Für alle hatte ich Zeit, half gerne und habe furchtbar gerne gebacken.

Natürlich konnten wir nicht alle Kuchen selbst essen. Matthes war auch nicht so oft zu Hause. So hat es sich eingebürgert, dass ich für die ganze Nachbarschaft backte. Wenn Kindergartenfest war oder Abschiedsfeier in der Grundschule, oder Sommerfest im Altenheim, immer wurde ich gerne gefragt, ob ich ein oder zwei Kuchen backen würde. In unserem Sonntagsblättchen war einmal ein Artikel über mich, mit Bild. Sie haben sogar eins von meinen Kuchenrezepten abgedruckt: Der schnelle Pfirsichkuchen. Den kann man auch mit Aprikosen machen oder Kirschen, was man gerade da hat. Hier bei uns in Willich heißt der aber nur noch Gudruns Obstkuchen.

Aber ich wollte ja erzählen, wann ich misstrauisch geworden bin. Es ging mir gut damals, ich war wohl auch irgendwie glücklich, na, zumindest zufrieden mit meiner kleinen Welt und habe mir nicht viele Gedanken gemacht.

Natürlich hätte ich es schöner gefunden, wenn Matthes öfter zu Hause gewesen wäre, ich fühlte mich oft einsam.

»Wer hoch hinaus will, muss auch etwas dafür tun«, sagte Matthes immer. Ich wollte gar nicht hoch hinaus, aber ich habe nicht widersprochen, denn all die Zeit, die er im Büro hockte, hätte er sonst vielleicht mit seinen Kindern verbracht. Dachte ich damals.

Als er aber samstags schon zum Frühstücken in die Kanzlei fuhr, fand ich das nicht mehr normal. Und dann hat meine Friseuse, die Marianne Jülich, eines Tages zu mir gesagt: »Gudrun, pass mal auf deinen Matthes auf. Männer in dem Alter kommen leicht auf dumme Gedanken.« Ich wollte wissen wie sie das meinte, aber sie hat nur mitleidig geguckt.

Plötzlich habe ich überall Gespenster gesehen. Wenn ich die Metzgerei betrat, glaubte ich, die Gespräche würden verstummen. An der Kasse im Supermarkt habe ich den Kassenbon kontrolliert, weil ich dachte, die Grete Lürkens, also die Kassiererin, hätte mir aus Mitgefühl den Kasten Pralinen nicht berechnet. Ich bildete mir ein, es würde mich niemand mehr bitten, für irgend einen guten Zweck Kuchen zu backen. So fing das an. Bestimmt habe ich mich zu der Zeit sehr verändert. Der Matthes muss das auch gespürt haben.

Eines abends kam er schon um sechs Uhr nach Hause und ich hatte noch gar nicht gekocht.

»Gudrun, ich muss mit dir reden«, sagte er. Als ich mich nicht sofort zu ihm setzte, wurde er richtig ungeduldig. »Jetzt lass die Kocherei sein, ich habe heute mittag gegessen, ich habe keinen Hunger.«

»Ich hole uns nur etwas zu trinken.«

Da packte er mich am Arm und sagte: »Gudrun, setz dich hin.« Und er sah mich an, wie er mich lange nicht angesehen hatte. »Ich habe jemanden kennen gelernt«, sagte Matthes.

»Aha«, sagte ich und war gar nicht beunruhigt, ich kam

mir vor wie in einem Ratespiel. Ich hatte irgendetwas nicht gewusst und jetzt wurde mir die Auflösung präsentiert.

»Eine Frau«, sagte Matthes und leider musste ich grinsen. Dafür könnte ich mich heute noch ohrfeigen.

»Sie heisst Hanna van den Berg und ich liebe sie«, sagte Matthes nach einer Weile und hoffte anscheinend, dass ich irgendwie angemessen reagieren würde. Aber ich wusste nicht, was ich hätte sagen sollen. Also sagte ich nichts.

»Nun sag doch was«, sagte Matthes und tat mir fast leid.

Aber ich antwortete nur: »Was soll ich dazu sagen?« Das war gemein, denn jetzt musste er wieder etwas sagen.

Und dann sagte er die bedeutenden Worte: »Ich werde dich auch nicht auf die Straße setzen.« Ich sah ihn vor meinem geistigen Auge, wie er eine Kröte mit zwei Fingern packte und mit ausgestrecktem Arm auf die Straße setzte.

Wieder musste ich ganz unangemessen grinsen, ungeachtet dessen, dass er mich gar nicht auf die Straße setzen konnte, weil das Haus mir gehörte. Aber daran hatte ich in dem Moment gar nicht gedacht. Ich muss ihn mit meinem Verhalten wahnsinnig gemacht haben. Er redete und redete und ich erfuhr, dass er diese Hanna schon über zwei Jahre kannte. Später stellte sich heraus, dass es fast vier Jahre waren, und dass er eine Tochter hatte. Lotte, und die war zwei.

Mir schwebte nicht im Geringsten vor, wie es weitergehen sollte. Ich wollte ihn nicht verlassen und wollte auch nicht, dass er ging. Ich wollte eigentlich gar nicht, dass sich etwas verändern würde. Da ich keine Lösung vorzuschlagen hatte, sagte ich nichts und das eine Woche lang.

Matthes versuchte mehrfach mit mir zu diskutieren, fragte nach meinen Vorstellungen. Was sollte ich sagen? Ich schwieg. Er tat mir leid und diese Hanna irgendwie auch. Ich saß hier wie die Made im Speck und sie waren die Königskinder, und konnten zusammen nicht kommen.

Aber auf Lotte war ich neugierig. Und dann standen sie

eines Tages vor der Tür. Das heisst, Matthes hatte sie hergefahren, denn sie kamen samstags nachmittags zur Kaffeezeit mit Matthes aus der Stadt.

Ich hatte einen Kuchen gebacken, wie jeden Samstag. Als sei es ganz normal, stellte ich zwei Gedecke mehr auf den Tisch. Wir aßen meinen Pfirsichkuchen, tranken Kaffee und unterhielten uns. Eigentlich redeten nur Hanna und ich. Matthes beobachteten die meiste Zeit Lotte beim Kuchen essen.

Ich fand Hanna von Anfang an sehr nett. Sie war wesentlich jünger als ich und hatte eine zierliche Figur. Ihr hübsches Gesicht war von glattem brünetten Haar eingerahmt, das sie im Nacken zu einem lockeren Dutt zusammengezwirbelt hatte. Ihre großen braunen Augen sahen mich irgendwie schuldbewusst an, jedenfalls kam mir das so vor. Sie trug Jeans und ein blau-gemustertes T-Shirt und hatte einen lindgrünen Pullover über den Schultern hängen. Das sah ausgesprochen geschmackvoll aus, dezent, aber doch irgendwie auffallend. Ich blickte unauffällig an mir herunter und nahm mir vor, direkt am Montag nach Moers oder Krefeld zu fahren und mir etwas Neues zu kaufen.

Überhaupt legte ich viel zu wenig Wert auf mein Äußeres, erkannte ich damals. Da war Hanna ganz anders. Ich überlegte, ob ich mich diesbezüglich von ihr beraten lassen könnte. Hanna hatte auch einen Beruf. Sie arbeitete als Krankengymnastin.

Als ich aufstand, um frischen Kaffee aufzuschütten, fragte sie, was mit meiner Hüfte nicht in Ordnung sei. Ich erzählte von unserem Unfall und sah Matthes an. Er blickte reumütig zu Lotte und wischte ihr einen nicht vorhandenen Krümel vom Mund. Hanna forderte mich auf, mein Bein in verschiedene Positionen zu bringen und meinte zuversichtlich, dass man mit regelmäßigen Übungen bestimmt etwas machen könne. Sobald sie ihre alte Stelle wieder antreten würde, könnte ich zu ihr in die Praxis kommen, dort gäbe es hervorragende Geräte. Sie erzählte, dass sie zur Zeit Erziehungsurlaub habe, aber bald würde Lotte drei Jahre alt und sie könnte ihre Stelle wieder antreten. Ihr Chef wartete regelrecht auf sie. Da gab es nur ein winziges Problem, Lotte hatte noch keinen Kindergartenplatz.

»Ich suche schon seit langem nach einer geeigneten Betreuungsmöglichkeit für Lotte", sagte Hanna mit einem verzweifelten Augenaufschlag.

Ohne nachzudenken, rutschte es mir heraus: »Ich würde sehr gerne auf Lotte aufpassen. Ich habe doch den ganzen Tag nichts zu tun - außer Kuchen backen.«

Ich kicherte hilflos. Plötzlich kam mir mein Angebot sehr aufdringlich vor. Was würde Matthes dazu sagen? Lotte war auch sein Kind. Er würde sicher ein Wörtchen mitreden wollen. Ängstlich warf ich einen Blick zum Esstisch, und Matthes sagte: «Ja, Lottchen, wie würde es dir gefallen, Tante Gudrun beim Backen zu helfen?"

Dann ging alles sehr schnell. Ich kann das gar nicht richtig erklären. Wir richteten für Lotte das Kinderzimmer in der ersten Etage her. Bis dahin war es mangels Kindern mein Bügelzimmer gewesen. Darauf verzichtete ich gerne. Daneben befand sich mein Schlafzimmer. Ursprünglich als zweites Kinderzimmer geplant, wurde es als Gästezimmer eingerichtet, aber mangels Gästen hatte es sich ergeben, dass ich dort schlief, weil Matthes hingebungsvoll schnarchte.

Ich hatte mir dieses Zimmer nach und nach richtig gemütlich eingerichtet, ganz nach meinem Geschmack mit einem hellen Weichholzkleiderschrank und Korbmöbeln, vielen Kissen mit Rosenmustern und einer rosaroten Patchworkdecke. Meine Lieblingsbücher hatte ich in einem Sideboard dekoriert mit all den hübschen Dingen, die Matthes als Kitsch bezeichnete.

Ich machte keine Anstalten, mein Schlafzimmer zu räumen, war aber trotzdem überrascht, als Hanna ganz selbstverständlich in unser ehemals gemeinsames Schlafzimmer einzog. Ein bisschen Schadenfreude muss ich eingestehen, denn ich wusste, dass Matthes in den letzten Jahren intensiver und häufiger schnarchte.

Ich hätte zwar vor nicht allzu langer Zeit um nichts in der Welt mein Leben ändern wollen, aber mit dem Einzug von Hanna und Lotte änderte sich alles. Hatte ich früher mit dem Aufstehen gewartet, bis Matthes im Badezimmer fertig war, schlüpfte ich jetzt als Erste ins Bad. Dann weckte ich Lotte, zog sie an und ging mit ihr in die Küche, um das Frühstück vorzubereiten. Wir zwei bauten alles auf dem großen Holztisch auf, was wir finden konnten, Tomaten und Gurken, Kornflakes, Milch, Saft, Joghurt und Quark, verschiedene Wurst- und Käsesorten, Marmelade und Honig, Vollkornbrot und Brötchen. Dann suchte Lotte aus, was sie und ich essen sollten. Besonders liebte sie Stapelbrote: eine Scheibe Brot mit Frischkäse bestrichen, darauf ein Stück Käse, dann eine Gurkenscheibe, eine Lage Salami oder Schinken, etwas Remoulade und obenauf eine Tomate und ein Blättchen Basilikum.

Während wir versuchten, so in unsere Brote zu beißen, dass möglichst wenig herunterfiel, hörten wir oft, wie Matthes gegen die Badezimmertür polterte und Hanna zur Eile antrieb. Meistens kam Hanna vor ihm herunter, frisch geduscht und herrlich duftend. Sie strich sich ein Brot zum Mitnehmen, manchmal auch eines für Matthes und löffelte ihr Müsli. Hanna freute sich über Lottes guten Appetit. Ich freute mich über das lebhafte Geplapper der Kleinen.

Früher hatte ich für Matthes und mich fertig belegte Brote auf den Tisch gestellt und wir hatten schweigend gekaut. Matthes hatte beim Essen die Sportseiten gelesen und mir den Lokalteil hingeschoben. In den letzten Monaten hatte er nur noch seinen Kaffee runtergestürzt, den Aktenkoffer geschnappt und in Hektik das Haus verlassen.

Hanna unterhielt sich morgens immer mit mir. Sie fragte, was Lotte und ich für den Tag geplant hätten und versprach oft, direkt nach der Arbeit noch etwas mit uns zu unternehmen.

Wenn Matthes dann endlich runter in die Küche kam, schaute er auf seine Armbanduhr, gab jeder von uns einen Kuss und sagte: »Komm, Hanna, jetzt müssen wir aber los.«

Matthes nahm Hanna mit in die Stadt und setzte sie an der Praxis ab, bevor er in die Kanzlei fuhr. Häufig aßen die beiden dann gemeinsam in der Stadt zu Mittag, jedenfalls am Anfang.

Nachmittags, wenn Hanna frei hatte, spazierte sie immer öfter zur Kanzlei und kam mit dem Wagen nach Hause gefahren. So konnten wir drei dann eine Menge unternehmen. Wir fuhren zum Einkaufen in benachbarte Orte, etwa nach Venlo, Duisburg oder Moers. Wir besuchten den Zoo in Krefeld, sahen uns die Burg in Linn an und fuhren zum Freibad nach Kempen.

So machte es nichts aus, wenn Matthes erst spät kam und abends keine Lust mehr hatte, irgendwohin zugehen. Wenn Hanna sich ein Konzert anhören wollte, ging ich mit und wenn ich keine Lust zum Kochen hatte, gingen wir Frauen alleine essen. Matthes schmollte im Wohnzimmer über seinen Unterlagen und wenn wir zurück kamen, war er meist auf dem Sofa eingeschlafen. Einmal, als wir leicht angeschickert vom Italiener kamen, thronte Lotte auf dem Sessel neben ihm und ermahnte uns streng: »Pst, Papa schläft!«

Wir Mädels verstanden uns richtig gut und wurden schon bald zu einer eingeschworenen Gemeinschaft. So hatte Matthes sich das bestimmt nicht vorgestellt. Vielleicht hatte er geglaubt, sein Problem würde sich von alleine lösen, indem ich gekränkt das Feld räumen würde. Oder Hanna würde eifersüchtig wieder ausziehen, weil er sich nicht entscheiden konnte. Aber wir Frauen hatten kein Problem. Bei Diskussionen und Unstimmigkeiten zog Matthes immer öfter den Kürzeren und musste sich nach unserer weiblichen Mehrheit richten.

Matthes hat dann wohl als erster gemerkt, dass er eigentlich überflüssig war. Wir kamen glänzend ohne ihn zurecht. Im Nachhinein kann man sagen, dass er noch leben würde, wenn er sich souverän seinem Schicksal ergeben hätte. Aber Matthes fing an, Machtkämpfe auszutragen. Er behauptete regelmäßig, Hanna könne den Wagen nachmittags nicht haben, weil er zu wichtigen Mandanten müsse. Als uns das zu dumm wurde, kauften wir einfach ein zweites Auto. Einen gebrauchten Golf mit vier Türen, ideal für unsere Einkaufs- und Ausflugsfahrten.

Matthes machte ein großes Drama daraus, aber ihm gingen schnell die Argumente aus. Das Geld war auf unserem gemeinsamen Konto gewesen, die Betriebskosten hatte Hanna übernommen.

Matthes schmollte. Er boykottierte unsere morgendliche Badbenutzungs-Reihenfolge, indem er mal früher, mal später aufstand. Er versteckte die Eintrittskarten, die ich für ein Jazzkonzert in Kempen besorgt hatte und weigerte sich mit uns zu den Puppentheater-Tagen nach Kevelaer zu fahren, obwohl er es Lotte versprochen hatte. Nie konnten wir uns darauf verlassen, wann er nach Hause kommen würde. Es kam ständig zu Reibereien und er störte unsere Gemeinschaft, wo er nur konnte.

An meinem Geburtstag eskalierte die Sache. Es war ein sonniger Sommertag und Hanna hatte mit Grete Lürkens einen Pavillon in unserem Garten aufgebaut und mit riesigen bunten Laken und Tüchern dekoriert. Darunter hatten wir den großen Küchentisch aufgestellt und eine wunderschöne Kaffeetafel gedeckt. Die weiße Tischdecke hing bis auf den Boden, ich hatte ein traumhaftes Geschirr mit Rosendekor bekommen. Lotte hatte mir einen Kuchen gebacken, nach meinem Rezept, das seinerzeit in unserem Sonntagsblättchen gedruckt worden war. Sie spielte unter dem Tisch mit einem Nachbarskind und einer schwarzweißen Katze, die sich schon seit Tagen in unserem Garten aufhielt. Ich hatte überall in unserem Viertel nachgefragt, aber niemand vermisste sie. Hanna hatte vorgeschlagen, dass wir sie adoptieren sollten und Lotte war selig. Wir saßen mit einigen Nachbarinnen und anderen Frauen unter dem Pavillon, tranken Kaffee und ich fühlte mich wie im Märchen.

Da stand plötzlich Matthes auf der Terrasse. Er sah genervt aus. Seinen Aktenkoffer hielt er in der rechten Hand und auf seinem Hemd waren Schweißflecken. Mit finsterer Miene kam er zu uns herüber.

Lotte rief: »Der Papa ist da!« und sprang auf.

Matthes starrte auf die Kaffeetafel, ich folgte seinem Blick. Mitten auf dem Tisch saß die kleine Katze und schleckte Sahne von einem Stück Obstkuchen. Wie in Zeitlupe bei einem Film sah ich, wie er den Aktenkoffer nahm und ihn mit aller Kraft nach dem Tier warf. Die Katze sprang mit einem Jaulen davon, Tassen fielen um, Teller zerbarsten, Kaffee ergoss sich auf die weiße Decke und mein Kleid.

»Mein neues Geschirr!«, schluchzte ich und schlug die Hand vors Gesicht. Hanna drückte meinen Arm und warf Matthes einen eisigen Blick hinterher, als er wortlos ins Haus ging.

»Es gibt Menschen, die werden erst nach ihrem Tod sympathisch«, zischte Marianne Jülich. Meine Geburtstagsgäste verabschiedeten sich überstürzt und ich hatte Tränen in den Augen, als ich die Scherben wegräumte.

Später belauschte ich unbeabsichtigt ein Gespräch zwischen Hanna und Matthes. Sie fragte, warum er so heftig reagiert hätte und er behauptete, er habe eine Tierhaarallergie. Dann fragte sie, ob er wenigstens ein Geschenk für mich hätte und er sagte, sie kann ein schönes Katzenfell von mir bekommen.

Wütend ging ich in die Küche und legte ein Stück Kuchen für Matthes auf einen Teller. Ich musste an meine

Großtante denken, die einmal gesagt hatte, Gift ist das ideale Mordwerkzeug für Frauen, es wirkt todsicher und weckt die Kinder nicht auf.

Dann ging ich mit klopfendem Herzen in mein Zimmer. Einige Zeit später steckte Hanna den Kopf durch meine Tür. Sie hatte sich umgezogen und steuerte auf meinen Kleiderschrank zu. »So, jetzt gehen wir Mädels zur Feier des Tages richtig nobel essen und lassen den alten Knötterbüll hier verhungern.« Hanna hielt mir mein neues rotes Kleid hin. »Anziehen!«, kommandierte sie. »Ich ziehe Lottchen um, dann fahren wir nach Krefeld zur Villa Medici und dort hauen wir mein Monatsgehalt auf den Kopf.«

Es wurde ein göttlicher Abend. In der alten Villa wurden wir empfangen wie die Königinnen und es gab die erlesensten Speisen. Die Kellner waren höflich und zuvorkommend, wie ich es noch nie erlebt hatte und zu jedem Gang wurde der passende Wein serviert. Lotte benahm sich wie ein Engelchen und einer der Kellner mixte mit ihr einen Kindercocktail.

»Ich muss dir gestehen, dass ich in der ersten Zeit mit Matthes regelmäßig hier war«, sagte Hanna nach dem Dessert, als uns zum Espresso ein silbernes Schälchen mit ausgesuchten Pralinés gereicht wurde.

»Und ich muss dir gestehen, dass Matthes hier wohl nie wieder essen wird«, sagte ich mutig. »Jedenfalls nicht, wenn er das Stück Kuchen gegessen hat, das ich ihm präpariert habe.«

Ich ließ ein Stück Schokolade auf meiner Zunge zergehen und Hanna beugte sich zu mir herüber: »War es das Stück Pfirsichkuchen auf dem blaurandigen Teller mitten auf dem Küchentisch?«

Ich schluckte vor Schreck die Schokolade herunter und fürchtete, sie würde mir im Hals stecken bleiben. »Woher, wieso . . . ?«

Hanna lächelte sanft: »Ich bin nicht sicher, ob er es noch

bis in die Küche schaffen wird, wenn er das Stück Kuchen gegessen hat, das ich ihm ins Schlafzimmer gebracht habe. Als ich ihm Adieu sagte, konnte er sich schon nicht mehr bewegen.« Dann hob sie ihr Glas und wir tranken auf unsere Gesundheit – und ein langes Leben.

Gudruns Obstkuchen

ZUTATEN:

125 g Zucker
1 Päckchen Vanillinzucker
125 g Margarine
3 Eier
200 g Mehl
2 Teelöffel Backpulver
3 Esslöffel Milch
1 Dose Pfirsiche oder Aprikosen oder 1 Glas Kirschen
Puderzucker oder Mandeln zum Bestreuen
Fett für die Form und Semmelbrösel

Zucker, Vanillinzucker, Margarine und Eier in eine Schüssel geben und gut verrühren. Mehl und Backpulver mischen, dazugeben und unterrühren. Nach und nach die Milch unterrühren.
Eine Backform einfetten und mit den Semmelbröseln ausstreuen. Den Teig einfüllen und die abgetropften Früchte darauf geben. Pfirsich- oder Aprikosenhälften mit der Wölbung nach oben.
Je nach Geschmack mit Mandelblättchen oder Mandelstiften bestreuen.
Den Kuchen auf der mittleren Schiene bei 200 Grad 40 bis 50 Minuten backen.
Abkühlen lassen, aus der Form nehmen und nach Geschmack mit Puderzucker bestreuen.

Privatissima in Wesel

Er blieb einen Moment auf der Bettkante sitzen, stand auf und begann sich zu recken.

»Verdammter Mist!« Er ließ sich zurück aufs Bett fallen. »Da starrt ein Kerl zu uns rüber, Karo! Mit einem Fernglas. Scheißkerl. Und das vor dem Frühstück.«

»Woraus schließt du, dass er noch nicht gefrüh –«

»Ich rede von meinem Frühstück.« Er sah sich um. »Wo sind meine ...«

»Im Wohnzimmer.« Auf dem Sofa, auf dem Fußboden. Und hing nicht eine Socke im Kronleuchter? Karo lächelte.

»Natürlich ...« Er warf Karo einen langen tiefen Blick zu. » ... ich erinnere mich.« Ihr wurde warm.

»Gib mir dein Nachthemd.«

»Aber Herr Pfarrer!« Karo klimperte mit den Augenlidern.

Er grinste. »Her damit. Ich werde einen Deubel tun und nackt durch die Wohnung rennen, wenn die halbe Gemeinde zusieht.«

»Übertreib nicht. Und vielleicht ist er ja katholisch.«

»Egal.« Er streckte seine Hand aus.

»Na gut.« Karo zog sich das kurze weite Hemd über den Kopf. »Bitte. Und nun sei froh, dass ich keine durchsichtigen Negligees trage. Jedenfalls möchte ich künftig keine abfälligen Bemerkungen mehr über mein Lieblingsnachthemd hören, ist das klar?«

»Hm!« Er zog sich das Teil im Stil einer überdimensionierten Damenbluse über den Kopf und tapste barfuß aus dem Schlafzimmer.

»Du siehst zum Anbeißen aus«, rief Karo ihm hinterher. »Und hat es nicht sogar etwas von einem Talar?« Einem sehr, sehr kurzen Talar zugegebenermaßen.

»Die sind - zum Glück! - nicht aus türkisfarbenem Flanell.«

Wohl war. Ganz zu schweigen von den tanzenden Pinguinen. Karo rollte sich auf den Bauch und sah auf den Wecker. Sieben Uhr. Ihre Mutter würde bereits auf sein, auch wenn sie erst am späten Abend von ihrem Berlin-Wochenende zurückgekommen war.

Karo nahm den Hörer, gähnte und wählte. »Ahhhh . . . 'tschuldigung. Guten Morgen, Hildegard! Ich bin's. Na, wie war's in der Hauptstadt?«

»Karola! Ist was passiert?«

»Nein. Eine Beerdigung um neun.«

»Oh . . . er ist . . . er hat also bei dir . . .«

»Genau. Und deshalb rufe ich an.«

»Oh? Also, Karola, da möchte ich mich lieber nicht einmischen. Hast du mit ihm gesprochen? Verständnisvoll, natürlich. Manchmal kann - «

»Hildegard! Es geht um die Vorhänge.«

»Ach so! Na, da bin ich aber erleichtert. Und er interessiert sich für Vorhänge? Das ist ein gutes Zeichen. Lass mich überlegen. Diese Woche bin ich ziemlich zu. Drei Dubber-Ware-Partys, einmal den Schmuck-Klub, und Freitag . . . Hm. Wie wäre es am Samstag? Unten an der Rellinghauser gibt es einen Laden, der ganz schöne Vorhangstoffe hat. Und im Einkaufszentrum Altenessen habe ich neulich . . . also, das ist ein richtiger Geheimtipp. Vielleicht sollten wir da zuerst - «

»Nee, am Wochenende geht's leider nicht. Da bin ich in Wesel.«

»Ein neuer Fall?«

»Nein, das Jahrestreffen von Privatissima. Ich dachte, ich sollte da mal hin, wo es schon hier in der Nähe stattfindet.« Karo war der Vereinigung für Privatdetektivinnen vor ein paar Jahren beigetreten. Das Netzwerk trat gegen die Diskriminierung von Detektivinnen in dieser von Männern dominierten Branche ein, förderte den Informationsaustausch und setzte auf gegenseitige schwesterliche Hilfe. Über die Mailingliste hatte sie schon manch nützliche Information erhalten und einmal sogar einen Auftrag.

»Wesel? Dieses Wochenende? Mh-mh . . . da war doch was? Ja! Karola: der Dom!«

»Der Dom?«

»Du sag mal, Schatz, wenn ich dir meinen Fotoapparat vorbeibringe, würdest du dann im Dom, oder davor, ein paar – «

»Hildegard, im Programm steht nichts von einem gemeinsamen Gottesdienst im Dom. Wie kommst du darauf? Es geht um Erfahrungsaustausch und Fortbildung. Abhörtechniken, Feng-Shui für Detekteien und so was.«

»Ach, ich meine doch die Hochzeit. Minte Freiin von Mollendink und Prinz Friedrich. Ich habe gestern im Zug ein Interview mit ihrer Mutter gelesen. In der Gala. Oder war es die Bunte? Sympathische Frau. Sehr froh, dass ihre Tochter sich endlich entschlossen hat zu heiraten.«

Karo zog ihre Nase kraus. Das war doch keine Anspielung?

»Samstag im Dom von Wesel. Feier in einem feinen Hotel. Rosen vom Himmel. Flitterwochen auf einem Schloss in Schottland. Mit dem Billigflieger von Weeze, stell dir das vor. Aber egal. Also, könntest du nicht gegen Mittag kurz mal weg? Da macht ihr doch bestimmt eine Pause.«

»Moment.« Karo seufzte. Sie holte Einladung und Programm von ihrem Schreibtisch und betrachtete die Anfahrtskizze. »Das Hotel liegt nicht in der Innenstadt, Hildegard, sondern gleich am Rhein. Das wird ein ganz schöner Fußweg vom Bahnhof, wie ich sehe.«

»Wieso, fährst du nicht mit dem Auto?«

»Nein. Es muss in die Werkstatt. Die Zugverbindung ist

ganz gut. Ich muss nur in Duisburg einmal umsteigen.«

»Was ist denn mit deinem Auto?«

»Ach, da ist so ein Geräusch. Kann nicht viel sein, es ist ja neulich noch über den TÜV gekommen.« Mit nur ein paar kleinen Beanstandungen. Für ein Auto von vierzehn Jahren doch eine gute Leistung. Karo hoffte, das Geräusch würde sich als harmlos erweisen. Oder würde wenigstens preiswert zu reparieren sein. Die TÜV-Kleinigkeiten hatten eine mittelgroße Werkstattrechung nach sich gezogen. Dazu der Umzug und die Renovierung der Wohnung – das alles hatte ein Loch in ihre mageren Ersparnisse gerissen. Deshalb wollte sie mit dem Werkstatt-Termin noch warten und sich bis dahin mit dem Auto auf Stadtfahrten beschränken.

»Übernachtest du in Wesel?«

»Nein, ich werde pendeln. Sonntag beginnt es erst um zehn. Das kann ich locker schaffen.« Na ja, vielleicht nicht locker, aber preiswert. Denn die Übernachtung in der Edelherberge konnte sie sich nicht leisten. Trotz des Tagungsrabatts. Manchen Kolleginnen schien es richtig gut zu gehen. Zu dem Thema konnte sie unbedingt ein paar Tipps brauchen. Deshalb hatte sie sich gleich für den Workshop über Kundschaft mit Kohle angemeldet. So leger wurde er nur in der Mailingliste genannt. Im gedruckten Programm hieß er »A-Kundschaft: Akquise & Pflege«.

»Das Hotel liegt am Rhein? Wie heißt es denn?«

Karo las ihrer Mutter Namen, Anschrift und die Kurzbeschreibung vor.

»Aha? Soso ... Also, wenn du willst, fahre ich dich hin.«

»Wirklich?«

»Und abends wieder zurück.«

»Das wäre natürlich fantastisch. Aber ... willst du den ganzen Tag dort warten? Nein, das kann ich doch nicht –«

»Doch, doch, kannst du. Ich gehe mittags zum Dom und knipse, und nachmittags setze ich mich in die Lobby oder das Restaurant und halte Ausschau.«

»Wonach?«

»Nach dem blauen Blut, Karo. Die Hochzeitsfeier findet im selben Hotel statt! Es wird von Vons nur so wimmeln.«

»Oh.«

»Genau. Eine Fügung. Zwei Fliegen mit einer Klappe. Ich werde das hellblaue Jackenkleid anziehen. Gerade richtig für das schöne Maiwetter. Wann geht es Samstag bei euch los?«

»Schon um halb neun.«

»Ich hole dich um sieben ab.«

»Okay. Danke. Tschüss.« Kein Umsteigen in Duisburg. Gut.

»Ein Milchkaffee, ein Croissant. Voilà.« Andy stellte das kleine Tablett auf dem Nachttisch ab und setzte sich auf den Bettrand. Sein dunkelblondes Haar war noch feucht vom Duschen.

Karo setzte sich auf und langte nach dem Croissant. Außen cross, innen buttrig weich. »Mhh . . .«

Herr Ryssnuß aus dem zweiten Stock besserte seine Rente als Nachtwächter auf Essener Baustellen auf und kaufte frühmorgens auf dem Nachhauseweg für alle Hausbewohner beim Bäcker ein. Man musste ihm nur bis zur Tagesschau eine Notiz an die Tür kleben.

»Ich werde Herrn Ryssnuß mal nach dem Mann mit dem Fernglas fragen. Er wohnt schon ewig hier und kennt die Altstadt wie seine Westentasche. Nicht dass er eine trägt. Eine Weste, meine ich.«

Andy trank seinen Kaffee schwarz. Er lächelte. Um seine Augenwinkel bildete sich ein Kranz winziger Fältchen.

Karo streckte die Hand aus, um darüber zu streichen, als das Telefon klingelte. Sie dirigierte ihre Hand um und griff nach dem Hörer.

»Hal – «

»Karola, meinst du, ich muss einen Hut tragen?«

»Öh . . .«

»Gut, dann kaufe ich mir einen. Was kleines, fesches.

Der von Camilla, auf ihrer Hochzeit, der gefiel mir ja gut. Und was ich dir noch sagen wollte: Ich habe dir aus Berlin etwas mitgebracht. Fängt mit P an. Wir waren Samstag auf dem Winterfeld-Markt in Schöneberg. Ein wunderschöner Wochenmarkt. Der Rüttenscheider ist nichts dagegen, und auch nicht der in Frohnhausen. Dort habe ich's entdeckt. Rate mal. Mit P.«

»Eine Pflanze?« Hoffentlich nicht. Die gingen bei ihr immer ein.

»Dir schenke ich doch keine Pflanze! Nein, eine Plätzchenform. Für Pistolenplätzchen, was sagst du dazu?«

»Pistolen . . . ?«

»Genau. Die muss ich haben, sagte ich zu Frau Nickel. Das war die Regionalsiegerin aus Sachsen. Hat da noch mehr Dubber-Ware verkauft als ich hier im Ruhrgebiet. Mit ihr war ich auf dem Markt. Ihr Sohn wohnt da in der Nähe. Er ist schwul. Und meine Tochter ist Privatdetektivin, sagte ich. Dass du auch Putzfrau bist, habe ich natürlich verschwiegen.«

Karo nickte. War auch besser so, schließlich putzte sie schwarz, wenn auch hochbezahlt.

»Ich backe dir welche, ja? Aus meinem besten Mürbeteig. Mit guter Butter. Vielleicht willst du deinen Kolleginnen am Samstag welche mitnehmen? Dann mache ich ein paar mehr.«

Pistolenplätzchen? Würde sie damit das rechte professionelle Image vermitteln? »Ach, ich weiß nicht.« Andererseits wirkten Seminare häufig unterzuckernd auf sie . . . und immerhin waren es *Pistolen*plätzchen. Und der Mürbeteig ihrer Mutter gut. Kriminell gut. Selbst ungebacken, frisch aus der Rührschüssel.

»Klar, gute Idee, Hildegard. Pack mir welche ein. Danke. Tschüss.«

»Pistolen?«, wiederholte Andy. »Ein neuer Fall?«

»Nein. Meine Mutter backt.« Karo lief das Wasser im Munde zusammen.

Eine Ehemann-Beschattung und zwei Nächte mit Andy später saß Karo in ihrem kleinen Büro in der Essener Lichtburg und schrieb der Ehefrau eine saftige Rechnung. Ein dezentes *Ping* kündigte den Eingang einer E-Mail an.

Von Privatissima. Betreff: Wichtige Info für Wesel.

Karo öffnete die Mail. Mh. Tja. Sie rief ihre Mutter an.

»Hildegard, in Wesel hat sich was geändert. Gerade kam eine Mail. Das Hotel, inklusive Restaurant, Bar, Café und Wellness-Bereich ist am Wochenende für Außenstehende geschlossen.«

»Ich höre wohl nicht recht! Das können die doch nicht machen! Zwei Tage vor der Hochzeit. Leute machen schließlich Pläne. Kaufen Hüte. Lassen ihre weißen Pumps besohlen.«

»Ich – «

»Und wieso das Ganze? Will der Adel unter sich sein? Müsst ihr mit eurer Tagung jetzt umziehen?«

»Nein, Tagungsteilnehmerinnen und bereits angemeldete Hotelgäste sind davon ausgenommen. Die Hochzeitsgäste, die auf der Einladungsliste stehen, natürlich auch. Erhöhte Sicherheitsstufe. Tut mir Leid. Dann werde ich doch mit dem Zug – «

»Moment! Sicherheitsstufe? Erhöht? Warum?«

»Keine Ahnung. Exzentrischer Adel. Oder eine paranoide Braut?«

»Nein . . . nein . . . mh . . .« Karo spürte über die Telefonleitung wie die Rädchen im Gehirn ihrer Mutter auf Hochtouren liefen. »Karo, kannst du nachfragen?«

»Ping«, machte der Computer. Georgia, eine Sister aus Köln hatte das schon erforscht. Sie hatte ihre Kinder mitnehmen wollen und war nun in Bedrängnis.

»Sauerei«, schrieb sie. »Der Hoteldirektor lässt nicht mit sich reden. Das ganze Gedöns nur wegen eines zusätzlichen Hochzeitsgasts aus England. Und mein Babysitter mit Blinddarm im Krankenhaus! Hilfe. Georgia.«

»Ein Hochzeitsgast aus England«, sagte Karo. »Vielleicht

kannst du deinen Hut ja umtau – «

»England . . . ? Karo! Vielleicht kommt Charles!«

»Nein, das glaube – «

»Oder Camilla! Nicht ausgeschlossen. Da gibt es eine Verbindung zum Königshaus. Über den Prinzen sowieso. Und die Patentante von der Minte ist eine Kusine von der Queen. Um ein paar Ecken. Also, ich fahre dich auf jeden Fall, Karo. Und wenn ich nur vor der Kirche stehen und gucken kann.«

»Okay, ganz wie du willst. Dann sehen wir uns übermorgen früh um sieben.«

»Einen Augenblick noch. Lass mich nachdenken.«

Karo öffnete die oberste Schreibtischschublade und fischte eine halbe Rosinenschnecke heraus. Etwas trocken, von vorgestern.

»Ich hab's. Karo, pass auf: Ich werde deine Assistentin.«

Karo verschluckte sich an einem Krümel. »Wa-ha-has?«, keuchte sie.

»Nur fürs Wochenende. So komme ich mit rein! Ins Hotel.«

„Aber du stehst auf keiner Liste."

»Gleicher Nachname. Was können wir dafür, wenn da ganz offensichtlich jemand vergessen hat, das ‚und Hildegard' zu notieren?«

Karo schloss ihre Augen.

»Und was können wir dafür, wenn da ganz offensichtlich jemand vergessen hat, das ‚und Hildegard' zu notieren, junger Mann? Schreiben Sie es bitte jetzt dazu. Damit ich nachher keine Schwierigkeiten habe, wieder reinzukommen. Ich muss noch mal kurz in die Stadt. Zum Dom.«

»Aber . . .« Der Hotelangestellte, der die Zufahrt zu Parkplatz und Hotel kontrollierte, sah von seiner Liste zu Karo und wieder zu Hildegard.

»Ich verstehe«, sagte die. »Vorsicht ist die Mutter der Porzellankiste. Sie wollen Beweise. Bitte.« Sie öffnete ihre weiße Handtasche. „Hier. Mein Führerschein, mein Reisepass, mein Personalausweis, mein Impfpass und - meine Visitenkarte. Hildegard Rutkowsky, persönliche Assistentin der Geschäftsführerin. Glauben Sie mir nun?«

Er nickte, korrigierte die Liste, hakte die Namen ab und gab ihnen zwei gelbe Sticker. »Die müssen Sie sichtbar tragen. Nicht verlieren.«

»Natürlich nicht.« Hildegard klebte einen auf das Revers ihres Kostüms, den anderen auf Karos Bluse, öffnete ihre Handtasche, verstaute die Ausweise und nahm eine flache rosafarbene Plastikdose heraus. »Möchten Sie? Spezialgebäck. Pistolenplätzchen.«

»Danke.« Er lächelte. Die Gebäckform schien seine letzten Zweifel beseitigt zu haben. »Der Weg zu den Tagungsräumen ist in der Lobby ausgeschildert.«

»Visitenkarten?«, flüsterte Karo, als sie auf das Hotel zugingen. »Persönliche Assistentin der Geschäftsführerin?«

»Reg dich nicht auf. Hat doch alles bestens geklappt. Ich gucke mich nur kurz um, dann fahre ich zum Dom.«

Sie betraten die Lobby, von der sternförmig Gänge zum Restaurant, zu Tagungsräumen und Festsälen abgingen. Durch ein großes Oberlicht vier Etagen höher fiel Tageslicht vorbei an den Galerien vor den Hotelzimmern bis auf die Blumeninsel in Form einer mehrstöckigen Hochzeitstorte, die das Herzstück der Eingangshalle bildete. Ein Blütentraum in Weiß und Rosa, geschmückt mit Seidenbändern, Champagnergläsern und zwei glitzernden Krönchen. Ganz oben thronte ein kleiner Amor aus Marmor.

Hildegard deutete auf eine Sitzgruppe. »Ich werde mich nachher wahrscheinlich da hinsetzen. Sieht gemütlich aus und scheint mir strategisch günstig zu sein. Ich habe mein Stickzeug mitgebracht. So wird mir die Zeit nicht lang werden und ich passe ins Dekor. Gut, Karola, wir sehen uns später, ja?«

Karo nickte und folgte einem Wegweiser. ‚Privatissima, Sitzungssaal vier.‘

In der Kaffeepause war sie die erste am Buffet. Den Kaffee hatte sie bitter nötig. Nur knapp war sie der Ernennung zur Protokollführerin der Sitzung entkommen. Unangenehme Erinnerungen waren in ihr aufgestiegen. An ihre diversen Bürojobs, zu denen sie vom Arbeitsamt verdonnert worden war, als sie nach ihrem Referendariat keine Anstellung als Lehrerin bekommen hatte. Nur mit einem Ohr hatte sie den ersten Kurzvorstellungen gelauscht. Von Regine, Chefin einer Berliner Detektei mit mehreren Angestellten, die ein Erfolgsjahr hinter sich hatte. Von Erika, die idyllisch in Mecklenburg wohnte, auf Internetbetrug spezialisiert war und eng mit der Polizei zusammenarbeitete, sogar mit Interpol. Von Ulli, einer Kunsthistorikerin, die hinter Beutekunst her war und zwischendurch auch noch Kunstdiebstähle aus Museen und privaten Sammlungen aufklärte. Alle erfolgreich und bestens bezahlt. Kein Wunder, dass sie sich die Preise im Hotel leisten konnten. Gut, man konnte die Übernachtung von der Steuer absetzen, aber trotzdem.

In der Mittagspause fühlte sich Karo besser. Es gab auch jede Menge Frauen, die mit ihren Detekteien am Existenzminimum entlangschrappten, sogar einige, die wie Karo, noch einen Nebenjob hatten. Als Putzfrau getarnt hatten schon viele von ihnen ermittelt, aber keine arbeitete wie Karo regelmäßig als Putzfrau, noch dazu als eine in Villenhaushalten, die bestens bezahlt wurde. Die Protokollantin hatte Karo sogleich für die Privatissima-Expertinnen-Liste notiert, die man anzapfte, wenn man für einen Auftrag Fachwissen brauchte. Hedwig, eine Teilzeitgärtnerin aus Ulm, die mit einigen Privatissimas auf dem nahegelegenen Campingplatz übernachtete, weil die sich die Hotelpreise ebenfalls nicht leisten konnten, befragte Karo über einer Tasse Kaffee intensiv zu Blutflecken in Parkettböden.

Angewärmt, nahm Karo die Dose mit Pistolenplätzchen aus ihrer Tasche und stellte sie zu den Schnittchen aufs

Buffet. Die Plätzchen gingen weg wie warme Semmeln. Regine aus Berlin wurde bestürmt, auf dem Winterfeld-Markt Förmchen zu besorgen; Karo versprach das Rezept ihrer Mutter in die Mailingliste zu setzen und nahm zwei Aufträge für die Dubber-Ware-Plätzchendose in aqua-türkis entgegen.

In der Mittagspause löffelte Karo stumm die Minestrone. Der Workshop hatte sie geschafft. Die Akquise von A-Kundschaft war wohl nicht ihr Ding. In Konzernen ‚kalt' anzurufen, sich gekonnt verkaufen, Business-Lunch im Business-Kostüm – Jutta aus Zürich hatte das überzeugend vermittelt, aber Karo kannte ihre eigenen Grenzen.

In der Lobby ging es lebhaft zu. Die Hochzeitsgesellschaft war von der Trauung zurückgekehrt. Der Duft von Puder, Parfüm und teurem Rasierwasser mischte sich mit dem der Blüten. Herren in Fracks, Damen in Pastell, einige mit erstaunlichen Hutkreationen, bewegten sich plaudernd in Richtung des Restaurants und auf die Terrasse. Das Brautpaar stand auf dem Rasen. Hinter ihnen der Rhein wie ein breites blaues Seidenband. Zwei Fotografen machten Aufnahmen. Kellner mit silbernen Tabletts boten der Gesellschaft Champagner an.

»Komm mit«, hörte Karo ihre Mutter hinter sich. Immer an der Wand lang bewegten sich sich durchs Restaurant, bis sie einen besseren Blick auf die Szene draußen hatten. Ein Schatten bewegte sich über den Rasen. Alle schauten nach oben. Ein aristokratisches »Aaaah . . .« ging durch die Gesellschaft. Es schneite Rosenblütenblätter vom blauen Maienhimmel. Ein Segelflugzeug kreiste über dem Hotel und entlud rote und rosafarbenen Blütenblätter, die auf das Paar niederschwebten. Die Fotografen fotografierten. Die Gäste lächelten.

Hildegard seufzte. »Schön. Ach . . . Aber nun verschwinden wir besser.«

Karo folgte ihr zu der Sitzgruppe in der Lobby. Einen Sessel hatte Hildegard mit ihrem Stickrahmen reserviert.

Auf dem anderen lag eine Nerzstola.

»Kannst dich ruhig setzen, Karola. Die gehört einer Frau, die ich am Willibrordi-Dom kennengelernt habe. Keine Ahnung, wer Willibrordi war. Aber schön war's. Wir konnten sogar rein. Der einzige evangelische Dom am Niederrhein. Und ein Orgelspiel . . . ! Der Domkantor ist ein großartiger Musiker. Ja, sehr feierlich alles. Ich hab ein paar Tränchen vergossen. Die Tochter dieser Frau arbeitet hier im Hotel. So ist sie reingekommen.«

»Und wer ist aus England gekommen? Charles ja wohl nicht.«

»Nein, nicht mal Camilla. Na, man kann nicht alles haben. Es ist diese Patentante von Gräfin Minte. Aber die ist nicht aus England, sondern aus Schottland. Lady Elizabeth Rose Lochdubh. Ich habe sie noch nicht entdeckt. In der Kirche war sie nicht. Sie ist publikumsscheu. Früher, in den fünfziger Jahren, war sie häufig in der Presse. So hübsch, und dann diese unglückliche Liebesaffäre, die hat sie richtig umgehauen . . .«

»Und wegen ihr das ganze Theater? Keine Öffentlichkeit im Hotel und – «

»Nein, nein.« Hildegard kniff die Augen zusammen und fädelte erikafarbenes Garn in ihre Sticknadel. »*Das* war nur ein Vorwand. Hat mir Frau . . . eh . . . Dingens verraten. Durch ihre Tochter weiß sie natürlich über alles Bescheid. Der Prinz Friedrich ist im Vorstand der Gen-ial GmbH. Und es war durchgesickert, dass hier im Hotel eine Protestaktion geplant war, um ihm die Feier zu verderben. Peinlich wäre das geworden. Auch fürs Hotel. So haben sie es unterbunden. Draußen ist alles abgesichert. Ich wäre fast nicht wieder reingekommen.«

»Und was ist die Gen-ial GmbH?«

»Karola! Die genmanipulierten Hühner – davon musst du doch gehört haben.«

»Ach, die? Ja, natürlich.« Eine Mitarbeiterin der Forschungsabteilung hatte Fotos an die Medien weitergeleitet und für einen Skandal gesorgt. Dreibeinige federlose Vögel, betriebswirtschaftlich äußerst vielversprechend. Fünfzig Prozent mehr Bein pro Huhn und erhebliche Einsparungen, weil vor der Weiterverarbeitung keine Federn mehr gerupft werden mussten. Dass die Hühner durch einen Zufall auch blind waren, war ein unerwarteter Nebeneffekt, in den man aber keine Gelder stecken wollte, um ihm auf die Spur zu kommen oder gar rückgängig zu machen.

»Wozu brauchen sie Augen?«, hatte der inzwischen versetzte Pressesprecher der Firma gescherzt. »So schön sind die Batteriekäfige auch wieder nicht.«

»Und der Prinz . . . «

»Ist natürlich in vielen Vorständen. So genau weiß der wahrscheinlich nicht Bescheid, was da überall gespielt wird. Aber so ein Protest bei seiner Hochzeit, das wäre für die Gen-Gegner natürlich was gewesen. Oh! Das muss sie sein.« Hildegard hob ihr Stickzeug und führte die Nadel ein, ohne den Blick von einer kleinen älteren Dame zu lassen, die in Begleitung eines grauhaarigen Schotten in voller Montur aus dem gläsernen Aufzug trat. Sie trug ein graues Seidenensemble mit einer Tartan-Schärpe.

»Die entfernte Kusine von der Queen, über ihre Mutter, die war ja aus Schottland«, wisperte Hildegard. »Wer er ist, weiß ich nicht.«

»Ich muss zurück«, sagte Karo und erhob sich.

Das Seminar ‚Kniffe und Tricks für die Buchhaltung' fesselte sie nicht wirklich. Nach vierzig Minuten wechselte sie zu ‚Praktisches Profiling'.

Nach der Kaffeepause, in ‚Neue Abhörmethoden', fühlte Karo ihren Blick ungeachtet der drei Tassen Kaffee immer glasiger werden. Vielleicht hätte sie sich doch den paar Abtrünnigen anschließen sollen, die den Rest des Nachmittags im Wellness-Bereich des Hotels verbringen wollten. Eine kleine Nackenmassage hätte ihr Konto sicher noch verkraftet.

»Die juristischen Aspekte«, sagte die Referentin, während Karo unauffällig auf ihre Armbanduhr sah, »die wir dabei nicht außer Acht lassen dürfen . . . «

Jemand räusperte sich.

Hildegard stand in der Tür und hob einen lockenden Zeigefinger in Karos Richtung. Die Referentin schwieg, alle Augen richteten sich auf Hildegard.

Die lächelte. »Entschuldigen Sie bitte die Störung, aber es ist sehr dringend. Ein neuer Fall für Frau Rutkowsky.«

Gedankenübertragung! Mutter rettet Tochter aus tödlich langweiligem Seminar.

Karo stand auf. »Meine . . . öh . . . Assistentin. Ich höre mal besser, worum es geht.« Sie schob sich durch die Reihen und spürte die spekulierenden Blicke im Rücken.

»Willst du schon fahren?«, sagte Karo, als sie die Tür hinter sich geschlossen hatte.

»Wieso? Ach so. Nein, ich hab dir wirklich einen Fall besorgt. Ich sag's ja immer, man muss nur zur richtigen Zeit am richtigen Ort sein.«

Karo eilte hinter ihrer Mutter her. »Und was – «

»Der Hoteldirektor. Ich sah, wie er blass wurde. Seine Augen hin- und herfuhren. Wie er das Rondell umkreiste, so betont unauffällig, weißt du? Und dann die Rezeptionistin befragte und den Portier und allmählich hektisch wurde.«

»Und?«

Hildegard blieb vor dem Büro des Direktors stehen. »Die beiden Krönchen sind verschwunden! Aus dem Blumenarrangement. Abgesehen davon dass sie wertvoll sind und eine Leihgabe von einem Sammler, geht so was natürlich auch nicht. Er war hin- und hergerissen, ob er mitten in der Hochzeitsfeier die Polizei benachrichtigen sollte und einen Skandal riskieren, oder lieber bis morgen warten, bis die Gäste abgereist sind.«

»Und das hat er dir einfach so erzählt?«

»Natürlich nicht. Ich bin mit Frau . . . äh . . . auf ihn zu, er kennt sie gut, und sie hat es im Nu aus ihm rausgekitzelt. Ich hatte ihr schon von dir erzählt, und da haben wir ihn davon überzeugt, dir den Fall zu übertragen. Bis morgen Mittag. Dass du so gut wie alle deine Fälle in Nullkommanichts löst, habe ich gesagt, und dass du diskret bist und daran gewöhnt, in den besten Häusern zu verkehren.«

»Zu kehren, wäre der Wahrheit näher gekommen.«

»Das selbe in Grün. Aber diskret bist du.«

Karo nickte. Mit dem, was man als Putzfrau ganz unabsichtlich über die beputzten Haushalte in Erfahrung brachte, könnte man ganze Bände füllen. Und manche Klatschspalte.

»Du löst den Fall, dann kriegst du sicher jede Menge A-Kundschaft. Zum Beispiel von Fünf-Sterne-Hotels. So etwas spricht sich auf Direktorenebene bestimmt rum.« Hildegard hob ihre Hand, um an die Tür zu klopfen.

Karo fiel ihr in den Arm. »Das war sicher gut gemeint von dir, aber hast du eine Ahnung, wie kompliziert es sein wird, den Fall bis morgen zu lösen?« Oder bis zum Sankt-Nimmerleins-Tag, in einem Hotel wie diesem und über dreihundert Gästen. Ganz zu schweigen von den Angestellten. Und die Privatissimas dürfte sie streng genommen auch nicht außer Acht lassen.

Hildegard lächelte. »Du wirst. Da habe ich keine Zweifel. Oder kaum welche.«

Hildegard klopfte an. Karo schnaubte.

»Herein.« Der Hoteldirektor saß an seinem Schreibtisch. Er sprang auf, schüttelte Karo die Hand und lud sie ein, Platz zu nehmen. »Sie sind informiert, Frau Rutkowsky? Und einverstanden?«

Karo öffnete den Mund.

»Selbstverständlich«, sagte Hildegard, „wenn auch nur ausnahmsweise. Wie ich schon erläuterte, arbeiten wir im Normalfall nur auf Rechnung plus Mehrwertsteuer, aber in diesem delikaten Fall . . . «

Der Direktor wischte sich mit einem Taschentuch die

Stirn ab und nickte.

»... wären wir bereit ...«

Karo sah ihre Mutter an.

»... uns mit Hotelgutscheinen zufriedenzugeben. Fünf dreitägige Verwöhnwochenenden für zwei Personen, inklusive Übernachtung in einer großen Suite, allen Mahlzeiten sowie freie Auswahl bei den Wellness-Angeboten.«

»Ja, ja, das hatten wir ja geklärt. Ist mir sehr recht. So muss ich der Zentrale nicht unbedingt reinen Wein einschenken und kann es unter Werbung verbuchen. Hin und wieder verlosen wir nämlich solche Wochenenden unter Hotelgästen. Das gilt aber nur, wenn Sie den Fall bis morgen mittag lösen, Frau Rutkowsky.«

Karo nickte.

»Werden wir«, sagte Hildegard.

»Heute abend findet noch der Hochzeitsball statt, im Anschluss an das Abendessen; morgen nach dem Brunch reisen bis auf einige wenige Gäste alle ab. Sollten Sie bis dahin nicht erfolgreich gewesen sein, würde ich dann den Diebstahl der Polizei melden. Auf diese Weise würden die meisten Gäste hoffentlich der Peinlichkeit enthoben von der Polizei befragt zu werden, verstehen Sie? Baronin Mollendink, die Brautmutter, hat es in sich. Alter niederrheinischer Adel. Haare auf den Zähnen. Aber eine langjährig Kundin, die ich nicht verlieren möchte. Wohltätigkeitsbälle, Familienfeste. Ihr Schloss ist nicht sehr groß. Also, um Himmels willen, seien Sie diskret!«

»Ich werde mich bemühen«, sagte Karo. »Doch ganz ohne Fragen geht es nicht ab, das ist Ihnen klar? Personal und Gäste. Den Privatissimas wird es nichts ausmachen, die sind an so was gewöhnt.«

»Für mein Personal lege ich meine Hand ins Feuer.«

»Dann hoffe ich für Sie, dass Sie genügend Brandsalbe besitzen. Ich könnte Ihnen da Sachen erzählen ...«

»Tust du aber nicht«, sagte Hildegard, »denn du bist ja so diskret, nicht?«

»Genau. Okay, dann wollen wir mal loslegen. Haben Sie ein Foto von den Krönchen? Ich habe sie zwar gesehen, aber – oh, gut. Sie bekommen es zurück. Und wann ist Ihnen der Verlust aufgefallen?«

»Äh . . . «

»Um sechzehn Uhr dreißig ungefähr«, sagte Hildegard. »Ich habe auf die Uhr gesehen. Wir sind immer auf dem Quivive.«

Der Hoteldirektor schien beeindruckt. Sie verabschiedeten sich und verließen das Büro.

»Ich fange mit der Lobby an«, sagte Karo. »Mit der Rezeptionistin, der Hausdame und den Kellnern, die dort rumsausten.«

»Nichts da, Karola. Erst einmal gucken wir uns unsere Suiten an.«

Karo blieb stehen. »Unsere was?«

Ihre Mutter stieß ihr einen Ellenbogen in die Seite und strahlte. »Gut, nicht? Mit Rheinblick. Ich habe gesagt, wir brauchen zwei, weil ich schnarche.« Sie kicherte.

Der gläserne Aufzug brachte sie in die oberste Etage. Karo beschloss, künftig die Treppe zu nehmen. Sie war nicht schwindelfrei.

Ihre Suite war fast so groß wie ihre Wohnung. Das Sofa im Wohnzimmer war bequem, das Schlafzimmer wohnlich, die Küche mit allem Pipapo ausgestattet. Das Bad bestand aus drei Räumen; auf der Waschkonsole stand ein wohlgefülltes Kosmetikköfferchen, ein Geschenk des Hauses für Gäste, deren Gepäck noch nicht angekommen war. Nicht übel. Die Krönung war der Wintergarten mit Blick auf den Rhein.

»Ich bin gleich nebenan«, sagte Hildegard. »Machen wir uns frisch und treffen uns in zehn Minuten zu einer Lagebesprechung?«

Karo nickte.

Als sie aus der Dusche kam, saß ihre Mutter bereits im Wintergarten. Sie trug einen hoteleigenen weißen Bademantel und Frotteeschlappen. Auf dem Tisch vor ihr zwei Mokkatassen und eine Etagere mit pastellfarbenen Petit Fours.

»Setz dich, Karola. Ach, ich liebe Zimmerservice! Zwei Termine für kurze Rückenmassagen habe ich auch noch ergattert. In einer halben Stunde. War nicht einfach. Sie sind ziemlich ausgebucht wegen des Balls heute abend. Und deine Detektivinnen scheinen sich auch ganz munter verwöhnen zu lassen.« Ein winziges Gebäckstück in Lindgrün verschwand in ihrem Mund. »Mhh . . . !«

Karo nahm einen Schluck Mokka. Heiß und köstlich. Wie die Dusche gerade. Ihre Lebensgeister erwachten.

»Hildegard, ich habe doch jetzt keine Zeit für Massagen! Geh du schön hin. Ich kümmere mich um die Krönchen.«

»Karola, Karola, Karola . . . Nicht so hektisch! Du *hast* Zeit, glaube mir. Und wieviel erfrischter wirst du loslegen, wenn du vorher ein wenig gelockert wurdest. Stell dir das vor . . . «

»Lieber nicht.« Sie könnte schwach werden. »Also, wir sehen uns dann spä –«

»Nun bleib doch sitzen!« Mit einer Hand auf Karos Arm beugte Hildegard sich vor. »Würde es nicht zu einfach aussehen, wenn du den Fall zu schnell löst? Tut dem Direktor sicher gut, noch ein bisschen zu schmoren. Um so erleichterter und dankbarer wird er sein, wenn – «

»Hildegard, so ein Fall löst sich nicht von selber.« Sah ihre Mutter zu viele Krimis? »Und Zeit zählt. Zeugen vergessen, haben Dienstschluss, gehen nach Hause – nein, ich muss loslegen, wenn ich auch nur die geringste Chance haben will, den Fall zu lösen. Und das bis morgen Mittag. Außerdem, was soll der Direktor denken, wenn er hört, dass ich – «

»Da hast du auch wieder recht. Ich lasse deinen Termin stornieren. Geh du schön deine Zeugen befragen. Aber mach dir keine Sorgen. Du *wirst* die Krönchen finden. Das weiß ich genau.«

Karo lächelte und nickte. Sie war sich da nicht so sicher.

Mitten in der Befragung des dritten Kellners stieg in Karo wie aus dem Nichts die Frage auf: Wieso war Hildegard so sicher? War das wirklich nur das Zutrauen einer Mutter in die Fähigkeiten ihrer Tochter? Oder . . . und je mehr sie darüber nachdachte, um so unsicherer wurde Karo – oder hatte da nicht eine ungeheure Gewissheit mitgeklungen?

»Das weiß ich genau«, hatte Hildegard gesagt.

Wie war das zu verstehen? Und ihr Lächeln dabei. Die vor Vergnügen blitzenden Augen. Sie würde doch nicht . . . nur um die derzeit wieder mal vor sich hindümpelnde Detektei ihrer Tochter in Fahrt zu bringen . . . sie würde doch nicht so weit gegangen sein und . . .

Karo wurde heiß und wieder kalt. Eiskalt.

»Ist Ihnen nicht wohl?«, fragte der Kellner, der Mario hieß.

»Äh . . . «

»Ein Kognak vielleicht?«

»Danke. Bitte.«

Karo kippte den Kognak hinunter, bedankte sich bei Mario, der sich wie seine Kolleginnen und Kollegen an nichts Relevantes erinnern konnte, was sich glatt als Glücksfall erweisen konnte, um Schlagzeilen wie *Mutter von Privatdetektivin klaut für ihre Tochter* zu verhindern, Karo bedankte sich noch einmal, herzlicher, und ließ sich den Weg in den Wellnessbereich weisen.

Nach einigen Fehlversuchen fand sie die Kabine ihrer Mutter. Karo schickte die Masseurin hinaus, kniete sich vor die Massagebank und sah ihrer Mutter ins Auge.

»Wie hast du das gemeint, Hildegard: du bist dir *sicher,* dass ich die Krönchen finden werde?«

»Aber Karola . . . « Hildegard stützte sich auf ihre Unterarme und richtete sich auf. »Machst du dir *immer* noch Sorgen?«

»Ja, aber jetzt andere«, Karo senkte ihre Stimme zu

einem Flüstern. »Hildegard, jetzt mal ohne Gedöns: Hast *du* . . . weißt du, wo die Krönchen sind?«

Hildegard lächelte breit. »Sagen wir, ich habe eine ziemlich gute Idee . . . «

Karo stöhnte auf. »Du . . . du . . .«

»Nun sei doch nicht so ungeduldig. Jemand hat abgesagt, jetzt habe ich gleich noch eine Massage, so eine mit heißen Steinen, darüber stand neulich mal was in der Brigitte, hörte sich gut an. Aber danach komme ich zu dir hoch, dann kümmern wir uns um die Krönchen, ja? Befrage noch ein paar Leute. Das macht sich gut.«

Karo erhob sich. Sie kannte diesen Ton. Wie war sie in diese Situation geraten? Jetzt ging es nur noch um Schadensbegrenzung. Die Krönchen zurückerstatten, ohne die Täterin zu enthüllen. Karo nahm ihren gelben Privatissima-Sticker ab und ließ sich von der eingeweihten Hausdame eine diskrete Anstecknadel geben, die sie als Angestellte des Hotels auswies. Wenn der Direktor sie sah, sollte er sie in Aktion sehen, recherchierend. Um so eher würde er hoffentlich die Story schlucken, die sie ihm mit den Krönchen auftischen würde. Nur: welche Story?

Karo mischte sich unter die Hochzeitsgäste, die auf der Terrasse verblieben waren, nachdem sich das Brautpaar zurückgezogen hatte, um sich auf das Dinner und den Ball vorzubereiten. Einen blauen Hotelkugelschreiber und ihr eigenes Notizbuch in der Hand, sprach sie einzelne Damen und Herren an, stellte Fragen, notierte Antworten. Niemand reagierte brüskiert, manche waren erstaunt, alle gaben nach kurzer Überlegung Auskunft. Manche sogar mit einem Lächeln. Der Hoteldirektor, der sie nervös aus dem Restaurant heraus beobachtet hatte, schien beruhigt, dass sie ihrer Aufgabe zügig und taktvoll nachging. Er fasste sich aufs Herz, schloss kurz die Augen und verschwand wieder.

Nach einem halben Stündchen war ihre Liste lang genug. Sie wusste nun, welche Lieblingsseife die Gäste bei ihrem nächsten Besuch in ihrem Bad vorzufinden hofften. Die Wünsche reichten von Kernseife (der Baron von Hummelo) über Stutenmilchseife (eine Frau von Foerster) bis zu englischer Lavendelseife (die Gräfin von Zitterhuck).

Karo ließ sich von einem distinguierten Herrn mit weißem Bürstenschnurrbart zu einem Tisch steuern. Sie akzeptierte einen Champagner-Cocktail, lehnte aber die Einladung ab, vor dem Ball zu einer kleinen Polka auf sein Zimmer zu kommen. Der Cocktail war ausgezeichnet. Gerne ließ sie sich zu einem zweiten überreden.

Huldvoll in alle Richtungen lächelnd, bahnte sich Hildegard einen Weg über die Terrasse. Auf ihrem Kopf thronte wieder die Federkappe; neu war der himmelblaue Lidschatten über ihren Lidern.

»Erlaucht«, säuselte sie Karos Tischpartner zu, »verzeihen Sie die Störung. Dringende Hotelgeschäfte, Sie verstehen . . .« Sie nahm Karo das noch nicht wieder geleerte Glas aus der Hand, fasste sie unter einen Ellenbogen und dirigierte sie über die Terrasse zurück ins Restaurant.

»Erlaucht?«, wiederholte Karo, als sie weit ab von anderen Gästen auf einer gepolsterten Sitzbank Platz genommen hatten.

»Na, das war Alfred Graf von Nieder-Ordingen. Seine Erlaucht. Ein Vetter zweiten Grades von Mintes Mutter. Er ist mit Hinz und Kunz verwandt und fehlt bei keinem Adelsereignis. Er steht andauernd in der Gala und in Adel heute. So. Und jetzt ran an den Speck!«

»Speck?«

»Die Krönchen, Karo, die Krönchen . . .«

Endlich. »Ja, und? Wo sind sie?«

»Also . . .«, Hildegard senkte ihre Stimme und rückte näher an Karo heran, »ich habe mir das so vorgestellt. Du gehst zu dem Herrn, der mit Lady Elizabeth Rose aus dem Aufzug kam, Andrew MacDougal heißt er, und bittest um eine kurze Unterredung.«

»Den Schotten? Aber warum – «

»Weil dein Englisch besser ist als meins. Schließlich hast du's ja studiert. Also, du nimmst ihn zur Seite und deutest delikat an, dass hier heute zwei kleine wertvolle Teile vorübergehend abhanden gekommen zu sein scheinen.«

»Gekommen zu sein scheinen?« Seit wann redete Hildegard so geschraubt? »Die Dinger sind weg. Schlicht und ergreifend. Und wieso – «

»Dann wartest du einfach seine Reaktion ab.«

»So etwas wie einen Kinnhaken oder eine Aufforderung zum Duell? Hildegard, der muss ja denken, ich beschuldige ihn. Oh!« Karo war erleichtert. Nicht, dass sie ernsthaft geglaubt hatte, Hildegard habe ihretwegen die Krönchen verschwinden lassen, oder jedenfalls nicht sehr ernsthaft, na ja, ein kleiner Zweifel hatte sich schon in ihr ausgebreitet. »Hast du etwa gesehen, wie – «

»Nein, nein, gesehen habe ich gar nichts, dummerweise. Ich habe Frau ... eh ... ausführlich den Plattstich erklärt, kann sein, dass es gerade dann passiert ist, da war es ziemlich ruhig in der Halle, aber wer weiß. Jedenfalls teilst du ihm das mit und wartest ab. Ich bin mir sicher, zu ... mh ... ja zu achtzig Prozent, dass du die Krönchen keine halbe Stunde später in der Hand haben wirst. Zweiundneunzig Prozent sogar. Ich kann mir nicht vorstellen, dass er Schwierigkeiten machen wird. Nicht, wenn du völlige Diskretion versprichst. Wahrscheinlich wird er sogar erleichtert sein und dankbar, wenn keine öffentliche Peinlichkeit draus wird oder gar ein Skandal. Ich meine, auch wenn es eigentlich eine Krankheit ist, irgendwie jedenfalls, so wäre es trotzdem – «

»Du meinst, er ist Kleptomane? Wie kommst du denn darauf? Und wieso sollte eine Kusine der Königin mit einem kleptomanischen Angestellten durch die Weltgeschichte reisen? Das wäre doch viel zu – «

»Doch nicht er, Karola! Sie.«

Karo setzte zweimal zum Sprechen an.

Hildegard lächelte sonnig. »Da staunst du, was? Stressbedingte Kleptomanie. Hat sie vielleicht immer schon zu geneigt, aber damals, 1954, als sie ihre große Liebe nicht heiraten durfte, diesen Air-Force-Captain, wie hieß er noch, nur weil er bürgerlich war und geschieden, da hatte sie einen Nervenzusammenbruch. Und danach wurde sie zweimal bei Harrods erwischt. Es gab damals einen kleinen Bericht in der Praline. Gerüchte über verschwundene und später zurückerstattete Kleinigkeiten bei einer Hochzeit in Südengland wurden auch angedeutet, in der Klatschspalte. Eins war eine diamantenbesetzte Pillendose, glaube ich. Tja, später, so mit Mitte zwanzig, verschwand sie von der Bildfläche, jedenfalls aus der Presse. Sie lebt seitdem zurückgezogen in Schottland. Der Stress der Reise und diese Hochzeit – Hochzeit, du verstehst, das muss sie doch immer an ihre erinnern, die verhindert wurde, an das, was hätte sein können. Ich habe mir gedacht, sie ist vielleicht wieder schwach geworden.«

»Hm . . . Und dieser MacDougal wird mitgeschickt, um auf sie aufzupassen, glaubst du? Ob er vom britischen Geheimdienst ist?« Obwohl, dafür war er eigentlich zu alt. Über sechzig war der bestimmt. Sah aber noch gut aus. Sean Connery ja auch. Lag vielleicht an den schottischen Genen.

»Secret Service?« Hildegard schüttelte den Kopf. »Nein, das glaube ich nicht. Er war zuerst ihr Reitknecht, jetzt ist er seit Jahren ihr Majordomo.« Hildegard räusperte sich. »Und mehr . . .« Sie bewegte ihre Augenbrauen mehrmals auf und ab.

»Du meinst . . . er und sie . . . ?«

»Genau. In gewissen Kreisen ist das ein offenes Geheimnis.«

»Und woher weißt *du* das?«

»Die alte Fürstin Hertha zu Stiptitz, eine Durchlaucht übrigens, ließ eine Bemerkung darüber fallen.«

»Zu dir?!«

»Nein, ich glaube, es war die Baronin von Damm, zu der sie es sagte, ich habe die Stimme nicht genau erkannt, ich war noch auf der Toilette und die beiden im Waschraum. Aber sie äußerten sich beide ganz wohlwollend darüber. Vielleicht sogar ein bisschen neidisch. Ich meine, hast du Fürst Karl gesehen? Mich hat es an diesen Film erinnert, der neulich im Ersten lief, über die Queen Victoria und ihren, wie hieß er, John Brown? Ist doch rührend. Eine solche Treue, über so viele Jahre.« Hildegards Augen wurden feucht.

»Okay«, sagte Karo. »Ich gebe zu, es ist eine Möglichkeit.« Sie stand auf. »Ich werde ihn fragen.«

Sie fand das Paar in einem für die Hochzeit als Teesalon hergerichteten Raum. Lady Elisabeth Rose saß mit zwei anderen älteren Damen in Pastell bei einem Sherry zusammen. Andrew MacDougal stand ein paar Schritte entfernt, die Hände über der kleinen Felltasche zusammengelegt, die vor seinem Kilt hing.

»Excuse me«, sagte Karo, »may I talk to you for a moment? Outside.«

Nach einem kurzen Blick auf die Damenrunde folgte er ihr in den Flur.

Stockend näherte sich Karo dem Kern ihrer Frage.

Er hörte ihr mit unbewegtem Gesichtsausdruck zu, stellte ein paar Fragen, nickte. »Give me half an hour.«

Wie aus dem Nichts stand Hildegard vor Karo. »Na, was hat er gesagt?«

»Nicht viel. Er schien nicht überrascht. Höchstens etwas erstaunt über meine so gut informierte Assistentin. Ich soll ihn in einer halben Stunde im Treppenhaus treffen, zur eventuellen Übergabe. Übrigens, ich habe ihm versichert, dass außer uns beiden niemand etwas von der Angelegenheit erfahren würde.«

»Ist doch wohl klar. Wir schweigen wie das Grab.«

Der Hoteldirektor wollte gar nicht wissen, bei wem Karo die Krönchen gefunden hatte. Sie hatte betont, dass es eine *äußerst* delikate Angelegenheit sei. Potentiell höchstpeinlich.

Er hatte abgewinkt. »Hauptsache, sie sind wieder da.« Er spähte in die grüne Plastiktüte mit goldenem Aufdruck. »Und unversehrt. Ich danke Ihnen, Frau Rutkowsky. Wie Sie das so schnell geschafft haben . . . Ich bin beeindruckt. Hier sind die Gutscheine.« Er überreichte Karo fünf Umschläge.

Karo gab sie an Hildegard weiter, die vor der Tür gewartet hatte. »Da, nimm du sie. Geld wäre mir lieber gewesen.«

Hildegard tätschelte Karos Arm. »Und Geld sollst du kriegen. Die Dinger werde ich verscherbeln. Übers Internet. Frau Kowalsky hat in ihrer Seniorengruppe gerade so einen Kurs mitgemacht und verkauft schon für die halbe Nachbarschaft Sachen bei Ebay.«

Buttergebäck *(PISTOLENPLÄTZCHEN)*

ZUTATEN:

100 g Zucker
200 g Butter
1 Ei
300 g Mehl
1 Päckchen Vanillinzucker
Zitronensaft

Zucker, weiche Butter und das Ei in eine Schüssel geben und verrühren. Mehl, Vanillinzucker und einen Spritzer Zitrone dazu geben und alles verkneten.
Den Teig in Alufolie gewickelt ca. 2 Stunden im Kühlschrank ruhen lassen.
Das Backblech mit Backpapier auslegen.
Den Teig etwa 5 mm dick ausrollen und mit (Pistolen-)Förmchen ausstechen.
Die Plätzchen nicht zu nah aneinander auf das Backblech legen und bei 200 Grad ca. 10 Minuten goldbraun backen.

Dorle Gelbhaar

Das Onjeschwedde und die Mafia

Endlich bin ich im Internet fündig geworden. Ich habe etwas gefunden, womit ich sie alle überraschen werde: Eine Rheydter Spezialität. Rheydt. Wo das ist? Mönchengladbach. Ein Ortsteil von Mönchengladbach ist das.

Seit kurzem arbeite und lebe ich hier und zum Einstand im Kollegenkreis habe ich mir etwas ganz Besonderes ausgedacht: Ich will etwas Ortstypisches backen.

Das Onjeschwedde wird meine Kollegen damit versöhnen, dass ich als Vegetarierin bei ihren deftigen Fleischmahlzeiten nicht mithalte.

Ich bin Polizistin. Die Chemie zwischen mir und den Kollegen muss stimmen.

MAFIA

»Marja, oh Marja, Fina, Finalein«, singt mir einer leise ins Ohr.

Das ist sicher lieb gemeint, aber es tröstet mich nicht gerade. Ich habe alles verpatzt. Fast ins Ziel ist auch daneben und ich habe nicht einmal das Fast geschafft. Ich weiß nicht, warum ich auf einmal so schlecht schieße.

»Langsam. Nicht verreißen«, souffliert Enno. »Nicht aufs Ziel schauen, sondern über Kimme und Korn.«

Rechts oben, links unten und dann noch einmal links oben, nur in die Mitte nicht, nicht auf die Schießscheibe und schon gar nicht ins Schwarze.

»Mach dir nichts draus. Du bist die Schönste hier.«

Enno war das vorhin mit dem »Marja, oh Marja, Fina, Finalein«, wird mir klar. Eine Zeitlang fand er es witzig, mich Mafia zu nennen. Das hat mir nicht besonders gefallen. Immerhin ist er der einzige, der mich wieder mit meinem normalen Namen angesprochen hat, als er mein Missfallen an dem widerlichen Spitznamen bemerkte.

Der Chef und die ganzen anderen Kollegen haben nicht im Traum daran gedacht meinen Ärger ernst zu nehmen.

»Musst nur ein bisschen nett sein, dann gewöhnen sie sich schon an dich und wenn du lange genug übst, zittert die Hand auch nicht mehr«, flüstert Enno.

Wieder habe ich verrissen. Das ist einfach nicht mein Tag.

»Oh je. Du wärst das klassische Opfer«, moniert mein Chef, der es liebt uns ab zu beim Training zu beobachten.

»Dann doch noch lieber Zeugin«, wende ich ein und wieder einmal amüsieren sie sich alle miteinander auf meine Kosten.

»Dat hätte dir dein Vadder aber saren können, dat dat nix für kleine Mädchen is. Wo jibt et denn sowat, ne Polizistin, die nich schießen kann?«

»Aber gestern habe ich doch«, stottere ich, aber eigentlich begreife ich selbst nicht mehr, wie es mir gelingen konnte, mit der Waffe in der Hand einen Gewaltverbrecher festzunehmen.

Wochenlang war er uns immer wieder durch die Lappen gegangen und ich habe ihn schließlich gestellt. Vor der Kirche von Moers-Repelen. Ich hatte mir eigentlich nur eine Karte für die nächste Lesung mit Musik besorgen wollen und hatte deshalb nur einen Abstecher vom Dienst auf dem Weg nach Hause unternommen.

Jetzt, wo ich allein in meinem Zimmer bin – irgendwann muss ich mich um eine eigene Wohnung kümmern, aber ich schiebe das vor mir her – zittere ich, wenn ich daran denke, dass da haufenweise Menschen waren vor der Kirche.

Wie habe ich den überhaupt erkannt? Sein Konterfei auf dem Steckbrief war ihm nicht besonders ähnlich. Er hat mich angesehen, als sollte ich das nächste Opfer sein. Das hat mein Sehvermögen geschärft. Vielleicht hat er die Pistole im Holster für eine dicke Brieftasche gehalten.

Der Erfolg hat mir nicht geholfen, bei meinen Kollegen besser anzukommen. Ebensowenig wie das Onjeschwedde, das süße Brot nach Rheydter Art.

»Mädel«, höre ich meinen Vadder sagen, »tu was. Werd' Beamtin. Siehst doch, wie es uns Arbeitern geht. Wird immer weniger bezahlte Arbeit. Mit der Kohle hört es auf, weil die Ruhrkohle ihnen zu teuer ist und da hängt viel dran. Da wird die andere Arbeit auch weniger."

Warum denke ich jetzt daran? Weil ich daran zweifle, dass ich den richtigen Weg gegangen bin. Weil ich eine Versagerin bin. Nach Dortmund ist es nicht weit und was mein Vadder sagt, stimmt. Aber ich vermisse mein Zuhause. Selbst meine nette Wirtin kann mir das nicht ersetzen. Sie ist die einzige, die das mit Rosinen versetzte Roggenbrot wirklich genossen hat. An früher hat sie das erinnert, als das noch in ihrer eigenen Familie gebacken wurde.

Vorhin hatte ich das Gefühl, es schleicht jemand im Haus herum, meine Wirtin lebt allein, bekommt kaum Besuch, wer sollte da außer ihr und mir im Haus sein, zumal der, den wir seit Wochen steckbrieflich gesucht haben, von mir festgenommen worden ist. Irre, mich befällt die Angst, der könnte ausgebrochen sein. Ach was, einen großen Bogen würde der um mich machen. Ins Brot tun würde er mir jedenfalls gewiss nichts.

»Brot alleine ist nichts, auch wenn das Brot süß ist. An Brot ist immer mal was anders dran. Dat is Misch. Misch mit Haaren. Deine eigenen sind dat ja wohl.«

Der Chef hat was gegen mich, eindeutig.

Die Kollegen haben bloß meinen entsetzten Gesichtsausdruck lustig gefunden, als ich auf das Stück Brot mit den Haaren da drin, meinen Haaren mit ziemlicher Sicherheit, geguckt habe.

Ich habe heute meine Waffe mit nach Hause genommen,

morgen früh will ich an den Schießstand, ich muss meine Leistungen verbessern, da beißt die Maus keinen Faden ab, durch Leistung muss ich überzeugen. Trockentraining bringt nichts. Man muss ein Gefühl für die Gefährlichkeit der scharf geladenen Waffe entwickeln. Stammt nicht von mir, aber stimmt. Die Waffe soll nur in absoluten Ausnahmefällen eingesetzt werden. Ich will weder mich noch andere gefährden.

Bisschen groß für meine Hand, die Walther PP 9. Die MPi hätte ich gern, die ist auch 9 mm und total ruhig beim Schießen, Null Rückstoß, kein Verreißen. Allerdings schlecht in die Tasche oder ins Holster zu stecken.

Verdammt, da ist wieder was im Brot. Und jetzt klingelt auch noch das Telefon. Meine Wirtin hat so einen altmodischen Standapparat.

»Mafia, mein Mäuschen . . .«

Ich brauche einen Augenblick um zu begreifen, wer an der Strippe ist. »Also Mafia . . . komm doch mal zu . . . nein, lass . . .«

An der Stelle bricht die Verbindung ab.

Was soll das denn nun wieder? Mir wird irgendwie unheimlich. Ich gucke aufs Display des Telefons. Aber die Nummer wird nicht angezeigt. Abgeschaltet.

Der einzige, den ich um Rat fragen kann, ist Enno, fällt mir ein. »Hast du deine Waffe mit nach Hause genommen«, fragt er mich.

»Ja natürlich«, antworte ich erstaunt. Ich habe morgen Training bei dir.”

»Ach so? War mir nicht bewusst. Hast du deine drei mal sechs Stunden nicht schon weg? Mir ist so.«

Ich schweige betroffen, bin ganz durcheinander. – »Ich dachte, ich hätte erst zweimal.«

»Schon gut. Bis morgen dann. Kannst dir ja überlegen, ob du sie noch zum Chef bringst oder nicht.«

»War ihr netter Kollege wieder da«, ruft meine Wirtin.

»Wieder dran, meinen Sie«, rufe ich zurück. Ich gehe

ins Bett. Das Weitere morgen. Ich denke daran, dass erst Haare in meinem Brot waren, dann eine Nadel, jetzt eine Hülse. Mit wem kann ich darüber reden? Mit niemandem. Ich sehe meinen Chef schon vor mir, wie er mir mitteilt, ich solle mir doch beim Backen eine Haube aufsetzen, den Teig nicht mit einer Nadel umrühren und vor allem die Waffe nicht mit nach Hause nehmen und was die Haube anbeträfe, wäre es ohnehin nicht schlecht für mich darunter zu kommen.

Hör auf damit, Mafia, du machst dich noch selbst verrückt, rede ich mir gut zu. Aber es hilft nicht. Schlimm genug, dass ich mich neuerdings selbst mit »Mafia« anrede.

Maria Fina Sibyllek heiße ich und nicht Mafia. Das ist zu lang für den Alltag. Das musste abgekürzt werden.

»Kein Mensch muss müssen«, würde mein Vadder sagen.

Wieder bilde ich mir ein, jemanden im Nebenzimmer zu hören. Bescheuert, was ich meinem Chef unterstelle. Das sagt er nicht, was ich ihm da in Gedanken in den Mund lege. Die Geräusche im Nebenzimmer kommen aus dem Fernsehgerät, wird mir klar. Da läuft sicher ein Krimi. Ich bin müde und ich will einfach nur schlafen.

Als Kind hat mich schon mal jemand Mafia gerufen. Ein Junge aus der Nachbarschaft war das.

»Mafia«, rief er und zeigte auf mich, als er merkte, dass ich beobachtet hatte, wie er am Bahnhof solche kleine Päckchen entgegennahm, sonst hatte das niemand gesehen ...

Ich bin voller Wut auf ihn zugestürzt. »Du Hurensohn«, habe ich gebrüllt. Mir fiel nichts Besseres ein. Der kleine Dealer von damals, der ähnelte einem. Mit dem Gedanken schlafe ich ein und durch meine Träume geistert noch eine Gestalt, die ich festzuhalten versuche, keine Ahnung, wer das ist, kein Guter ...

Am nächsten Morgen kommt Enno in der Dienststelle auf mich zu. »Du hättest mich doch um Hilfe bitten können.« Enno macht ein betroffenes Gesicht. Ich weiß nicht, was er von mir will, wo ich doch, wie er es mir vorgeschlagen hat, zuerst in die Dienststelle gekommen bin statt zum Schießtraining zu gehen.

»Um Hilfe bitten?«, wiederhole ich also voller Erstaunen.

»Mensch, Maria Fina, vor mir musst du dich nicht verstellen.«

In dem Moment kommt einer hinzu, den kenne ich nicht. Hat auch keine Uniform an, sondern Jeans, Hemd und Jacke, der guckt mich genau so komisch an wie Enno. »Frau Sibyllek, wo waren Sie gestern gegen 23.00 Uhr?«

»Zu Hause«, antworte ich verständnislos. Was geht den das überhaupt an? Ist mein Kunde, der Räuber, etwa ausgebrochen und wollte ursprünglich ausgerechnet bei mir zu Hause um Asyl bitten?

»Und wann haben Sie Oberkommissar Grätzki das letzte Mal gesehen?«

Ich verstehe noch weniger, was hier vor sich geht. »Wieso? Ist er verschwunden?«

»Die Fragen stelle erst einmal ich.«

Mir wird ganz schlecht, als ich begreife, dass ich scheinbar gerade dabei bin, die Rolle zu wechseln. Was für eine miese Karriere: Detektivin - Opfer - Täterin. Nur die Zeugin habe ich ausgespart. Was zum Teufel soll ich getan haben? Ich soll doch nicht etwa den Chef um die Ecke gebracht haben? Was ist das für ein mieses Spiel, das die mit mir veranstalten. Gleich kommt Grätzki um die Ecke und grinst mich an: »Na Mafia, schön reingefallen, was?«

»Tut mir Leid, Mafia, weißt ja, dass ich dir helfen wollte.«

»Mafia?«, wiederholt der in Zivil ungläubig.

»Ja - ich hätte sie nicht auch noch so nennen sollen. Habe ich im allgemeinen auch nicht. Gegen den Chef war nicht anzukommen. Frau Sibyllek hatte da keine Chancen. Wie gesagt, sonst hab ich es geschafft, abzuwiegeln.«

Ich begreife das alles nicht. Das klingt irgendwie echt,

und jetzt sehe ich, wie sie dahinten jemanden heraustragen.

Er kann sich doch nicht bloß wegen meiner schlechten Schießergebnisse so aufgeregt haben, dass er gleich einen Herzinfarkt bekommen hat? Unsinnig, der Gedanke, doch unwillkürlich mache ich ein schuldbewusstes Gesicht und das trägt mir das Mitgefühl des Burschen in Zivil ein.

»Tja, Frau Sibyllek. Das ist alles nicht schön. Wenn man gemobbt wird, sinnt man auf Rache, richtig? Und außerdem wollten Sie nicht ewig warten bis zur Beförderung, nicht wahr?«

Was wollte ich nicht? Nicht ewig bis zur Beförderung warten. Ich schaue Enno an. Jetzt könnte er mir wirklich helfen. Das ist doch alles Unsinn. Ich bin froh, nicht rausgeschmissen worden zu sein, und der zivile Bulle redet von verpatzter Beförderung. In diesem Moment begreife ich, dass es stimmt und mich befällt eine eklige Trauer um Verpasstes und noch etwas Anderes befällt mich, ein Wissen, besser gesagt, ein Ahnen, worum es wirklich die ganze Zeit gegangen ist.

»Ich habe schon so etwas geahnt, als ich gestern mitbekommen habe, dass Frau Sibyllek die Waffe mit nach Hause genommen hat«, höre ich Enno reden, »und dass der Chef sie noch mal einbestellen wollte, hat er jedenfalls gesagt. Er hat dich angerufen, Maria Fina. Zuerst wollte ich zu dir hin, dir die Waffe wegnehmen, damit du keinen Unsinn damit veranstaltest, hätte ich es doch getan. Der Chef wollte ihr schon mal ein Disziplinarverfahren anhängen wegen ihrer Schlampigkeit im Umgang mit der Waffe. Ich habe ihm das ausgeredet – jung, Chance geben, einzige Frau hier.«

Enno war immer der einzige, der zu mir gehalten hat.

»Wir hätten schneller sein sollen.«

Die beiden nicken. Das wird mir alles zu viel.

»Wobei hätten Sie schneller sein sollen? Was ist hier passiert?« Ich weiß es, doch ich frage.

»Frau Sibyllek, stimmt es, dass Sie von den Kollegen mit dem Namen ‚Mafia' tituliert werden?«

»Darüber ärgere ich mich schon lange«, gebe ich zu.

»Das war ein bisschen mehr als ein Spitzname.«

Ich muss gerade extrem dumm aus der Wäsche gucken bei diesen Worten, als er anfügt: »Der Raubmörder, den ausgerechnet Sie festgenommen haben, hat angegeben, er verlasse sich darauf, dass ihm nichts passieren werden, denn die Mafia werde ihn schon beschützen und habe schließlich auch nicht auf ihn geschossen.«

Mein Hals ist ganz trocken. Ich schlucke verzweifelt.

»Die kleine Ungeschickte haben Sie hervorragend gespielt. Alle sind darauf hereingefallen.«

Enno muss mir helfen, doch er sagt nichts zu diesem widersinnigen Spruch. Ganz im Gegenteil schüttelt er traurig seinen Kopf, um dann zu erklären: »Einfach absurd, dass ich darauf reingefallen bin. Der Chef hatte die ganze Zeit recht damit, die Kollegin Sibyllek argwöhnisch zu beobachten, deshalb hatte er sie auf dem Kieker. Wer nicht schießen kann, soll andere damit wenigstens nicht in Gefahr bringen, hat er gesagt. Der wusste genau, dass Sie sehr wohl schießen kann und sich bloß verstellt. Wir haben gewusst, dass jemand aus der Polizei den Verbrecher deckt, er hatte Angst, dass Mafia ihn erschießt, damit er sie nicht verraten kann, sie war seine Komplizin, hat mitkassiert bei jedem Raub. Sie kannte ihn schon von früher, er steht auf den Typ, hat ja aufgehört mit den Vergewaltigungen, den Ersatzbefriedigungen, seitdem er mit ihr zusammen arbeitet. Perfekte Tarnung ist das, wer weiß schon, dass der Spitzname von Maria Fina mit einer Gang gleichzusetzen ist.«

Ich schaue auf Ennos Mund, aus dem diese ungeheuerlichen Beschuldigungen hervorquellen und plötzlich fällt es mir wie – auch wenn das ein mieses Sprachklischee ist, es trifft – wie Schuppen fällt es mir von den Augen, das ist nicht der Junge vom Bahnhof, nein, das ist er nicht, doch er hat mir schon damals diesen Spitznamen verpasst, der andere hat ihn nur aufgenommen.

»Hurensohn«, das galt Enno, dem Freund - nein, nicht Freund. Er hat sich verändert, doch er ist immer noch derselbe.

Ich hatte eine Wut damals, weil er mir diesen Namen verpasst hatte und der andere rief das, was er von ihm gehört hatte und womit er von sich ablenken wollte. Ich bin weggerannt, als die Polizei kam. Ich hatte Angst.

Er war der tolle Kerl im Hintergrund, dem keiner etwas anhaben konnte, der selbst nicht kokste, aber Bescheid wusste. Er hatte immer alles, was er brauchte. Seine Mutter, das war die einzige, an der er hing, obwohl er sie tyrannisierte. Ich wollte ihn in Wut bringen damals. »Hurensohn«, das saß. Da brannten die Sicherungen durch.

Ich habe jetzt endlich zu begreifen, wie toll er ist. Aber er ist nicht toll, er ist hier fehl am Platze. Er ist der Ganove, der den Grätzki beerben will und der mir die ganze Zeit weisgemacht hat, von dem ginge der unmögliche Spitzname und die Nörgelei wegen der schlechten Ergebnisse aus. Enno hat den Spitznamen »Mafia« für mich ausgedacht und den früher bei seinen Kumpanen wie heute bei meinen Kollegen in Umlauf gebracht.

»War ihr netter Kollege wieder da«, höre ich erneut meine Wirtin rufen und ich antworte: »Dran war, meinen Sie, am Telefon war er.«

Ich sehe mich wieder - den Hörer in der Hand - ratlos in der Gegend herumstehen. Eine Kontrolle also.

Aber das ist doch nicht unnormal, die Waffe mit nach Hause zu nehmen, wenn man den nächsten Tag früh gleich an den Schießstand will.

»Du hast deine zwei Mal schon weg.«

Die Hülse in meinem Brot. Er, Enno, brauchte Munition, die er verschwinden lassen konnte, deshalb musste das Training schon stattgefunden haben und ich habe mir immer alles von ihm einreden lassen, sogar, dass ich schon dreimal Training gehabt hätte. Enno beobachtet mich. Wie konnte der Polizist werden?

»Schlampe, Schlampe, Schlampe« höre ich ihn schreien und antworte: »Verdammter Hurensohn.« Nein, das ist er nicht. Seine Mutter ist eine anständige Frau, die nur unglücklich über diesen Sohn sein kann. Doch in der Patsche sitze ich, wird mir bewusst. Mein Vadder und meine Mudder werden traurig sein, nicht seine Eltern.

Und da kommt mir endlich die Eingebung: »Sie sollten mal kontrollieren, wie viel Munition verschwunden ist, seit er die Ausbildung im Schießtraining leitet«, weise ich auf Enno. »Und woran leidet der Chef überhaupt?«

«An Ihrem Brot«, erwidert der Zivilbulle trocken. »An dem Eingebackenen. Sie werden doch wissen, was Sie da hineingetan haben, außer den Rosinen. Und um ganz sicher zu gehen, haben Sie ihm dann noch einen Schuss verpasst.«

Ich weiß es nicht, denn ich war es nicht. Hätte ich doch ein wildes Geschrei angestimmt angesichts von Nadel und Hülse. »Was war es?«

Natürlich, das verrät er mir nicht, ist ja Täterwissen und das bringt mich nun auf die Idee: »Enno, du weißt, dass ich nichts hineingebacken oder hineingetan habe.«

»Ich war nicht bei dir«, grinst Enno böse.

»Du Hurensohn, du weißt genau, dass ich überhaupt nicht nähen kann, du blöder Hurensohn, ich habe keine Nadeln ins Brot getan und auch sonst nichts«, antworte ich.

»Dass du zu faul zum Nähen bist, deshalb hat doch deine Wirtin Nadeln da, das lässt sich leicht nachprüfen, du Schlampe. Und deine Waffe ist scharf. Du hast scharfe Munition dabei, nur zwei Hülsen fehlen, eine für den Chef, das hat bloß nicht geklappt, du hast lieber mit dem Brot gearbeitet, Insulin für Unterzuckerung, Klasse, Klasse. Organisierte Kriminalität, du hast einen Ring aufgebaut. Du bist der Typ, auf den der Dealer steht. Nicht ich, du.«

»Meine Wirtin hat ihn gesehen. Sein Anruf bei mir wird sich nachweisen lassen«, sage ich zum Kripobullen.

Der Anruf bedeutet nichts, doch Enno leugnet jetzt selbst den und hat sich ohnehin verraten und den nächsten Tag gehe ich zum Schießtraining und keiner steht neben mir und hilft mir und ich lege an, umfasse die rechte mit der linken Hand und ziehe langsam durch und treffe ins Schwarze.

Und dann besuche ich meinen Chef im Krankenhaus. Er hat es überstanden. »Ei, die Mafia«, lächelt er.

»Maria Fina Sibyllek«, antworte ich selbstbewusst.

»Mein Schutzengelchen«, fügt er hinzu und auf meinen verdutzten Blick hin erklärt er: »Ohne dich hätte Enno sich gern etwas anderes, garantiert tödlich wirkendes ausgedacht. Ich hatte ihn längst auf dem Kieker. Er wollte von sich ablenken und hat gedacht, das hätte geklappt, nachdem ich den miesen Spitznamen für dich aufgenommen habe. Aber nun ist es doch fast ein Ehrenname oder was?«

Heute leite ich die Dienststelle und mein alter Chef besucht mich gern einmal, um sich erzählen zu lassen, was so anliegt in der Gegenwart.

Enno ist sein einziges ehrliches Gefühl zum Verhängnis geworden, das Gefühl, das er für seine Mutter hegt. Aber vielleicht stimmt nicht einmal das. Letztendlich geht es ihm doch immer nur um sich selbst.

Onjeschwedde

ZUTATEN:

500 g naturbelassenes, frischgemahlenes Roggenmehl
30 g Hefe
60 g Zucker
125 g Korinthen
1 Prise Salz
1 Teelöffel Zimt
1/8 l Milch
2 Eier
125 g Butter

Zubereitung:
Die Hefe mit etwas Wasser anrühren und mit allen Zutaten zu einem festen Teig verkneten. Bei Raumtemperatur 30 bis 40 Minuten gehen lassen. Eine Kastenform fetten und den Teig hineingeben.
Den Teig anschließend ca. 1 Stunde gehen lassen, mit Wasser bestreichen und den Laib auf mittlerer Höhe bei ca. 200 bis 225 Grad etwa 70 Minuten abbacken.
Ongeschwedde isst man dick mit Butter bestrichen und mit Rübenkraut beträufelt.

Ongeschwedde ist eine typische Rheydter Spezialität. Das Brot gibt es nur, wenn der erste Roggen vom Feld kommt. Das Getreide ist noch ungelagert und hat deshalb noch nicht geschwitzt, d. h. noch kein Kondenswasser abgegeben. Der Roggen wird nicht vorbehandelt, sondern naturbelassen verarbeitet. Das ist nur für wenige Wochen im Spätsommer möglich.

Ein jegliches hat seine Zeit

»Zwischen Regung und Tat fällt der Schatten«, zitierte Tante Margot T. S. Eliot und hieb ihren Daumenballen in den fast fertig gekneteten Teig. Energisch bewegte sich ihr Körper, die dünnen Locken tanzten, auf ihrer Stirn erschienen winzige Schweißtropfen, schimmernd klar.

Ich habe Tante Margot schon immer geliebt, nicht nur wegen der Dinge, die sie mir erzählt, der Art, wie sie mit mir umgeht, der Attitüde, aus allem und jedem etwas Geheimnisvolles zu machen, sondern auch, weil sie meinen geradezu biblischen Gerechtigkeitssinn achtet und versteht. In meiner Familie war und ist sie da die einzige. Und deshalb kann sie mir niemand madig machen, ich pflege den Kontakt mit ihr. Egal, was die anderen sagen. Immer noch. Trotzdem. Nun erst recht.

Der Tag, der mir seit geraumer Zeit nicht aus dem Kopf geht, begann friedlich wie das viele furchtbare Tage tun, doch – im Nachhinein ist man immer klüger – hatte es bereits genügend Anzeichen für eine Zuspitzung der Lage gegeben. Ich saß am großen Küchentisch und frühstückte, gelassen und viel zu spät, während im Haus bereits geschäftiges Treiben herrschte. Die Diamantene Hochzeit meiner Großeltern stand bevor, der Empfang sollte bei uns stattfinden.

Tante Margot hatte als neunzehnjähriges wildes Blumenmädchen das ihrer Meinung nach damals unendlich vermiefte Wien mit seinen politischen Sumpflandschaften und künstlerischen Wüsten begeistert verlassen, um im freien Studentenleben Berlins unterzutauchen. Ungeplant verliebte sie sich in der ersten WG haltlos in einen stockkonservativen Rheinländer, der schnell herausfand, dass zügelloser Partnertausch weder seine Libido steigerte noch seiner eifersüchtigen Grundhaltung entsprach. Er machte Margot einen Heiratsantrag, den sie seltsamerweise akzeptierte. Aus war es mit ihrem Ausflug in den grenzenlosen Haschischtraum, sie folgte Onkel Heiner ins weite flache Land zu uns nach Rees, einem Kaff, das ich selbst so schnell wie möglich verlassen werde.

Tante Margot fand Rees und Umgebung exotisch: grün, feucht, flach, das Revier der Uferschnepfe. Reines Naturschutzgebiet. Tante Margot sagt immer, es ist wie an den östlichen Donauauen, nur kleiner, und Wein wächst hier eben nicht, aber der Nussbaum doch, Nussbäume hat jeder Hof. Schubert hätte sich hier wohlgefühlt, sagt sie. Schubert singt sie in letzter Zeit oft. Als ich noch klein war, bekam ich von ihr die Lieder der Beatles, die naiven Balladen von Peter, Paul & Mary zu hören. Und Bob Dylan natürlich. Immer, wenn Großvater den Raum betrat, fing sie mit Bob Dylan an, das trieb ihn auf die Palme. Verkifftes Groupie nannte er sie dann und ich fand das ungeheuer komisch, weil es mir erst erklärt werden musste und Tante Margot da schon graue Haare hatte.

»Ihr findet es scheußlich, dass Lust und Wut mein Alter tanzend begleiten; sie waren nicht so schlimm in meiner Jugend: was bleibt mir noch, mich zum Singen anzutreiben?«, schrie sie einmal meine Mutter an, Yeats zitierend. Damals war sie fünfzig, ich war ein verschlossener dreizehnjähriger Junge und fand sie wunderbar schräg.

Der Tag, von dem ich berichten will, war sechs Jahre später. Onkel Heiner, mittlerweile sechzig, pensioniert, und einer mir nicht nachvollziehbaren Leidenschaft für Spielzeuglandschaften verfallen, hatte sich rechtzeitig nach Hamburg ins Modelleisenbahnmuseum begeben und so meinem Vater, seinem jüngeren Bruder, die Planung und Organisation des Familienfestes überlassen. Onkel Heiner macht das immer so. Ich merke, dass es meinen Vater ärgert, aber er sagt nie etwas.

Meine Großeltern liebten Feste, vor allem, wenn sie Volksaufläufen ähnelten. Und sie liebten Selbstgemachtes, was alle Kinder und Enkel vor Feiertagen regelmäßig verzweifeln ließ. Tante Margot blieb als Einzige dabei gelassen. Ihre Geschenke sind immer kulinarischer Art, verschwenderisch verbrämt, gewürzt mit Wienerischer Völle und Geschichtsbewusstsein. Alle mögen das. Sie mögen bloß nicht Tante Margots Lust an Zitaten, die ihnen das Gefühl gibt, ein klein wenig ungebildet zu sein. Sie mögen Tante Margots Vorliebe für wallende Zipfelgewänder nicht. Sie mögen Tante Margots ausgeprägt sozialistische Grundhaltung nicht, weil sie weder wirklich nach Rees noch in die Familie passt, und sie mögen Tante Margots rigorose Einteilung in gut und böse, falsch und richtig nicht.

Tante Margot bearbeitete also den Teig und ihre schlecht verhehlte Wut erregte meine Neugier. Ging es, wie so oft, um das »fette Gesindel«, wie sie die saturierten Duisburger Cousins und Cousinen titulierte? In Aachen, Xanten, selbst drüben in Belgien waren Verwandte sesshaft. Alle würden kommen. Mutter hatte schon vorsorglich sämtliche Zimmer im Gasthof gebucht, die Notbetten im Haus gerichtet, froh darüber, dass die Onkel aus dem Bergischen Land nach dem Empfang wieder heim wollten, die Kölner noch vom letzten Familienfest so böse waren, dass sie nur Anstandszeit mit uns verbringen würden. Hatte Margots Laune mit ihnen zu tun? Oder war es diese unterschwellig brodelnde Aversion ihrem Schwiegervater gegenüber, die ich schon als kleines Kind gespürt hatte? Eines ihrer vielen Geheimnisse, für die ich »noch zu jung« war.

»Zwischen Regung und Tat fällt der Schatten“, wiederholte sie, wickelte den Teig ein und stellte ihn zum Rasten in den Kühlschrank.

»Eliot«, antwortete ich und legte die Zeitung weg.

Sie stemmte die mehligen Hände in die Hüften, sah mich abwägend von oben her an. »Weißt du, Jürgen, dass ich in diesem Haus gewohnt habe, bevor deine Eltern heirateten?«

»Ja klar, mit den Großeltern zusammen.« Wie oft hatte ich mir das schon angehört? »Du frisch aus Berlin und mit Wiener Dialekt. Barfuss und bekifft im Obstgarten tanzend. Muss witzig gewesen sein.«

»Zum Totlachen«, schnappte sie und dann erzählte sie mir ein »kleines Epos zum Drüberstreuen, ein biblisches Gleichnis, das dir die Augen öffnet über die Natur des Menschen.«

Tante Margot hat diesbezüglich schon viel Fortbildung an mir getrieben, vermutlich gibt es wenig junge Männer mit einer derart abgeklärten Weltsicht wie mich.

Aber an diesem Vormittag schaffte sie es, mir wieder einmal das Gruseln beizubringen. Ihr Gesicht verlor alles Weiche; bodenlose Bitterkeit, die ich bis dahin selten bei ihr erlebt hatte, färbte ihre Stimme. O ja, ihre Geschichte schockte mich zutiefst, und das ungläubige Entsetzen wurde noch gesteigert durch die flinken Bewegungen, das effiziente Werken ihrer bestäubten Finger.

Während sie redete – sie sah mich dabei nicht an – stellte sie die obligaten Nussecken fertig, schob sie in den Herd, reinigte die Küche. Als sie endete und ihr letztes Wort in meinem erschreckten Schweigen versickerte, wäre ich am liebsten aufgesprungen, hinausgelaufen, und hätte das Gehörte aus meinem Kopf herausgebrüllt. Spurlos.

Sie sah mich an, einen Moment lang, dann kehrte Farbe in ihr Gesicht zurück. Sie holte die heißen Bleche aus dem Ofen, richtete die Kuchenplatten her. Kein Wort über ihre Befindlichkeit während der letzten Jahrzehnte. Kein Wort über den krank getretenen Körper, kein Wort über die Positionen, die andere in der Familie eingenommen hatten.

Sie verließ mich, um zu duschen, sich umzuziehen und rechtzeitig zur Ankunft der Gäste parat zu stehen. Ich, von Gerechtigkeitswillen und Loyalität zerrissen und stumm, wusste plötzlich, dass dies der Tag der Sühne war. Wie viel Angst ich plötzlich hatte! Aber Neugier trieb mich dazu, darauf zu achten, wie sie ihr Vorhaben umsetzen wollte.

Meine Eltern hatten sich selbst übertroffen, es wurde tatsächlich ein perfekt organisiertes Fest. Trotzdem war nicht zu übersehen, dass unsichtbare Gräben die Familie in Blöcke teilten, Granitbrocken im Wald ähnelnd, viele Schatten die wenigen strahlenden Lichtflecken umspielend. Natürlich waren in meinen Augen alle diese bourgeoisen und Möchtegern-Typen verlogen, welchem Zwanzigjährigen erscheint Verwandtschaft nicht suspekt? Nur Onkel Heiner, der pünktlich zu spät gekommen war, und Tante Margot bildeten wie immer eine Einheit. Wie immer für uns alle unverständlich in ihrer anhaltend zärtlichen Homogenität.

In scheinheiliger Freundlichkeit wurde Unverfängliches beplaudert, harmonisch gelogen über die diversen Höhenflüge angeblich gut geratener Kinder, Streitthemen umging man weiträumig. Vater bat Heiner wie üblich noch im Vorgarten, doch bitte den Mund zu halten und den Großeltern nicht die Feier zu versauen. Heiner nickte wie üblich dazu und setzte sich zu den Tanten aus Rheinberg, mit denen er vergnügt die folgende Zeit tuschelte, als gäbe es sonst niemanden auf der Welt. Alles wirkte sehr friedlich und sehr zerbrechlich. Als zum ersten Mal mit Sekt auf die alten Herrschaften geprostet wurde, beobachtete ich Tante Margot, die im Hintergrund stand, schmallippig und die Stirn gerunzelt. Sie hob die gefüllte Flöte nicht, sondern starrte Großvater an. Großmutter, die immer noch gut gehen und stehen kann, lachte dieses zittrige Altfrauenlachen, das mich immer an Kristalllüster erinnerte, an gläsernes Licht. Es war das letzte Mal, dass ich sie lachen hörte.

Ich dachte über meine Eltern nach. Mutter ist eine geradlinige Frau, ein bisschen naiv, gutgläubig im besten Sinn. Ihr Traum von einer großen Kinderschar ist nicht in Erfüllung gegangen, erst zwölf Jahre nach meiner Geburt wurde sie mit den Zwillingen schwanger, die ich als entzückend und lästig zugleich empfinde. Ich bin mir sicher, dass Mutter froh über Tante Margots Zuneigung zu mir war und ist. Trotz aller Verschiedenheit. Ich bin kein leicht zu führendes Kind gewesen, ein schwieriger Jugendlicher, ein verschlossener Mensch. Außerdem teile ich Tante Margots Leidenschaft für prägnante Wortbenützung, das allein macht mich schon zum Außenseiter hier auf dem Land. Während der entnervenden Krabbelphase der Zwillinge hatte Mutter also die Schwägerin als Kinderfrau für mich. Den unkonventionellen Einfluss nahm sie in Kauf, so lange ich mich einigermaßen zu benehmen wusste, bei Familienaktionen mitmachte, mich in der Kirche still verhielt. Mutter ist ein liebevoller Mensch, aber wir haben einander wenig zu sagen. Sie und Vater bilden eine Einheit, in der ich mich oft als Störenfried empfinde. Mit meinen Brüdern gehen sie anders um als mit mir. Vater kümmert sich um vieles. Gleichzeitig ist er konfliktscheu und fürchtet alle Sturmanzeichen. Ich bin mir sicher, er hat damals das, was er ahnte oder bemerkte, sofort verdrängt.

Es wurde auch nicht über die zwei Gräber geredet, die so grausam schmal und kurz direkt an der Friedhofsmauer liegen, mit schlichten Eisenkreuzen. Hügelchen wie junge Brüste, unter einer pflegeleichten immergrünen Pflanzendecke. *Gott straft gerecht*, das sagen die Leute hier. Er belohnt natürlich auch, wenn man sich fleißig bemüht. Aber Tante Margot schien er eine Zeitlang lieber bestrafen zu wollen.

Kinder hören ja immer, was Erwachsene vor ihnen verheimlichen wollen. Manchmal legt man es auch darauf an, dass sie Details auffangen, Sätze, die hängen bleiben, zerrende Widerhaken, bohrende Spitzen, glühende Nadeln. Tante Margots tote Kinder waren tabu, man redete nicht darüber, man sprach sie nicht. Aber es gab diese Hinweise, bleischwere Nebelfetzen. Von nichts kommt nichts. Und: *Sie wird sich was eingefangen haben.*

Damit hatte ich so lange nichts anfangen können, bis ich einmal den Mut aufbrachte, das Schweige-Gebot zu brechen: »Was kann man denn einfangen, dass es Kinder umbringt?«

Tante Margot war kurz zusammengezuckt. Ihr Gesicht! Wie weißgrün es plötzlich war. Aber ich bekam eine Antwort: »Den Tod kann man sich ins Haus holen und manchmal hat er ein vertrautes Gesicht und fleißige Hände und er tut dir damit so weh, dass sich ein greller Schmerz in dir einnistet, den du nie wieder los wirst, und der wenig Platz für anderes lässt.«

Das hatte mir damals überhaupt nichts erklärt oder erhellt, aber ich hatte trotz meiner Neugier nicht weiter gebohrt, sondern nur diese blassen verkrampften Wangen gestreichelt. Aber darüber nachgedacht hatte ich immer wieder. Vor allem, wenn Tante Margot in irgendeiner Situation auf Gerechtigkeit bestand, in Kohlhaas'scher Manier starrköpfig danach verlangte. Dann blitzte der Anblick der zwei grünen Hügelchen auf wie ein Diapositiv.

Nun endlich wusste ich, was wirklich geschehen war. Fast wünschte ich mir meine Ahnungslosigkeit zurück, denn jetzt fühlte ich mich beschmutzt und beschämt. Geht es in anderen Familien auch so zu wie bei uns? Decken die anderen auch ihre schwarzen Flecken so erfolgreich zu?

Wie liebt man Hässliches? Wie liebt man, was sich als Maske herausstellt? Wie liebe ich, was unwiderruflich ein Teil von mir ist, eine Wurzel, vor der mir plötzlich ekelt? Schmerzt erwachsen werden immer so sehr? Ein jegliches zu seiner Zeit. Mutter sagt oft, ich sei zu ernst für mein Alter. Verschroben nennt es Großvater. Mit eigenartigem

Unterton. Ich habe immer gedacht, er sieht meine enge Bindung an die Tante nicht gern, die gespannte Beziehung zu dieser Schwiegertochter komme wegen der Unangepasstheit, der starrköpfig gepflegten Fremdheit. Jetzt weiß ich es besser.

Vater beendete gerade seinen Toast. Es wurde geklatscht und gelacht. Vater beherrscht solche Reden, ich wollte, ich hätte diese Leichtigkeit, aus nichtssagenden Floskeln einen unterhaltsamen Text zu bauen, der schmeichelt, ohne sich einzuschmeicheln und nie verletzt, ohne wirklich zu lügen.

Großmutter beugte sich vor zu Großvater in seinem Rollstuhl, ein angedeuteter Kuss, zerknitterte Haut an zerknitterter Haut. Beide lächelten. Beide nahmen wieder einen Schluck. Großvater murmelte etwas und Großmutter stakste vorsichtig hinüber zum Buffet, das auf der Terrasse im Schatten unter dem Vordach aufgebaut worden war. Großvater lässt sich nur von seiner Frau helfen und zur Hand gehen. Es kam Bewegung in die Gruppe, der Geräuschpegel schwoll an. Immer noch konnte ich nicht aufhören, abwechselnd Tante Margot und Großvater zu beobachten.

Schritte hallen im Gedächtnis nach. Wieder eines von Eliots Zitaten. Und Tante Margots Nachsatz: »Das tun auch Gedanken und Taten, Jürgen. Nichts wird vergessen, alles holt dich ein.«

Zwei Kindergräber und ein malträtierter, schwer verwundeter Unterleib. Mir ist zum Heulen und ich weiß nicht, wie ich damit umgehen soll. Ein exzessiver Abend nach vielen Tagen unterschwelliger verbaler Übergriffe. Alkohol und keine Hemmungen mehr. Ein Zufall, dass sie allein im Haus waren. Ich will mir das gar nicht vorstellen, aber die Bilder sind da und verschwinden nicht mehr.

Ich sah Großmutter zurück zu Großvater gehen, in den

Händen trug sie nun einen Teller mit den berühmten Nussecken. Diesmal hatte Tante Margot sich nicht an ihr Wiener Rezept gehalten – Mürbeteig mit saftiger Nussrumfüllung innen – sondern die regionale Variante gewählt. Allerdings war der Belag nicht so, wie ich ihn von Mutters Bäckerei kannte, sondern viel dicker, und obenauf noch extra eine Schicht, so etwas wie feiner Krokant, eine saftig knirschende Kruste in appetitlich goldbraunem Ton mit einem hellen Staubschleier fein gemahlener Nüsse darüber. Der Teller wurde sorgsam auf Großvaters Knie platziert, Großmutter wandte sich weg, sprach mit einer Verwandten. Tante Margot setzte sich in Bewegung. An ihrem Gesicht sah ich, was kommen würde. Der Schatten war gefallen, die Tat würde folgen.

Großvater muss früher ein manchmal maßloser Mann gewesen sein. Ich habe von legendären Trinkgelagen gehört, manchmal ausufernden Raufereien. Bei Süßigkeiten hatte er das noch nicht verloren, da riss er den Mund weit auf, da brachte die gierige Erwartung seinen trüb gewordenen Blick fast zum Glänzen. Ich sah, wie er die Ecke hochhob, wie sich seine Lippen öffneten. Sein Rollstuhl stand noch immer mitten auf der Wiese, aber alle hatten sich abgewandt, umgedreht, sprachen, tranken, redeten. Der alte Mann war wie abgeschieden in seiner Welt. Er biss einen großen Teil ab, die zittrigen Kiefer fingen an zu mahlen.

Da war Tante Margot plötzlich vor ihm und ich sah, wie sie etwas sagte, leise, aber laut genug, dass er sie verstand. Mitten im Kauen verharrte er, steif und fassungslos. Und mit einem Schritt war sie hinter ihm und schlug kurz im Vorbeistreifen auf seine Brust. Was für ein Schlag! Und dann rief sie: »Luft holen! Sei nicht so gierig!«, und klopfte zwischen die Schulterblätter. Aber ich hatte gesehen, was die anderen nicht sahen: Wie er nach dem ersten Schlag reflexartig einatmete, mit dem dichten Nussstaub in seinem offenen Mund und ich glaubte fast zu spüren, wie die Nusssplitterchen in die Luftröhre gesaugt wurden, wie sie sich in der Lunge verbreiteten, ein schmerzender, verwundender Film, der nun während jedes mühsamen Atemversuchs immer weiter vordrang, in immer tiefer gelegene Bläschen hinein. Tante Margot stützte ihn und klopfte, hielt ihn aufrecht, Platz für den Brustkorb, sich verlangend zu dehnen, mit dem Gesicht dicht an seinem Ohr. Und ich sah, dass sie sprach, zwischen all dem Geklopfe und Schütteln und dem gurgelnden Gekeuche, mit dem er reagierte. Dann stürzte Großmutter hin, und dann Vater und dann immer mehr Verwandte, bis mir die Sicht verdeckt war, ihre aufgeregten Schreie eine erschreckende Qualität annahmen und dann, nach einer quälend langen Zeit verebbten und in Weinen übergingen.

Viel später, als der Arzt schon alles geregelt hatte und Großmutter mit einem Beruhigungsmittel in unserem Gästezimmer lag, viel später, als sich die Verwandten wie aufgescheuchte Hühner in kleinen Grüppchen und tuschelnd in den Ecken des Gartens zusammenfanden, viel später, als Vater für Mutter und die, die es wollten, Schnaps ausschenkte, fand ich aus meiner Erstarrung zurück und ging, um Tante Margot zu suchen. Noch spürte ich meinen Brustkorb schmerzen, als hätte ich das Ersticken ebenfalls erlebt, das gierige, vergebliche Schnappen nach reiner, rettender Luft.

Onkel Heiner war es, der mich zu ihr brachte. Er nahm mich einfach beim Arm und führte mich hinaus, ich musste mich in den Wagen setzen, er fuhr schweigend los. Es ist für einen Zwanzigjährigen bestürzend und beschämend zugleich, wenn er unkontrolliert zu heulen beginnt. Ich konnte es nicht beherrschen, ein Weinkrampf schüttelte mich geradezu und ich hätte nicht sagen können, ob ich um meinen Großvater weinte, ob ich wegen Tante Margot trauerte. Onkel Heiner schob mir ein Taschentuch zwischen die Finger und sagte nichts, bis er vor dem Friedhof einparkte und den Motor abstellte.

»Du weißt, Jürgen, wie wichtig du für uns bist und wie

sehr sie dich liebt, nicht wahr?«

Ich nickte.

»Ich will gar nicht wissen, was sie dir alles erzählt hat und wie ich dazu stehe. Aber glaub mir, ich fühl' mich erleichtert. Obwohl Vater tot ist. Oder gerade deshalb. Und ich werde nie wieder mit dir darüber reden. Ich hätte weggehen sollen, sie mitnehmen und woanders neu beginnen. Jetzt weiß ich das. Aber damals hatte ich Angst. Angst vor allem. Ich bin ein sehr feiger Mensch – und sie liebt mich trotzdem. Manchmal scheint mir die Liebe eine furchterregende Fessel zu sein. Kannst du das verstehen? Sie ist immer mein persönlicher Regenbogen in dieser Nebellandschaft gewesen, ein Kolibri unter Spatzen.«

Ich schwieg.

»Ich habe weggeschaut, als sich mein eigener Vater in sie verschaute. Es einfach nicht wahrhaben wollen. Nicht, dass sie ihn ermuntert hätte. Nie. Aber im entscheidenden Moment habe ich sie alleine gelassen, war nicht da. Ich hätte nie gedacht, dass er so weit gehen würde, dass er alle Hemmung verlieren würde.«

Ich wollte es nicht noch einmal hören.

»Man sah ihr noch nicht an, dass sie schwanger war, wir hatten es noch niemandem gesagt. Und als er im Suff – «

»Nein«, wimmerte ich und er schaute mich an und verstand endlich mein Dilemma, mein Entsetzen und meine Trauer.

»Nun ja, ein aufbrausender Mann. – In dieser Schwangerschaft veränderte sie sich. Ich glaube, sie wusste, dass seine Tritte und Schläge etwas zerstört hatten. Das Baby behielt sie zwar lange genug im Bauch, aber es wollte dann einfach nicht atmen. Sie stürzte sich geradezu in die nächste Schwangerschaft, aber es kam zu früh, die Lungen waren noch nicht entwickelt. Seit damals hatte er vor ihr Angst.«

»Und Großmutter?«

»Großmutter ist harmoniesüchtig. Frag irgend was und

sie lügt dir die runde Erde platt, wenn es einer Verträglichkeit dient.«

Wir stiegen aus und betraten den Friedhof. Vor den zwei grünen Hügelchen fanden wir sie. Sie zupfte an den Blättern und lächelte so überwältigend, ich hatte ihr Gesicht noch nie so strahlen gesehen. Es war wie ein Streicheln, ein Wegstreicheln und als sie mich ansah, muss ihr klar geworden sein, dass ich sie decken würde, dass ich sie verstand, dass ich keine Schuld mehr an Großvaters elendem Sterben empfand, weder in mir noch für sie.

Nussecken

FÜR DEN TEIG:

300 g Mehl
1 Teelöffel Backpulver
130 g Zucker
1 Päckchen Vanillinzucker
2 Eier
130 g Margarine

1 Glas Aprikosenmarmelade

FÜR DEN BELAG:

200 g Zucker
200 g Butter
2 Päckchen Vanillinzucker
4 Eßlöffel Wasser
500 g gehackte Haselnüsse

Die Zutaten für den Teig in eine Schüssel geben und verrühren.
Den Teig ausrollen, auf das Backblech legen und mit der Aprikosenmarmelade bestreichen.
Für den Belag Butter, Zucker und Wasser in einen Topf geben, aufkochen lassen und die Nüsse hinzufügen. Noch einmal aufkochen lassen und die Masse auf dem Teig verteilen.
Im vorgeheizten Backofen bei 200 Grad etwa 20 bis 30 Minuten backen.

Erlkönigs Tochter

Vera war hochzufrieden mit sich.

Wunderbar, dass Rottmann wieder pünktlich die geforderte Summe deponiert hatte. Ob er ahnte, dass sie es war, die hinter sein süßes Geheimnis mit der Stripperin aus der Neon-Bar gekommen war und ihn jetzt kräftig dafür bluten ließ? Wenn man in der Firma des Schwiegervaters den Chef spielte, durften solche Geheimnisse eben nicht ans Licht der Öffentlichkeit dringen.

Nein, Rottmann ahnte bestimmt nichts.

Verdammt! Der Nebel wurde immer dichter. Sie schaltete einen Gang runter und grinste vor sich hin. Es war völlig egal, ob er seiner Chefsekretärin auf die Schliche gekommen war oder nicht – dies sollte ohnehin die letzte Fahrt über die Grenze sein. Sie hatte bisher alles Geld in einem Schließfach in Nijmegen deponiert, und wenn sie nächsten Monat ihren Jahresurlaub nahm, würde sie mit der inzwischen angehäuften Million verduften und fürs erste nicht mehr wiederkehren.

Rottmann würde es zwar nicht wagen sie anzuzeigen, aber sicher ist sicher – in einem Land ohne Auslieferungsvertrag mit Deutschland ließ es sich in der nächsten Zeit erst mal angenehmer leben ...

Vielleicht in Brasilien? Oder auf Tahiti?

Mittlerweile konnte sie kaum noch die Hand vor den Augen sehen – so eine Milchsuppe! Sie schaltete in den zweiten Gang runter – bald war sie kurz vor der ehemaligen Grenze und sie freute sich schon auf eine Kaffeepause in der »Goldenen Gans« in Herongen. Frau Klöntjes Käsekuchen war ein Geheimtipp, der sich weit herumgesprochen hatte – Vera lief schon beim Gedanken daran das Wasser im Mund zusammen ...

Sie konzentrierte sich ganz auf die Landstraße vor ihr, denn die war in dem weißen Nebelmeer kaum noch zu erkennen. Angestrengt starrte sie durch die Windschutzscheibe auf die unruhig wabernden Nebelschwaden – fast wie in einem Gespensterfilm ... Aber davon ließ sie sich nicht nervös machen.

Seltsam, Rottmann hatte heute den ganzen Tag über auffallend nervös gewirkt. Vera verzog den Mund. Wie konnte man sich nur mit dem Brieföffner in die Fingerkuppe stechen – so ein Trottel! Sie hatte aber unbeirrt ihre Sekretärinnenrolle gespielt und ihn mit einem schweinchenrosa Pflaster aus der Notapotheke verarztet.

Mit der linken Hand rieb sie sich kurz die Augen. Nein, so eine Suppe! Sie nahm den Fuß noch mehr vom Gashebel und beugte sich etwas vor, als ob sie dadurch die Straße besser überblicken könnte. Der dichte Wald rechts und links machte die Sicht auch nicht besser. Die wabernden Schwaden ließen sie an Erlkönigs Töchter denken ... aber die hatten keinen Aktenkoffer mit zehntausend Euro hinter dem Fahrersitz stehen gehabt.

Vera entspannte sich wieder etwas und dachte an das sorglose Leben, das vor ihr lag. Danke, Rottmann!

Sie nahm den Fuß vom Gas, weil sie die enge Kurve kannte, die jetzt vor ihr lag. Aber was war das? Da lag doch jemand auf der Straße?

Sie zwinkerte mehrmals – doch, da vorn lag jemand, ganz eindeutig eine menschliche Gestalt. Ein Mann? Wie kam der hierher? War er verletzt? Er regte sich nicht!

Vera hielt an, drückte die Tür auf und wollte schon aussteigen. Doch der Gedanke an den Geldkoffer ließ sie in der Bewegung innehalten, außerdem bewegten sich die Nebelfetzen so unheimlich, dass sie schon meinte, erstickte Schreie zu hören und Trolle und Monster auf sich zustürzen zu sehen ...

Mit einem heftigen Ruck knallte sie die Autotür wieder zu und trat wieder aufs Gas. Bloß weg! Sie fuhr bis ganz an den Straßenrand und wich so der reglos daliegenden Gestalt aus.

Sie konnte ja vom Handy aus den Notarzt benachrichtigen . . . oder besser doch nicht . . . denn man hätte sie vielleicht nach ihrem Fahrtziel gefragt, und obwohl ja wohl jedem das Recht zustand, mal eben von Moers kurz in die Niederlande zu fahren, wollte sie das niemandem auf die Nase binden. Möglicherweise wären ihre anderen Trips dabei zur Sprache gekommen . . . nein, lieber nicht.

Vielleicht kam ja bald ein anderes Auto und hielt an. Vera atmete tief durch und konzentrierte sich wieder aufs Fahren. Hinter Wachtendonk lichtete sich der Nebel und sie kam wieder rascher voran. Erleichtert fuhr sie schneller und seufzte wie erlöst auf, als sie endlich die Straßenkreuzung mit dem hell erleuchteten Hotel »Zur Goldenen Gans« erreichte. Geschafft!

Sie stieg aus, öffnete die Hintertür auf der Fahrerseite, griff nach ihrer Reisetasche auf dem Sitz und hob dann den Aktenkoffer hoch.

Was war das? Auf dem Boden dicht hinter dem Fahrersitz lagen dicke weiße Krümel. Sie beugte sich vor. Nein.

Das waren drei säuberlich abgetrennte Fingerkuppen. Und an der einen klebte ein schweinchenrosa Pflaster.

Käsesahnebröseltorte

(Cream-Cheese-Pie)

Das ist eins dieser typischen »Hausfrauen-Rezepte« ohne Waage, sondern alles mit Tassen gemessen, bei denen man auch Nudelhölzer und Stricknadeln braucht – eben alles, was eine »gute Hausfrau« so in der Schürzentasche hat.

ZUTATEN:

Leibniz-Kekse (oder ähnliche)
Butter
Zucker
Frischkäse (und evtl. Sahnequark)
Eier
Glas Schattenmorellen
Stärkemehl

BODEN:

2 Tassen Kekskrümel
(unter Plastikfolie mit Nudelholz zerkleinern)
3/4 Tasse Zucker
3/4 Tasse flüssige Butter

Alles vermengen und in eine Pie-Form drücken

FÜLLUNG:

1 1/2 Packungen Frischkäse
oder eine 2/3 Packung und 1/2 Sahnequark
3 Eier
3/4 Tasse Zucker

Verrühren und auf den Pie-Boden geben. Bei Mittelhitze backen – Stricknadelprobe (es darf nichts mehr dran hängen bleiben). 1/4 l Saft (3 Esslöffel abnehmen und mit einem Esslöffel Stärke verrühren) von Schattenmorellen aufkochen. Stärke und Kirschen darunterrühren, noch mal aufkochen, erkalten lassen. Auf der erkalteten Cheese-Pie verstreichen.

Auf der Terrasse nur Kännchen

»Guten Tag, was darf denn sein? Ach, Sie schauen noch? Ein Aperitif vielleicht? Ramazzotti??! Ist ein Digestif. Ja, für hinterher. Dann ein kleines Helles und eine Apfelschorle, natürlich gibt's auch Brot. Und die 104 mit Pommes, einmal, sehr wohl, und für Sie? Sie schauen noch, natürlich. Kein Problem.«

(Meine Schicht geht ja nur noch drei Stunden).

Tisch 3, welche Wonne. Die werden anstrengend. Er: supergenervt, dass sie noch schaut, obwohl sie doch bereits zweimal hier waren. Sie: jetzt schon völlig am Ende, weil er dem kleinen Hellen ein großes Pils nachsetzt und mir dabei auf den Po starrt und Frollein, könnse-mal-hier-die-Luft -auslassen-rufend hinterher geiert, wenn ich schon fast wieder am Pass bin. Wenigstens ist Karneval vorbei.

Hey, Karneval, ein schönes Thema.

Nur leider kann ich mich an dieser Stelle nicht darüber auslassen, denn hinten in der Küche dieser niederrheinischen Schankwirtschaft, ein Italiener im Ortskern von Dinslaken, mit vorgedruckten Karten, weißen kurzen Schürzen und gedeckt gehaltenem Interieur, geht's grad richtig los.

Irgendwer hat die Tür zum Hof aufgemacht, der Durchzug weht die meisten der Bons durcheinander, was zwangsläufig dazu führen wird, dass Tische, die eben grad erst kamen, eher bedient werden als jene, die schon seit Stunden auf ihr Herrengedeck warten. Das macht dem Koch solange nichts, wie er es nicht mitbekommt, dass reihenweise Kerle, die sich vor ihrer weiblichen Begleitung profilieren wollen, den Service angranteln. Am besten dann, wenn man mit abgegessenen Tellern schwer beladen an ihnen vorübersaust, und dann ewig an ihrem Tischzipfel stehen bleiben muss, balancierend das Porzellan, braun und saftig tropft der Rest Soße auf die Handservietten, der Arm wird lahm, die Laune lüstern nach Mord und dem Aufstand der Servicesklaven. Dann ist es vorbei, man hat »Jaja« und »sofort« gesagt, wahlweise auch »Kollegin kommt gleich« oder in höchster Not denn auch mal »Abersichergern«. Das sind Worte, die einfach so aus dem Mundwinkel purzeln, zu bedeuten haben sie nicht wirklich etwas.

Koch 1 winkt also heftigst mit den Galoschen für Gericht mit der Kassennummer 85 und 47, was übersetzt alles zwischen Nocken von der italienischen Pfefferwurst mit Fenchelsamen an Bärlauchpasta oder auch ein Schnitzel nach Wiener Art sein kann. Eben typisch toskanische Küche.

Koch 2 winkt auch, aber weil er sich grad am spritzenden Fett verbrannt hat, weil der Ignorant von Tisch 8 sein Saltimbocca gut durch haben will. Dazu zwinkerte er dermaßen aufdringlich, dass ich ihm bereits den Beginn eines Schlaganfalls diagnostizieren wollte, stattdessen macht er was? Zieht lustig an meiner Schürzenschleife! Das ist der Typus Bei-der-Kellnerin-Einschmeichler, der hinterher auf einen gratis Kartoffelschnaps spekuliert. Nada gibt's.

Wenns so wäre, würden sie sich wie Freunde des Hauses vorkommen und das nächste Mal wünschen, dass man ihnen auf den Schoß springt vor lauter Freude über ihren erlauchten Besuch. Womöglich rufen sie dann noch in Küche hinein: Luigi, grüß dich! Und erwarten ein: Heinz, hallo, alter Räuber. Schön, dich zu sehen, kriegst gleich mal ein Bierchen aufs Haus, was?! Nee. Nee, nee, nee.

Koch 1 will also die Sachen vom Pass bekommen, nichts ist schlimmer für die Bratwurstehre als a) kaltes Essen oder b) versalzenes Essen oder c) gar kein Essen; und eine Kollegin bekommt einen Heulkrampf, weil die Xantener Kegelgruppe von Tisch 15 nicht aufhört, sie wegen ihres Lispelns aufzuziehen und letztlich getrennt gezahlt hat, mit 85 Cent Trinkgeld, jeweils aufgerundet und alle mit großen Scheinen, und sich die Rechnung an die Vereinsadresse schicken lassen wollen.

Spätestens dann wird es Zeit für einen Wechsel des an sich gemäßigten und auf die Sache beschränkten Service-Gemüts. Was sich noch in einem unmerklichen Zucken der Augenbraue niederschlägt, wenn Getrennt-zahlende-Doppelverdiener die Rechnung überprüfen und sich kaum erinnern können, dreimal einen Schoppen Wein nachgeordert zu haben und fünfmal Brot mit hausgemachtem Dip (Haus-ge-macht? In welchem Haus? In diesem hier? Wofür gibt es Convenience und schöne, große Eimer?), wird zum arroganten Wegschauen, wenn der »schwierige Gast« sich beim Winken den Arm ausrenkt oder beim Brüllen Atemnot mit anschließendem Herz-Kreislauf-Versagen vortäuscht. Einmal mit dem Handtuch wegwedeln, und gut ist. Nichts ist entspannender als neben einem Tisch gemütlich, konzentriert und seelisch völlig aufgeräumt einzudecken, während die Herrschaften gewählt haben, zahlen möchten, noch die Karte sehen wollen oder einfach darauf warten, dass der Mittwoch in den Donnerstag übergeht.

Ich sach ma: Wegschauen beim Hinsehen will erst mal gelernt sein. Natürlich sehen wir die Blicke, die um Aufmerksamkeit hecheln. Natürlich hören wir die Worte, die da so wenig höflich »Hallo!«, »Bedienung!«, »Frollein!« oder »Zahlen!« durch die Stätte unseres Wirkens hallen, zischen, grölen, maulen, befehlen, manchmal sogar kläglich bitten.

Aber eine einfache Regel ist: Sobald jemand meint, dass er mit dem Betreten eines Restaurants das Servicepersonal per Bestellung mitgekauft hat und quasi mit credit card, thank you, in Leibeigenschaft befördert - der wird weggeguckt. Der wird ignoriert, der kriegt den Finger in die Suppe und das Hüsteln in den in der Mikrowelle aufgewärmten Kaffee. Der bekommt, noch während er an der

Vorspeise sitzt, den übergroßen Hauptteller hingeschoben, soll er doch sehen, wie er mit Platz und Appetit zurechtkommt. Aschenbecher werden auch dann erst gewechselt, wenn sie voll sind. Der wartet auf sein Besteck, und das Brot zur Suppe bekommt er kurz vor dem Löffelkratzen am Boden der Tasse. Lässt sich alles prima einrichten, denn: Wir sehen alles, auch wenn wir es nicht sehen.

Soviel dazu. Tisch 3 hat sich entschieden, sie nimmt einen Hirtensalat, was klar war. Und hinterher was Süßes, was sie nicht sagt, aber es wird so sein. Sie ist der Typus »Nur was Leichtes«, der dann aber frustriert und ungezügelt zum Mandelhörnchen nach Niederrhein-Art finden wird, macht soviel Kalorien wie 23 Hirtensalate. »Wir würden jetzt gern bestellen«, hat sie gesagt, kaum dass sie sich seit zwei Sekunden entschieden hat, und natürlich hat sie erstmal mühsam wieder in der Karte gesucht, bis sie die Nummer vom Hirtensalat gefunden hat. »Wie lang dauert das denn, wir haben es nämlich eilig«, sagt sie dann noch nach der Bestellung, legt ihre Hand auf die seine, er guckt mir auf die Beine, was soll's, wegen denen wurde ich hier eingestellt. Und was soll das Getue mit der Hand, befürchtet sie, er fliegt ihr sonst gleich weg?

Ich nicke und schreibe und greife nach den Karten und sage »wie immer« und weg bin ich, da hinten winkt Tisch 6, ich seh hin und lasse mir nicht anmerken, ihn gesehen zu haben. Was soll ich sagen? Dass es unverschämt ist, zum Essen zu gehen, obwohl man es eilig hat? Oder dass die 104 mit Pommes andere Laufzeiten als ein Hirtensalat? Dass Koch 2 grad im Saltimbocca liegt und Koch 1 lustiges Bon-aus-der-Bainmarie-fischen betreibt? Dass die Kaltmamsell ein Vietnamese ist, der auf die Kunst und das ausgewogene Arrangement der Salatblätter achtet und beleidigt ist, wenn man wartend neben ihm steht und willenlos Tomatenschnitze auf sein Werk wirft? Dass unser Konditor, der die Mandelhörnchen nach Hausfrauenart verarztet, in Wahrheit ein emigrierter Pfarrer von der

Elfenbeinküste ist, der sich auch mit Voodoo hervorragend auskennt?

Ich schaue mal lieber auf die Terrasse und gucke, was da so geht, da die Lispeldame ihr Revier grad verkommen lässt, was nicht weiter wild ist. Die aufmerksamen Gäste werden mir schon sagen, was ihnen fehlt. Laut, deutlich und mit diesen senkrechten Falten auf der Stirn, wunderbar. Kaffee, bittschön, is recht, und was für Kuchen haben sie denn? MandelhörnchenSchwarzwälderApfeltorteKäsesahneDonauwellenErdbeerRharbarberStreuselButter haue ich ihnen um die Ohren, wohlwissend, dass sie nur das erste und letzte mitbekommen. Mandelhörnchen, und einen Kaffee, Butter und ein Kakao.

»Draußen nur Kännchen«, sag ich und nicke fast unmerklich, suggeriere Zustimmung, und hab sie. Klar, Kännchen, sicher, man sitzt ja auch auf der Terrasse. Sollen sie wenigstens ordentlich fressen, wenn sie da draußen Ewigkeiten Plätze belegen. Außerdem schwappt das Zeug in Tassen beim Tragen so blöde über, und bleibt in Kännchen heißer. Unwesentlich allerdings.

»Wass hat den Tiss 23?« fragt Lispel-Lilo, und ich reiße ihr den Zettel mit der Bestellung ab, bevor Tisch 3 seinen Kram endlich bekommt. Er hat das Brot, das zu ihrem Hirtensalat gedacht war, inzwischen weggegessen. Fragen sollen sie, wenn sie noch ein Körbchen wollen von diesem Weißbrot. Erziehung tut da doch ein bisschen not. Was wäre denn, wenn ich das Brot ohne Aufforderung bereit stelle – und sie es nicht essen? Ab in Ablage P nach Erfüllung seines Dekorationszweckes auf Tisch 3 etwa? Nee, Brot wird nicht weggeschmissen!

»Aha«, sach ich zu Koch 1, »wieso eigentlich nicht, frisches Brot schmeckt besser oder soll ich dir das da etwa einfrieren oder dem Steak hinstellen?«

»Brot schmeißt man nicht weg«, wiederholt der, und ich sach: »Jaja, und im Theater stellst du auch keine Schuhe auf den Tisch.«

»Und in der Küche tut man nicht pfeifen«, sacht Koch 2, der seine Verbrennung achten Grades grad im Crushed Eis kühlt, sein Ellenbogen dicht an dicht mit den Augen des Wildlachses.

»Stimmt«, sach ich, »dafür pfeifen Gäste nach einem. Sag mal, Don Camillo« – damit meine ich unseren Voodoo-Bäcker – »kannst du nicht mal ein Antipfeif-Mittel in deine Hörnchen backen?!«

Der Afrikaner sieht mich groß an und zieht eine Stricknadel. Ich fühle mich verscheißert.

»Guck mal nach Tisch 8«, sacht der Koch 1, »ich hör da was husten. Hab ich wohl zu viel Pfeffer draufgemacht«, meint er noch und grinst und Koch 2 grinst und Hang Soi grinst auch und arrangiert Salatdeko, während ich dem Saltimbocca gut durch zur Hilfe eile.

»Das ist so bei der echten italienischen Küche«, höre ich es aus meinem Mundwinkel lügen, und Tisch 8 wird tiefrot und hustet und sagt, dass er das nächste Mal lieber Pasta nimmt. Geht doch.

Ist grad mal Pause. Ich könnte nun Besteck polieren oder den Bestand an gefalteten Papierservietten kontrollieren. Stattdessen setze ich mich an das Fenster zum Hof und beobachte die Anlieferung diverser Lebensmittel für die sog. Gemeinschaftsverpflegung. Oder glauben Sie etwa, wenn Ihr Cassata auf einem Teller daherkommt, auf dem kunstvolle und gleichmäßige Vanille-Kirschsoße-Ornamente zu einem Fantastikum an Ästhetik zusammenlaufen, dass Koch 1, 2 oder 3 sich selbst mit einem Holzstäbchen hingestellt hat, um ein Gemälde an Frucht und Milch abzuliefern? Ist ja niedlich. Spiegel, nennt man so fertige Sachen. Alles TK. Aus der Hülle pulen, auf den Teller, Mikrowelle, pling, fertig. Könntense alles sonst gar nicht bezahlen, und da der Deutsche an sich sowieso nur ungern viel Geld für gutes Essen ausgeben möchte, wäre er unter solchen Umständen kaum mehr in den Kochlöffel oder sonstige Großküchen zu locken.

»Kundschaft!« schallt es leise von vorn. Ja doch, ja doch. Lass sie erstmal hinsetzen und gebt Ihnen um Gottes Willen gleich eine Karte in die Hand, sonst nörgeln sie schon vor dem ersten »GutenTagWasdarfsdennsein«.

Ich frage mich, warum Gast und Servicekraft seit Jahrtausenden ein, sagen wir, gespaltenes Verhältnis zueinander haben. Eigentlich seitdem die ersten Brote und Fische ausgeteilt wurden, weil die Soße nicht auf einem Extrateller war und die Busladung ausgerechnet dann erschien, als das Wasser ausging und stattdessen fürs selbe Geld der teure Wein herhalten musste.

Ihre Beziehung ist geprägt von gegenseitigem Misstrauen und der so romantisch-verklärten Überfrachtung mit Erwartungen: Der Gast soll still, höflich und großzügig sein, zügig bestellen, gut und reichlich essen, ordentlich Getränke ordern, nicht in die Toilette kotzen oder Klopapier stehlen, und sich herzlichst bedanken, nicht nur mit warmen Worten sondern mit knisternden Scheinen – bar auf die Kralle, nicht auf den Kreditzettel. Der Kellner als solches sollte still, höflich und jederzeit zur Hand sein, zügig das Essen bringen, sich brav für fünf Cent Tip bedanken und zum Schluss in den Mantel helfen oder nach den lieben Kleinen vom letztenmal fragen, die die Krümel vom Tisch in den Toilettenabfluss versenkt haben, bis er überlief und dann noch in die Küche zu Koch 1, Koch 2 und Vietcong gerast sind, weil sie nicht genügend Aufmerksamkeit durch die doofen Leute mit den weißen Schürzen bekommen haben. Da standen sie dann und Lispel-Lilo fiel über sie und die Kuscheltiere und die mitgeschleiften Sitzkissen hinweg. Tja, und ich musste wieder auf die Terrasse und die Nummer mit den Kännchen durchkriegen. Das war ein Spaß, und den bekommt man täglich, wenn man möchte.

Es soll gehegt, gepflegt werden, das zarte Pflänzchen einer innigen Bande, die da so zwischen Bistrostuhl und Zapfhahn emporwächst.

Mit diesem Ansinnen gehen wir Maiden der tragenden Tablettzunft auch jeden Tag zur Arbeit, ungelogen. Wir wollen am liebsten die Lätzchen umbinden, die Hand mit der Gabel führen, das Fleisch klein schneiden und mit spuckebenetzten Leinentaschentüchern von Omma über die süße kleine versudelte Spinatschnute fahren.

Ich gehe noch mal zum dem Voodoo-Priester rein und bekomme gerade noch mit, wie er die Mandelhörnchen mit einer Stecknadel absticht und sich Mehl über den nackten Oberkörper schmeißt. Er sieht jetzt fast aus wie ein Aborigine, aber wer weiß, vielleicht gehört das zum Ritual?

Tisch 3 winkt. Und winkt. Und ruft Hallohallo. Eigentlich waren sie ja nicht wirklich schwierig, auch wenn er zuviel trinkt und sie zuwenig isst und eifersüchtig ist, wie fast alle Gästinnen auf schlanke Kellnerinnen. Ist aber trotzdem Zeit für was Süßes. Und einen Ditschestiff. Die Schicht geht noch zwei Stunden. Noch zwei Stunden! Warum habe ich keinen anderen Beruf? Killer oder so? Oder wenigstens Krimiautor, die sitzen nur den ganzen Tag auf ihrem Hintern und essen Pralinen, weil das angeblich Futter fürs Gehirn ist.

Ja, Krimiautor müsste man sein! Man muss sich nicht herumärgern mit Senioren, die sich herumärgern, dass es überhaupt Seniorenteller gibt. Man muss nicht dickleibige Damen im Ulla-Popken-Ausgehzelt davon überzeugen, noch ein Streifchen Streuselkuchen oder wenigstens eine Mandel vom Horn zu nehmen mit einer Diätcola, oder neben dem Tisch nur deshalb mitten in der Bestellung und dem wahren Leben innezuhalten, weil der Herr Wichtigwichtig meint, er müsste an sein verdammtes Handy gehen, während er den Zeigefinger auf der Stelle lässt, wo sich sein Tagesgericht verbirgt. Man muss sich nicht die Füße krank und krumm laufen sondern nur das Dekolleté ins Licht schieben, als Autor, bei Lesungen.

Ach ja, seufz, seufz. Ich knabbere so an dem Brot, das

Tisch 8 verschmähte wegen aufkommendem Reizhustens, und leiste erfolgreich meinen Teil zur Servicewüste Deutschlands ab. Dabei beobachte ich die stutenbissige Hirtensalat-Trulla, wie sie das Mandelhörnchen in zwei Bissen herunter schlingt. Plötzlich wird sie ganz weiß, dann rot, schließlich grün. Wow. Die italienische Nationalflagge, das finde ich jetzt aber mal gekonnt. Dann kippt sie vom Stuhl, greift dabei nach der Hand ihres Liebsten.

Ich beuge mich interessiert vor, und er starrt in meinen Ausschnitt und schüttelt ihre verkrampfte, um Hilfe bittende Hand von seinen Fingern wie Rotz nach einem Nieser. Ich schlendere in die Küche und frage Voodoo-Camillo, wie er diesen Trick hinbekommen hat.

»Te-rick?«, fragt er, und dann hebt er die Erdnussölflasche hoch. »Habe ich gemacht für Diät-Frau ganz leichtes 'örnchen. Stricknadel nur für perfekte Kurven für das.«

Erdnuss-Allergie, so, so. Mit guter Butter wäre das nicht passiert, aber, bitte, sie wollte ja »nur was Leichtes«. Ich schlendere zurück zur Drei und frage, ob sie wohl jetzt gern zahlen möchten. Die Dame antwortet mit einem Laut, der sich nach »Miiiissstück« anhört.

Ich wette, morgen habe ich lauter nette Gäste, die am laufenden Band Kännchen bestellen und jedes Mal einen zusammengerollten Zehner unter den Deckel schieben und mich anlächeln, wenn ich frage, ob bei ihnen alles in Ordnung ist.

So. Und was darf's bei Ihnen sein? Ein Mandelhörnchen vielleicht?

Mandelhörnchen

ZUTATEN:

250 g Mehl
170 g weiche Butter
1 Ei
100 g Zucker
150 g gemahlene Mandeln
1 Messerspitze Zimt

Kuvertüre

Backpapier

Mehl, Butter in Flöckchen, Ei und Zucker vermengen, Mehl, Mandeln und Zimt hinzufügen. Kleine Teigstücke rollen und als gebogenes Hörnchen auf das Backblech legen.
Das belegte Blech bei 200 Grad für ca. 10 bis 12 Minuten in den Backofen schieben.
Die Kuvertüre im Wasserbad schmelzen lassen. Die abgekühlten Hörnchen mit einer Spitze in die geschmolzene Schokolade tunken und trocknen lassen.

Kalter Hund

Als ich aufstehe, riecht es nicht nach Kaffee und es ist still, bis auf das Brausen der Umgehungsstraße, das man durch die geschlossenen Fenster hört, aber normalerweise höre ich es gar nicht. Nur an diesem Morgen, weil es so still ist. Mama liegt auf dem Sofa. Es riecht nach Schnaps und Erbrochenem. Ich reiße das Fenster auf. Kalte Luft, die leicht nach Abgasen riecht, dringt herein und das Getöse der Straße macht sich breit wie ein aufdringlicher Besuch.

Ich säubere Mamas Gesicht und das schwarze Haar mit dem grauen Strich dort, wo es aus ihrem Kopf wächst. Ich wische den Fussboden auf, bringe die leeren Gläser, den Aschenbecher und die Flasche in die Küche und zerre den vollgekotzten Teppich auf den Balkon. Dann setze ich mich neben Mama in den Sessel. Mir wird kalt. Auch Mamas Hände sind schon eiskalt. Ich machte das Fenster wieder zu und das Radio an und setzte mich wieder in den Sessel. Mein Magen knurrt. Ich gehe in die Küche, esse ein Stück Kuchenrest und trinke ein Glas Cola dazu. Gegessen wird am Tisch, ich halte mich daran. Erst dann setze ich mich wieder in den Sessel. Mittags klingelt es an der Tür. Ich gehe nicht öffnen. Unsere Wohnung liegt im zweiten Stock. Harry mussten wir die Treppe rauf- und runter tragen, weil er sonst die Dackellähme bekommen hätte. Hat er aber nicht, denn ich habe mich immer daran gehalten. Charlotte nicht, besonders dann nicht, wenn sie Ausgehklamotten trug und Harry schmutzig war. Dabei war sie es gewesen, die Harry angeschleppt hatte, kurz nach Papas Tod. Ich war fünf und Papas Prinzessin.

»Was soll das? Ein Hund ist was für Reiche, wir pfeifen aus dem letzten Loch«, hat Mama protestiert. Aber Charlotte und ich bearbeiteten sie so lange, bis wir ihn behalten durften. Manchmal hörte Mama auf Charlotte. Vielleicht, weil sie schon Geld verdiente, im Büro.

Harry war mein ein und alles. Wenn Frau Grimm und die anderen Nachbarinnen mich bedauerten, weil ich nun keinen Vater mehr hatte, antwortete ich: »Das macht nichts, dafür haben wir ja jetzt Harry.« Als Mama davon hörte, gab es Dresche. Die gab es seit Vaters Tod öfter, sogar Charlotte fing sich noch mal eine ein, warum habe ich vergessen. Danach schloss sie sich mit dem kleinen Fernseher auf ihrem Zimmer ein. Eigentlich war es ja unser Zimmer, aber manchmal schlief ich auch bei Mama im großen Bett, weil Charlotte behauptete, sie müsse lernen und ich könne bei Licht nicht einschlafen. Dreimal die Woche kam sie erst spät abends nach Hause. Von der Abendschule, wie sie mir erklärte, aber ich konnte mir darunter nichts vorstellen.

Am Abend sehen wir fern, Mama und ich. Erst Schwester Stefanie und dann Alphateam. Mama und ich lieben Artzserien. Dazu gibt es Chips und Cola. Ich genieße es, dass sie heute mal nicht raucht und nicht wegen der Cola meckert. Später schalte ich ein bisschen hin und her. Seit wir die Satellitenschüssel haben, bekommen wir 36 Kanäle rein. Zeit für's Bett, Mama hat schon ganz glasige Augen. Vor dem Schlafengehen lüfte ich im Wohnzimmer noch kurz durch und bringe Mama eine Wolldecke, damit sie nicht friert, wenn nachts die Heizung auf Sparflamme geschaltet wird. Ich putze mir ordentlich die Zähne und gehe ins Bett.

Am Morgen versuche ich, Kaffee zu kochen. Der Filter bricht durch, obwohl ich es so gemacht habe, wie Mama es immer macht. Es klingelt schon wieder an der Tür, aber ich mache nicht auf, ich muss ja erst die Sauerei mit dem

Kaffeepulver wegmachen. Diesmal klingelt es öfter und es wird geklopft, und jemand ruft »Frau Hansen« und »Marie«, aber dann ist bald wieder Ruhe.

Zum Mittagessen koche ich mir eine Tomatensuppe aus der Tüte. Das klappt ganz gut, nur unten, am Boden, brennt mir die Suppe ein klein wenig an. Ich passe höllisch auf, dass die Herdplatte danach wieder auf Null steht, das hat mir Mama eingebläut.

Die meisten Tage gehen vorbei, ohne Spuren im Gedächtnis zu hinterlassen, aber diese Tage nicht, weil es die letzten sein werden, die ich mit Mama verbringe, das weiß ich, denn mit Harry war es genauso.

Am Nachmittag gibt es Kakao. Dazu schauen wir uns Fotoalben an. Das tun wir öfter, Mama und ich. Mein Lieblingsfoto stammt aus der Zeit vor dem Unfall: ich auf Papas Arm, in einem rosa Kleid und weißen Kniestrümpfen, neben uns Charlotte, damals schon so groß wie er. Sie sieht ihn mit einem kritischen Ausdruck von der Seite an. Papa lächelt nur mich an und ich deute auf etwas, wahrscheinlich auf ein Tier, denn das Bild wurde im Zoo aufgenommen. Ich sehe sehr niedlich aus, helle Locken und große, dunkle Augen, wie eine Prinzessin eben. Es gibt noch mehr Bilder vom Zoo: Marie vor dem Affenkäfig, Marie bei den Flamingos, Marie streichelt eine kleine Ziege. Marie, das bin ich.

Ich lege die Fotoalben weg, denn mir ist beim Betrachten der Bilder eingefallen, dass es Zeit wird, mir mal wieder die Haare zu waschen. Ich frage mich, ob ich das alleine schaffen werde.

Das mit dem Haarewaschen hat gut geklappt. Zwar habe ich das Duschbad erwischt, aber sie sind trotzdem sauber geworden. Nur das Kämmen tut weh. Inzwischen sind meine Haare braun, aber immer noch lockig und sie reichen mir fast bis zum Hintern. Charlotte war immer neidisch auf meine Haare. Ich glaube, das war sie, seit ich denken kann. Ich meine, richtig denken, so wie vor dem Unfall.

Mama sagt, damals, unter dem Eis, wäre in meinem Kopf einfach alles festgefroren, und ich hätte seither den Verstand einer Siebenjährigen. Frau Dr. Schake meinte, das müsse man differenzierter betrachten. In mancher Hinsicht sei ich weiter, in anderen Dingen eher zurück. Auf jeden Fall leide ich an einer schweren Logasthenie. Deswegen würde ich nicht sprechen, obwohl ich es eigentlich kann.

Wahrscheinlich hat Frau Schake recht, sie ist klüger als meine Mutter. Meine Mutter behauptet ja auch, sieben Hundejahre entsprächen einem Menschenjahr. Aber als sie Harry die Tabletten gegeben hat, war er fünfzehn Menschenjahre alt. Also 105. So alt werden Menschen nur im Rollstuhl. Harry dagegen rannte auch als Hundertjähriger auf seinen krummen Dackelbeinen den Vögeln hinterher. Erst, als er nicht mehr rennen konnte, hat Mama ihm die Tabletten gegeben, die ihn in den Hundehimmel schicken sollten. »Dort kann er wieder laufen«, hat sie mir versprochen. Hier, auf der Erde, hat Harry nie begriffen, dass ihn die Vögel nur bis auf einen Meter an sich ranlassen, und dann wegfliegen. Nur ein einziges Mal erwischte er eine kranke Taube. Das war im Garten vom St. Annenstift. Mama und Charlotte hatten mich mit Harry besucht, und wir waren in den Garten gegangen. Danach wies uns Schwester Regine an, den Hund angeleint zu lassen. Man tat besser, was Schwester Regine sagte, anderenfalls bekam man ganz schnell eine Spritze verpasst, und das wollte ich Harry ersparen. Man bekommt davon Kopfschmerzen und ist tagelang müde. Auch Charlotte schien das zu wissen, sie nahm Harry an die Leine und warf die tote Taube in ein Gebüsch. Charlotte hat mich selten besucht. Wenn ich zu Hause war, gar nicht, und im Stift nicht sehr oft. Weil sie in einer anderen Stadt wohnt und viel lernen muss, hat meine Mutter erklärt. Ich war darüber aber nie besonders traurig.

Nach dem Haarewaschen sitze ich vor der Heizung und lasse meine Haare trocken. Im Fernsehen läuft Gute Zeiten, schlechte Zeiten.

Mama hat jetzt so komische Flecken im Gesicht, und die Seite, auf der sie liegt, ist viel dicker als die andere und dunkelviolett. Ich weiß schon, was mit ihr los ist, ich sehe ja Krimis, und außerdem habe ich Papa gesehen, als er tot war. Aber ich durfte Papa nicht mehr anfassen, sie brachten ihn ganz schnell weg, als sei er ein Stück Müll. Es war natürlich kein Müllauto, sondern ein schwarzer Leichenwagen. Ich sehe es genau vor mir, wie sie ihn durch das Treppenhaus trugen. Die Nachbarskinder standen unten vor der Tür herum wie Pilze und gafften, und die Hausfrauen hingen in den Fenstern.

Es gab damals viele Kinder in der Siedlung, und auch einen Spielplatz, aber wir spielten auf einem verwilderten Gelände in der Nähe. Dort standen Weiden und Büsche um einen sumpfigen Weiher, der im Winter manchmal zufror. Es gab einen hölzernen Unterstand, eine Art Hütte, mit einer Bank darin. Der Papierkorb, der außen an der Wand hing, war immer voller Bierdosen, sie lagen auch sonst überall. Die Krähen zerrten den Abfall aus dem Korb und verstreuten ihn im ganzen Wäldchen, aber das störte nur die Rentner und die Mütter. Gegen Abend trafen sich an der kleinen Hütte die Halbstarken, wie Mama sie nannte, mit ihren Mopeds und Mädchen. Charlotte war auch manchmal dabei, aber wir erwischten sie nie beim Knutschen oder anderen verbotenen Handlungen. Charlotte vertrat die Ansicht, dass Schule wichtiger sei als Jungs.

An diesem Weiher, nicht weit von der kleinen Hütte entfernt, passierte dann mein Unfall. Genau am dreißigsten Januar 1986, einen Tag vor meinem siebten Geburtstag. Charlotte hatte mir einen Kuchen gemacht, der hieß kalter Hund. Vielleicht war das ein schlechtes Vorzeichen.

Harry und ich sind nach Hause gekommen, weil es

draussen dämmerte. Ich schloss die Tür auf mit dem Schlüssel, den ich immer um den Hals trug, und setzte Harry ab. Jetzt erst bemerkte ich, wie schmutzig er war. Es war lange eisig kalt gewesen, aber seit gestern herrschte Tauwetter und alles war voller Matsch, auch Harrys Fell und mein roter Anorak, und das Winterkleid. Ich trage immer Kleider, auch im Winter, Prinzessinen tragen keine Hosen. Sofort war der ganze Fußboden voller Harryspuren und gleich würde es deswegen Gezeter geben.

»Ich wische es gleich auf«, sagte ich.

Mama lehnte in der Küchentür, starrte auf die Matschklumpen und sagte dann zu der Tür gegenüber: »Du hältst dich wohl für was Besseres, weil du das Abitur machst! Ich hätte auch Abitur machen können, wenn du nicht dazwischen gekommen wärst.«

»Es ist wirklich nicht meine Schuld«, antwortete die Tür, »dass du mit neunzehn mit einem Versager herumbumsen musstest und schwanger geworden bist.«

Ich schlug mir die Hand vor den Mund, als hätte ich dieses schlimmste aller Wörter gesagt. Und das zu Mama! Wie konnte sie nur? Wollte Charlotte unbedingt windelweich versohlt werden?

Mama schnappte nach Luft und biss sich auf die geschminkten Lippen. Dann sah sie mich an und redete mit einer Stimme, die sie früher benutzt hatte, wenn sie sich mit Papa stritt. Ich glaube, man nennt es zynisch, aber es klang nur irgendwie künstlich. Sie sagte: »Madame zieht ins Studentenwohnheim.«

»Krieg ich dann das Zimmer für mich allein?«

Ihr Hals wurde so rot wie ihr Lippenstift, und ich drückte mich gegen die Garderobe, löste mich auf, machte mich unsichtbar zwischen den muffig riechenden Mänteln.

Als Charlotte auf den Flur trat, hatte sie eine große Reisetasche bei sich, die ich noch nie gesehen hatte. Der Reißverschluss stand offen, sie hatte, was ging, an Kleidung und Schulbüchern hinein gestopft.

»Und was wird aus Marie?«, schrie meine Mutter.

»Was geht mich Marie an?«

»Sie ist deine Schwester.«

»Sie war euer Wunschkind, nicht meins, also kümmere dich allein um sie«, antwortete Charlotte und öffnete die Wohnungstür.

Ich strahlte. »Wunschkind« klang schön, fast so schön wie »Prinzessin«, und dazu die unverhoffte Aussicht auf ein Zimmer für mich und Harry ganz allein, das musste mein Glückstag sein.

Eine volle Vodkaflasche traf Charlotte im Kreuz und polterte auf das schlammverschmierte Linoleum. Charlotte stellte ihre Tasche ab und hob die Flasche auf, sie war noch ganz. Sie drückte sie meiner Mutter in die Hand. »Da. Du brauchst sie doch noch«, sagte sie ganz leise, und zu mir: »Es tut mir Leid, Marie.«

Dann verschwand sie, und mit ihr mein Glücksgefühl, so schnell, wie es gekommen war. Wahrscheinlich, dachte ich, ist sie wegen mir gegangen, denn Mama hatte mich in letzer Zeit oft Charlotte aufgehalst, wenn sie putzen war oder sich nicht wohl fühlte.

»Krieg ich jetzt das Zimmer?«, wiederholte ich meine Frage.

»Schön, dass du wenigstens den Hund mitgenommen hast“, brüllte meine Mutter durch das Küchenfenster. Ich sah mich erschrocken um. Harry! Charlotte hatte Harry entführt. Schon rannte ich los. Ich holte Charlotte kurz vor der Bushaltestelle ein. Harry war nicht bei ihr. Ich konnte mir denken, wo er war. Um die kleine Hütte am Weiher lagen nicht nur leere Bierdosen, auch Essensreste und menschliche Fäkalien fanden sich im Gebüsch, und für beides hatte Harry etwas übrig. So sind Hunde nun mal, nicht alle, aber Harry schon.

Harry war nicht bei der Hütte, aber ein paar von denen, die immer dort herumhingen, waren da. Einer dieser Idioten hatte einen Stock auf den Weiher geworfen,

Harry war mitten auf dem Weiher und ohne zu überlegen rannte ich auf ihn zu. Die Eisschicht hatte sich während der letzten zwei Tage in eine matschige Sülze verwandelt und die hereinbrechende Dunkelheit machte die Rettungsaktion auch nicht einfacher. Ich glaube, Charlotte rief mir nach: »Marie, bleib hier!«, oder so was Ähnliches, aber sicher bin ich mir nicht. Harry wetzte an Land, Charlotte nach, und in dem Moment spürte ich, wie der Untergrund nachgab und etwas Eiskaltes nach meinen Füßen griff.

Hinterher wurden Warnschilder aufgestellt: Betreten der Eisfläche strengstens untersagt, und ein Witzbold schrieb später dazu: Auch im Sommer.

Inzwischen verläuft auf dem Stück Land die Umgehungsstrasse, und die paar Kinder, die es hier nur noch gibt, spielen woanders, vielleicht am Computer.

Am Morgen gibt es den nächsten Ärger. Die Milch ist sauer. Leider habe ich es erst gemerkt, nachdem ich sie über die Cornflakes gegossen habe. Jetzt esse ich die restlichen Cornflakes ohne Milch, wie Chips. Hinten auf der Packung sind die Figuren aus Herr der Ringe drauf, man kann sie rausbrechen und aufstellen. Ich gruppiere sie um meinen Teller. Die Cornflakes reichen noch bis morgen, wenn ich sparsam bin, aber trotzdem lässt sich das Problem nicht länger aufschieben: Ich muss einkaufen gehen.

Im Küchenschrank, in der oberen Schublade, liegen zwanzig Euro und ein bisschen Kleingeld. Ich ziehe mir das geblümte Kleid an und die Steppjacke drüber, es ist ja Januar. Ich kann keine Strumpfhose finden, also gehe ich ohne, nur mit den Stiefeln. Eine Mütze brauche ich nicht, meine Haare halten mich warm, aber Handschuhe. In die stecke ich auch das Geld. Im Einkaufskorb liegen leere Flaschen. Die stelle ich erst mal im Flur ab. In der Siedlung gibt es nur noch einen schäbigen Plus-Laden, wer ein Auto hat, fährt woanders einkaufen, aber wir haben ja keins, und ich könnte sowieso nicht fahren. Das Fahrrad hat einen Platten. Ich könnte den Bus in die Stadt nehmen, mit dem Bus kenne ich mich aus, aber ich entscheide mich für den Supermarkt in der Siedlung. Das geht schneller, und ich brauche ja nicht viel.

Ich drehe zwei Runden mit dem Einkaufswagen, bis ich die Milch gefunden habe, und auf einmal überfällt mich der Hunger, und ich kaufe alles, was mich anmacht.

Die Kassiererin runzelt die Stirn, als sie meine nackten Beine sieht, die unter dem Kleid herausschauen.

»Dreiundfünfzigachtundzwanzig.«

Marie, sage ich mir, als wäre ich Mama, Marie, was geht nur wieder in deinem Kopf vor? Für zwanzig Euro bekommt man keinen Wagen randvoll, außerdem hätte ich das alles ja gar nicht schleppen können. Das konnte auch nur passieren, weil an den Sachen keine Preisschilder mehr sind. Früher habe ich alles, was Mama eingekauft hat, vorher im Kopf addiert und es hat immer gestimmt. Aber wie will man, bitteschön, Strichcodes addieren?

Ich lege den Zwanzigeuroschein auf das Band.

»Dreiundfünfzigachtundzwanzig.«

Hinter mir ertönen die ersten genervten Seufzer. Ich deute auf den Schein.

»Mehr haben Sie nicht mit?«

Ich schüttle den Kopf.

Natürlich würde es mich nicht umbringen, »ja« oder »nein« zu sagen, ich bin schließlich nicht stumm. Aber fängt man erst einmal an mit Reden, wollen sie immer mehr von einem wissen, und dann fallen mir die Worte nicht ein, jedenfalls nicht gleich, und die Leute starren mich an und warten, dass ich weiter rede, und ich stehe noch viel idiotischer da, als wenn ich gleich den Mund halte. Es gibt schon Leute, mit denen ich rede. Mit Mama zum Beispiel, und mit Frau Dr. Schake, die mich überhaupt erst dazu gebracht hat, mit ihrem genialen Trick: Sie ließ mich Gedichte auswendig lernen, und die konnte ich dann herunterrasseln wie nichts. Ich kann auch Schlager mitsingen, sogar auf Englisch. Mike hat gesagt, ich hätte eine tolle Singstimme. Er hat sogar ein Lied für mich komponiert. Ich hätte ihn gern mal besucht im St. Annen, aber Mama wollte das nicht.

Jetzt kommt Bewegung in den Laden. Eine zweite Kassiererin wird gerufen, die die zweite Kasse für die anderen Kunden öffnet. Hinter mir höre ich Gestöhne, jemand flüstert etwas von »aus der Klapse« und »wie die schon rumläuft«.

Meine Kassiererin muss die Chefkassiererin rufen, die mit einem Schlüssel die Kasse wieder in Ordnung bringt. Ich möchte die Sachen wieder wegräumen, aber ich weiß nicht mehr, wo ich was gefunden habe, die Kokosnuss, die Spaghetti, die acht Pizzen, die Ananasdose, die Backmischung für Apfelkuchen altdeutsch. Dass ich die ganze Zeit kein Wort sage, macht erst recht alle wütend, und mir tut es Leid, dass ich wieder mal Chaos verursacht habe, aber dann flüstert die Chefin der Angestellten etwas zu. Die sieht mich an und lächelt gequält. Ich lächle zurück. Ich behalte schließlich drei Tüten Milch, die Cornflakes, die Schokolade, die Kekse, die Cola, die Mandarinen, die Bananen und die Tütensuppen und bekomme sogar noch einsvierundsechzig raus und eine Plastiktüte geschenkt.

Mit dem vollen Korb und der Tüte laufe ich zurück. Zwei Männer starren mich an und einer pfeift mir nach. Ich gehe einfach weiter. Männer bringen nur Ärger, das hat sich erwiesen.

Nach meinem Unfall besuchte ich eine Schule für Lernbehinderte. Im Nachhinein muss ich leider sagen, dass die meisten von ihnen weniger Behinderte als vielmehr Kriminelle waren, besonders die Jungs. Sie fanden mich »scharf« und wollten andauernd mit mir ficken. »He, willst du ficken?« wurde mit der Zeit eine alltägliche Begrüßung. Ich wusste aber, dass man davon möglicherweise Kinder bekam oder diese neue, schlimme Krankheit Aids, oder, wenn man sehr viel Pech hatte, beides. Deshalb wollte ich logischerweise lieber nicht ficken. Einmal überraschte mich Daniel auf dem Klo. Er war eigentlich einer der Netteren. Hinterher stellte sich heraus, dass ihn die anderen dazu gebracht hatten, es war eine Art Mutprobe. Er schob meine Unterhose beiseite und wollte seinen Schwanz irgendwo da unten reinstecken, aber ich bekam seinen Hals zu fassen und drückte einfach so lange zu, bis er Ruhe gab. Der Notarzt musste ihn reanimieren. Das Wort kannte ich damals noch nicht, aber inzwischen sehe ich alle Arztserien, und ich kenne es aus dem St. Annenstift. Dort passiert so was öfter. Das Reanimieren.

Daniels Eltern fanden, ich sei eine gefährliche Irre und zeigten mich an, aber ich kam nicht ins Gefängnis sondern ins St. Annen. Schwein gehabt.

An der Bushaltestelle steht eine blonde Frau mit einem Kinderwagen. Als sie mich sieht, winkt sie mir mit beiden Armen zu, als müsse sie ein Flugzeug einweisen. Sie schiebt ihren Kinderwagen im Laufschritt auf mich zu.

»Hallo Marie.«

Petra ist knallbraun, als käme sie frisch vom Traumschiff runter.

»Geht's gut?«, fragt sie.

Ich werfe vorsichtshalber einen Blick in den Kinderwagen, aber wie ich mir schon gedacht habe, liegt nur Emmi drin, und ich stelle erst mal den sauschweren Korb auf dem Kinderwagen ab. Petra hat nichts dagegen. Emmi sowieso nicht.

Ich kenne Petra aus dem St. Annen. Und natürlich auch Emmi. Mike hat mir erzählt, Petra sei erwischt worden, wie sie ein Baby klauen wollte. Ihr eigenes ist gestorben.

»Ich komm ein Stück mit, ich bring dir die Sachen nach Hause, wir haben es nicht eilig, Emmi und ich, nicht wahr Emmi? Schön mal wider jemand aus dem St. Annen zu sehen.«

Wir setzen uns in Bewegung, Petra schiebt den Wagen, ich achte darauf, dass der Korb nicht auf die Straße knallt.

»Ich habe jetzt eine ABM-Stelle in der Bücherei, drei halbe Tage, Dienstag, Donnerstag und Freitag, komm doch mal vorbei, du bist doch so eine Leseratte.«

Das stimmt nicht ganz. Oft habe ich nur ein Buch vor mir liegen, damit mich die anderen in Ruhe lassen und die Therapeuten denken, ich beschäftige mich mit was Vernünftigem. Aber manche Bücher habe ich tatsächlich gelesen, zum Beispiel alle drei Herr der Ringe, und das lange bevor sie im Kino kamen.

». . . am Samstag helfe ich manchmal in einem Sonnenstudio aus, und Mittwochs mache ich gerade einen Fortbildungskurs, wie man mit einem Computer schreibt, vielleicht werde ich noch Sekretärin. Aber am liebsten bin ich in der Bücherei, da kann ich nämlich Emmi mitnehmen. Wie geht's denn deiner Mutter? Du redest immer noch nicht viel, was?«

Da muss ich ihr recht geben. Aber ich erfahre auch so, was ich wissen will. Die Leute reden nämlich mehr, wenn man selbst still ist. Wir stehen vor meinem senfgelben Haus.

»Emmi und ich haben jetzt eine eigene Wohnung, da in der grünen Zweiundzwanzig.«

Irgendwann in den Neunzigern hat einer geglaubt, das Leben in der Siedlung könnte noch schöner sein, wenn die Häuser in verschiedenen Pastellfarben angemalt wären. Unseres hat es senfgelb erwischt, und Petra wohnt erbsengrün.

»Es war die Wohnung meiner Mutter. Sie ist Weihnachten gestorben, an Krebs.«

Ich lege ihr die Hand an die solariumgebräumte Wange und lächle traurig.

»Ach, und ich soll dich von Mike grüßen. Der müsste jetzt auch bald rauskommen, jedenfalls hat er das gesagt, als ich entlassen worden bin. Ich habe mich immer ein bisschen vor ihm gefürchtet, ich meine, immerhin ist er ein Mörder, aber wenn sie sagen, er sei wieder okay . . .

Also, ich fand ihn irgendwie auch okay, aber . . . «

»Wann?« Meine Stimme klingt wie eine alte Tür.

»Wann er rauskommt? Weiß nicht, Frühjahr oder so. Vielleicht besucht er dich ja mal. Soll ich dir helfen, die Sachen rauftragen? Ihr habt sicher auch keinen Aufzug, oder? Ich kann Emmi nehmen und die Tüte, und du nimmst den Korb, oder umgekehrt, willst du Emmi mal nehmen?«

Ich will Emmi nicht nehmen, Emmi mit ihren Klappaugen, den Borstenwimpern und dem rosa Kussmund. Ich mag keine Puppen, ich finde sie unheimlich, manchmal fürchte ich, sie könnten auf einmal doch lebendig werden, wie böse kleine Kobolde. Und Babypuppen wie Emmi finde ich am gruseligsten.

Die Haustür wird von innen geöffnet, als ich eben nach dem Schlüssel suchen will. Herr Yilmaz aus dem Erdgeschoss hält mir die Tür auf. Das passt ausgezeichnet, ich habe schon den Korb über dem Arm und die Tüte in der Hand und winke Petra mit der Korbhand zu, während ich durch die Tür witsche, die Herr Yilmaz noch immer geduldig aufhält.

»Besuch mich mal!«

Ich nicke. Versprochen.

Herr Yilmaz sieht mich kritisch an und fragt, ob wir schon Sommer hätten. Offensichtlich ist der Mann nicht mehr ganz richtig im Kopf.

Oben gibt es dann doch ein Problem. Ich habe den Schlüssel vergessen.

»Marie? Ist alles in Ordnung?«

Frau Grimm schießt aus ihrer Tür, als hätte sie dahinter auf mich gelauert. Ich stelle den Korb hin und deute auf das Türschloss.

»Hast du den Schlüssel vergessen? Warum klingelst du nicht?«

Ich tu ihr den Gefallen. Wie ich erwartet habe, rührt sich nichts. »Ist deine Mutter nicht da? Wo ist sie denn? Willst du, dass ich aufschließe? Ist wirklich alles in Ordnung? Gestern habe ich geklingelt, und es hat keiner aufgemacht, wo wart ihr denn? Warum hat deine Mutter den Briefkasten nicht geleert? Ist sie krank, soll ich mal nach dem Rechten sehen?«

Eine Unzahl unbeantworteter Fragen prasselt auf mich nieder, bis sie endlich den Schlüssel holt. Ich könnte ihr ja erklären, dass es meiner Mutter gut geht, inzwischen wieder. Mama konnte sich nämlich vor ein paar Tagen plötzlich überhaupt nicht mehr rühren, so wie Harry. »Bandscheiben«, ächzte sie. Da habe ich ihr die Tabletten gegeben. Bestimmt kann Mama im Menschenhimmel jetzt wieder laufen, so wie Harry im Hundehimmel. Hoffentlich geben sie ihr da oben genug zu trinken, sonst wird sie nämlich unleidlich.

Frau Grimm schließt die Tür mit ihren fleckigen alten Händen auf, und ich schiebe sie mit dem Einkaufskorb beiseite und gehe hinein. Ehe sie mir nachkommen kann, habe ich ihr die Tür vor der Nase zugeknallt. Ich glaube, ein bisschen Tür hat ihre Nase noch abbekommen. Das tut mir leid, denn Frau Grimm ist zwar alt, aber ganz in Ordnung. Wir kennen uns schon sehr lange, und ich bin ihr immer noch dankbar, wegen Harry.

Die Jahre nach dem Unfall lebte ich abwechselnd zu Hause und im St. Annenstift. Das liegt nur zehn Kilometer von der Siedlung entfernt, Mama konnte mich mit dem Fahrrad besuchen. Aber oft kam monatelang niemand, weil sie selbst in einer Klinik war. Zu Charlotte ins Studentenheim konnte ich nicht, und Harry auch nicht, und Charlotte war nicht bereit, in die Siedlung zu ziehen, bis Mama wieder gesund war, sie kam nach ihrem Auszug überhaupt nie mehr in die Siedlung. Also musste ich ins St. Annenstift und Harry zu Frau Grimm. Ich glaube er, ist recht gern bei ihr gewesen.

»Gott, wie riecht es denn hier?« höre ich sie im Hausflur rufen. Jetzt wo sie es sagt und wo ich von draußen komme, finde ich auch, dass es nicht gut riecht. Ich räume die Sachen auf, schalte das Radio an und lüfte. Dann esse ich eine halbe Tafel Schokolade. Auf der Tafel sind Kühe abgebildet. Kühe erinnern mich an Tante Hetti, obwohl das Unsinn ist, Tante Hetti hatte keine Kühe, sondern Pferde.

Ich verbrachte dreimal die Sommerferien bei ihr. Sie wohnt in der Heide. Mittendrin. Ihr Haus steht ganz allein auf dem Feld, es ist dort, als wäre man allein auf der Welt, nur bei Ostwind hört man die Straße und bei Westwind die Kirchenglocke vom Dorf. Bei ihr lernte ich reiten und Marmelade einkochen. Aber dann hat sie wegen irgendwas mit Mama Streit bekommen und mich nicht mehr eingeladen.

Ich mache das Radio an und stelle den Schlagersender ein, volle Lautstärke. Immerhin ist ja heute mein Geburtstag, der sechsundzwanzigste. Nicht, dass ich Schlager besonders mag, ich sehe lieber MTV, aber man kann sie gut mitsingen. Ich finde nämlich, meine Stimme könnte etwas Ölung gebrauchen. Ich tanze im Wohnzimmer herum, mit einer Banane als Mikrofon und singe gerade mit Wolfgang Petri *Waaahnsinn* und *Hölle, Hölle, Hölle,* als ich plötzlich das Gefühl habe, dass mich jemand ansieht. Ich habe dafür eine Antenne, ich merke es immer, wenn mich jemand ansieht.

Jemand ist gut. So viele Leute auf einmal waren noch gar nie in unserem Wohnzimmer: Ich erkenne Frau Grimm, den Hausmeister und Frau Gomez, die Sozialarbeiterin, die ab und zu bei uns vorbeischaut. Das ist kein gutes Zeichen, wenn Frau Gomez erscheint. Meistens muss dann entweder Mama von zu Hause fort, oder ich. Ich bin inzwischen überzeugt, dass auf der Frau ein Fluch lastet.

Hinter der Gomez ist noch eine dritte Frau, die ich noch nie gesehen habe, und angeführt wird der ganze Haufen von zwei Polizisten, richtige, mit Uniform und Waffe und Handschellen. Als Frau Grimm meine Mutter auf dem Sofa sieht, schreit sie, dass es sogar den Petri übertönt. Der Hausmeister ergreift die Flucht und Frau Gomez presst sich eine Hand vor den Mund. Ich lege die Banane weg und schalte das Radio aus, und dann sitze ich im Sessel, die Hände um die Knie geschlungen, die Haare um mich herum wie ein Mantel. Das Fest ist vorbei.

Kalter Hund

ZUTATEN:

300 g Butterkekse
100 g Blockschokolade
200 g Zucker
100 g Butter
1 Ei
50 g Kakaopulver
1 Glas Rum oder Kirschwasser

Die Schokolade im Wasserbad schmelzen.
In der Zwischenzeit die Butterkekse in einen Plastikbeutel geben und zerkleinern.
Zucker, Butter und das Ei schaumig rühren. Das Kakaopulver darüber sieben, den Rum (bzw. das Kirschwasser) und die flüssige Schokolade dazugeben. Die Kekskrümel unterheben.
Eine Kastenform mit Backpapier auslegen und die Masse einfüllen (es ist auch möglich, die Masse zu einer Rolle zu formen und in Folie einzuwickeln).
Den Teig mindestens 12 Stunden im Kühlschrank fest werden lassen. Vorsichtig aus Form oder Folie lösen, in ca. 2 cm dicke Scheiben schneiden und servieren.
In manchen Gegenden ist dieses Rezept auch als »Kellerkuchen« oder »Blutwurst« bekannt.

Streit in Straelen

Katharina Laudon betrat die Bibliotheksgalerie des Europäischen Übersetzerkollegiums in Straelen, in das literarische Übersetzer aus aller Welt kamen, um ungestört einige Wochen oder Monate zu arbeiten. Sie genoss die nächtliche Ruhe. Nur das rhythmische Klappern einer Schreibmaschine war gedämpft von unten zu hören, wie in jeder Nacht seit einigen Wochen. Normalerweise schlief sie um diese Uhrzeit längst, aber ein schlechter Traum hatte sie aufgescheucht. Hier in der Bibliothek schlug für sie das Herz des Kollegiums. Früher war dies einmal ein Hinterhof gewesen, der vier altehrwürdige Häuser miteinander verband. Jetzt war der Hof überdacht von einer Glaskuppel und die Rückwände der Häuser offen wie Bücher, die zum Schmökern einluden. Rings um den Innenhof standen die Regale mit Nachschlagewerken, und wer von einem Haus in das nächste wollte, musste hier hindurch. Durch das Herz des verwinkelten Gebäudekomplexes, durch die Bibliothek.

Barfuß ging sie einmal rings herum und lauschte auf das Knarren der Dielen unter ihren Füßen. Niemand konnte hier oben auf der Galerie gehen, ohne Geräusche zu machen. Ein leises Surren sagte ihr, dass irgendwo in der Bibliothek noch Computer liefen, aber niemand tippte, das hätte sie gehört. Durch die Glaskuppel drang ein wenig Licht ein; genug, um eigenartige Muster in die Bibliothek zu malen. Zärtlich strich sie mit dem Finger über die Rücken der niederländischen Nachschlagewerke auf dem Regal, vor dem sie stand. Wie oft hatte sie schon hier gesessen, um Redewendungen zu recherchieren. Wachsam hob sie den Kopf und lauschte angespannt – irgendwo hatte es geknirscht. Seltsam, dass Menschen nach so vielen Jahrtausenden auch in sicherer Umgebung immer noch reagierten wie in der Wildnis.

Jetzt wieder. Schritte kamen die Treppe herunter, die zu den Zimmern 10 und 11 führte. Die Schritte hielten inne – die beiden mussten jetzt in dem halboffenen Raum mit den russischen Nachschlagewerken und dem Schachbrett stehen.

»Das kannst du nicht machen«, fauchte eine männliche Stimme.

»Fass mich nicht an«, sagte eine weibliche Stimme mit amerikanischem Akzent. »Und misch dich nicht in meine Arbeit ein.«

Der Mann ließ nicht locker. »Ich kenne Carina wirklich. Ich sage dir ganz genau, was sie mit jedem einzelnen Wort gemeint hat. Das ist unbezahlbar für dich.«

»Wie oft soll ich dir noch erklären, dass Theaterstücke zu verschiedenen Zeiten in verschiedenen Kulturen anders aufgefasst werden? Die Stücke der Odenthal sind so auf das klassische europäische Bildungsbürgertum abgestimmt, das versteht heute in Amerika kein Mensch. Da verlangt der Verlag die eine oder andere Anpassung. Das verfälscht ihr Werk nicht. Als es in Deutschland noch keine Cheeseburger gab, hat man sie als Käsebrötchen oder Käsetoast übersetzt. Daran ist die Kultur nicht zugrunde gegangen.« Die Frau klang müde und ungeduldig.

»Du siehst das absolut falsch – Literatur und Theater muss die Menschen erziehen, sie lehren! Du als Übersetzerin musst die Lehrerin des amerikanischen Volkes sein! Ich sehe das so ...« Die männliche Stimme steigerte sich in einen flammenden Appell für die geistige Erziehung der einfachen amerikanischen Masse durch die Werke Carina von Odenthals.

Katharina hatte sich nicht von der Stelle gerührt. Wie kam sie wohl am besten wieder in ihr Zimmer? Es war gar nicht weit entfernt, aber sie hätte an den beiden vorbei gemusst. Leise knarrend ging sie ein paar Schritte zurück und nahm den Ausgang vor Zimmer 12; auch hier gab jede Diele einen Kommentar ab, als sie den Flur entlang schlich, um über die Treppe nach unten in die Eingangshalle zu gelangen. Sie kam an der Küche vorbei, aus der Stimmengewirr drang. Die meisten ihrer KollegInnen waren Nachtarbeiter oder zumindest Bis-spät-in-die-Nacht-Zusammenhocker, und sie wusste mittlerweile auch, bei wem sie nicht vor halb drei Uhr nachmittags klopfen durfte.

Hier unten im Erdgeschoss war die Bibliothek gefliest, und so konnte sie lautlos die andere Seite erreichen, auf dem kalten Steinboden an den Zimmern 3 und 4 vorbei zur Hintertreppe gehen und dort die Treppe hinaufknarren bis zu ihrem Zimmer, Nummer 6. Oben auf der Galerie wurde immer noch gezankt.

Zwei Tage später hatte sie ihr nächtliches Erlebnis schon so gut wie vergessen. Es war acht Uhr morgens, die Putzfrauen hatten gerade die Küche verlassen, und Katharina war dort allein. Sie setzte Kaffee auf, stellte erfreut fest, dass die Tageszeitungen schon da waren und nahm sich Kuchenform und Rührschüssel vor. Die Zutaten hatte sie gestern schon eingekauft. Marion hatte heute Geburtstag, und sie wollte der Freundin und Kollegin, mit der sie gerade einen Roman übersetzte, eine Überraschung bereiten.

Sie öffnete den Schrank für die Zimmer 1 bis 7, um die trockenen Zutaten herauszunehmen, und grinste über das Fach Nummer 1. Zimmer 1 wurde angeblich von einem rumänischen Kollegen bewohnt. Auf der Liste am Schwarzen Brett der Eingangshalle stand »Vasile Barbulescu«. Er war wohl schon seit Wochen hier, aber gesehen hatte ihn noch niemand. Die Vorhänge seines Zimmers, das eine Tür in den kleinen Außenhof hinaus hatte, waren immer zugezogen. Die ganze Nacht hindurch klapperte die Schreibmaschine. Mittlerweile nannten ihn alle den »Grafen« und machten dunkle Andeutungen über seine transsilvanische Herkunft. Steinalt müsse er sein, wenn er noch eine Schreibmaschine benutze, wo doch jedem hier Computer zur Verfügung standen. Das einzige, was man wirklich von Vasile Barbulescu wusste, war, dass er eine Leidenschaft für Tee hatte. Sein ganzes Fach war voller großer Tüten mit verschiedenen Teesorten, weißen und braunen Filtern, grobem und feinem Kandis und Zucker. Sonst nichts.

Als Katharina den Mürbeteig geknetet und in den Kühlschrank verfrachtet hatte, verkündete die Kaffeemaschine asthmatisch das Ende ihrer Bemühungen. Katharina schenkte sich ein und begann, die Birnen in Scheiben zu schneiden und den Guss vorzubereiten. Sie schob den fertigen Birnenkuchen in den Ofen und widmete sich dann zufrieden der taz und der FAZ. Von den Kollegen war immer noch niemand aufgetaucht.

In dieser Nacht klapperte in Zimmer 1 keine Schreibmaschine.

»Es ist so seltsam ruhig«, sagte Ewgenia aus Kirgisien, als sich eine Gruppe Übersetzer um elf Uhr abends zu einem Glas Wein in der Küche traf. Normalerweise hörte man, wenn man die Bibliothek durchquerte, die rhythmischen Geräusche.

»Der Graf wird vor lauter Entkräftung zusammengebrochen sein«, sagte Marion. »Ein Vampir kann eben doch nicht nur von Tee leben.«

Alle lachten. Katharina sah sich in der Küche um. Wie wundervoll, so viele Menschen aus verschiedenen Kulturen und Sprachen an einem Tisch versammelt zu wissen. Menschen, die alle miteinander verbunden waren durch ihre Liebe zur Sprache und ihre Entscheidung, den schönsten Beruf der Welt auszuüben.

»Vielleicht hat ihn ja auch der Streit heute Abend verschreckt«, sagte Willemijn. Sie öffnete eine der großen

Weinflaschen. »Wer will noch?«

»Welcher Streit?«, fragte Katharina.

»Simon hat Janis vorhin eine Riesenszene gemacht. Seit er hier ist, nervt er die Arme auf Schritt und Tritt.« Willemijn füllte die Gläser, die ihr entgegengehalten wurden. »Simon Wolf war mit Carina von Odenthal verheiratet, der berühmten Theaterautorin. Ich habe ihn gefragt, was er hier will. Angeblich übersetzt er gerade Odenthals Werke ins Englische. Er wollte aber nicht sagen, für welchen Verlag. Janis Bedford jedenfalls hat einen Vertrag – sie soll die Stücke neu ins Amerikanische übersetzen. Aber sie interpretiert einige Texte anders als Simon.«

»Sehr diplomatisch ausgedrückt«, sagte Marion. »Simon ist völlig außer sich – er wusste nichts davon. Odenthals Eltern haben die Urheberrechte geerbt, und er hat keinen Einfluss darauf, wie sie genutzt werden. Seit Simon hier ist, will er Janis seine Sicht der Odenthal-Texte aufzwingen. Vorhin war er richtig hysterisch. Es wird von Tag zu Tag schlimmer mit ihm. Die arme Janis, sie traut sich ja schon nicht mehr aus dem Zimmer.«

Katharina hatte schon viel von Simon Wolf gehört. Fanatisch hütete er das Werk seiner verstorbenen Frau, reiste durch ganz Europa, um Aufführungen ihrer Werke zu sehen und zu verdammen. Ein Mann, der sich im Besitz der Wahrheit über Carina von Odenthal glaubte. Carina, was für ein schöner Name, dachte sie. Bei ihr hatte es nur zur bodenständigen Katharina gereicht.

»In Europa und Amerika ist gerade der Odenthal-Boom ausgebrochen. Vermutlich gibt es kein Land, in dem ihre Stücke nicht übersetzt und gespielt werden.« Stepans Stimme hatte einen bitteren Unterton. »Simon glaubt wirklich, er sei der einzige, der ihre Texte versteht. Nur seine Interpretation gilt. Alles andere ist für ihn Frevel.«

»Nur, weil er mit ihr zusammengelebt hat, muss er sie noch lange nicht besser kennen als andere. Welcher Mann kennt schon seine Frau?«, sagte Katharina.

Stepan öffnete den Mund, aber Marion war schneller. »Können wir jetzt endlich meinen Kuchen essen, bevor mein Geburtstag rum ist?«

Katharina steuerte zielstrebig auf die Stelle zwischen Herd und Spülbecken zu, wo sie den Kuchen auf eine Platte gestellt hatte. Verwirrt schaute sie auf die durchsichtige Kuchenhaube. Darunter war – nichts. Nicht einmal die Platte. Sie hob die Haube an, als würde sich der Kuchen dadurch materialisieren. »Er ist weg«, sagte sie.

»Wie, weg?«, fragte Marion.

»Weg wie fort. In Luft aufgelöst. Krümellos verschwunden.« Katharina konnte es nicht fassen.

»Mein Geburtstagskuchen ist verschwunden?« Marion nahm den Tatort in Augenschein und sah sich dann in der Küche um. Vor der Tür zum WC entdeckte sie etwas auf dem Boden. „»Von wegen krümellos. Hier ist eine Spur.« Sie folgte den Krümeln in den Toilettenvorraum und von dort durch eine weitere Tür in die Bibliothek. Dort war die Krümelspur auf den rotbraunen Fliesen gut zu erkennen. Sie führte direkt zu Zimmer 1.

»Der Graf hat meinen Kuchen geklaut!«, empörte sich Marion. Wenn es ums Essen ging, verstand sie keinen Spaß. Sie donnerte mit der Faust an die Tür und stürmte, ohne auf eine Reaktion zu warten, hinein. »Was fällt Ihnen eigentlich – « Abrupt blieb sie stehen.

Katharina, die ihr zögernd gefolgt war, sah sich im Zimmer um. Die Tür zum Badezimmer stand offen. Die Räume waren menschenleer. Eine Schreibmaschine war nirgendwo zu sehen, nur ein altes Tonband auf dem Schreibtisch, Bücher und der Computer.

Und eine Blutlache vor dem Bett.

Es war drei Uhr morgens, und immer noch saß die Runde der Übersetzer in der Küche und überlegte, ob sie jetzt etwas unternehmen mussten und wenn ja, was. Sie konnten sich nicht einig werden, ob der Graf Nasenbluten gehabt hatte oder ob etwas Schreckliches passiert war. Sollten sie die Geschäftsführerin des Übersetzerkollegiums anrufen?

»Nicht um diese Uhrzeit«, hatte Katharina pragmatisch erklärt. »Was soll sie machen? Eine Vermisstenanzeige aufgeben?«

»Das können wir doch tun«, sagte Stepan.

Was aber sollten sie der Polizei sagen? Wir vermissen einen Kollegen, den wir noch nie gesehen haben? Und würden sie sich nicht lächerlich machen mit einem solchen Satz und einer Spur von Kuchenkrümeln? Die kunterbunten Gäste des Kollegiums galten in Straelen und Umgebung sowieso bei vielen Einheimischen als Spinner. Nicht nur, weil sie regelmäßig in Scharen und mit Küchenhandtüchern bewaffnet an der Eingangstür in der Kuhstraße standen, um Kollegen zum Abschied zu winken.

Schließlich beschloss die Runde, bis zum Morgen zu warten. Wenn der Graf bis dahin nicht aufgetaucht war, konnten sie immer noch die Geschäftsführerin anrufen und um Rat bitten. Katharina räumte noch Gläser und Tassen in die Spülmaschine und wischte die Tische ab. Im Spülbecken lag ein kleiner, feuchter Papierschnipsel. DANK stand da in krakeligen, von der Feuchtigkeit verlaufenen Druckbuchstaben. Katharina steckte ihn ein.

Am Samstag gegen Mittag war von den Kollegen keine Spur zu sehen; von einigen wusste Katharina, dass sie nach Venlo zum Einkaufen fahren wollten. Vermutlich waren sie längst unterwegs und dachten nicht mehr an den Grafen und seine Blutlache. Widerstrebend näherte sie sich der Tür von Zimmer 1. Vielleicht war der Graf ja wieder da? Sie klopfte, erst zaghaft, dann lauter. Schließlich öffnete sie die Tür einen Spalt. Der Raum sah unverändert aus, und es roch nach Fleisch, das zu lange ungekühlt herumgelegen hatte. Die Blutlache vor dem Bett war getrocknet, und Fliegen liefen darauf herum. Sollte sie die Lache wegputzen, damit es nicht so stank? Aber was, wenn wirklich etwas passiert war? Dann würde sie Beweismittel vernichten. Katharina atmete ganz flach und näherte sich dem Schreibtisch. Woran hatte der Graf wohl gearbeitet? Ein dickes Buch lag aufgeschlagen auf dem Tisch. Sie drehte es um. Carina von Odenthal. Gesammelte Werke.

Du lieber Himmel! Der Graf auch? Sie hatte ja gehört, wie Simon Wolf mit Janis Bedford umgesprungen war. Hatte er sich etwa auch mit dem Grafen gestritten und völlig die Kontrolle verloren? Und wenn ja, woher wusste Wolf, das der Graf hier war? Hatte er gewusst, dass Janis hier sein würde? Katharina schlich sich hinaus und wünschte, sie hätte die Tür erst gar nicht geöffnet.

Aus der Galerie im ersten Stock war lautes Getrampel und Geschrei zu hören – tschechisch, wenn Katharina nicht alles täuschte. Stepan kam die Treppe fast herunter gefallen und sah sich hilfesuchend um. »Janis!«, keuchte er. »Janis, sie ist –« Die Stimme versagte ihm, und er nahm Katharina an der Hand und zerrte sie einmal quer durch die Bibliothek und hinter sich die Stufen zu Zimmer 10 hinauf.

Die Tür stand weit auf. Janis Bedford, die amerikanische Übersetzerin, lag auf dem Boden neben ihrem Schreibtisch, den Kopf in einer Blutlache, und rührte sich nicht. Wieder war da dieser Geruch, der Katharina den Mageninhalt die Speiseröhre hochtrieb. Sie schluckte mit aller Macht und schüttelte sich. Wo kamen bloß diese verdammten Fliegen immer gleich her? Langsam näherte sie sich der jungen Frau, streckte zögernd die Hand aus und berührte das blasse Gesicht. Es war kühl, aber nicht kalt. Katharina rief den Notarzt.

»Wo ist dieser verdammte Graf abgeblieben?«, fragte Marion, die wild entschlossen war, den Fall selbst zu lösen. Sie hatte schon ein paar Dutzend Krimis übersetzt und liebte Rätsel.

Katharina dagegen wollte nicht über die Ereignisse spekulieren. Janis lag im Koma, und niemand wusste, ob sie überleben würde. Stepan und Katharina waren von der Polizei vernommen worden, besonders Stepan, weil er Janis gefunden hatte. »Ich war mit ihr verabredet, wir wollten zusammen arbeiten«, hatte Stepan erklärt.

»Das kann jeder sagen«, hatte ein Uniformierter gebrummt und dem Kollegen einen misstrauischen Blick zugeworfen. Bei der Gelegenheit stellte sich heraus, dass auch Stepan an einer Übersetzung von Odenthals Werken saß und aus Angst vor Simon Wolf behauptet hatte, er sei mit Gottfried Benns Gedichten zugange. Katharina konnte sich nicht erinnern, dass sie hier in Straelen schon einmal eine solche Konstellation erlebt hatte: drei Übersetzer, die dieselbe Autorin übersetzten. Sie hatten sich in Straelen verabredet, um sich über Odenthals Texte auszutauschen. Jeder hatte seine eigene Strategie entwickelt, mit Simon Wolf umzugehen. Stepan die Verleugnung, der Graf das Versteckspiel, und Janis die offene Konfrontation. Und alle hatten die ganze Zeit dicht gehalten.

Die Geschäftsführerin des Kollegiums hatte die Krankenhäuser in Geldern und Kempen angerufen, aber niemand hatte dort einen Vasile Barbulescu behandelt. Für das Verschwinden des Grafen gab es sicher eine Erklärung, aber niemand hatte genug Fantasie, sich eine auszudenken.

Simon Wolf war ebenfalls verschwunden. Katharina hatte einen Polizisten in den zweiten Stock zu Wolfs Zimmer geführt, Nummer 16. Im Badezimmer hatte Licht gebrannt und in der Dusche lief Wasser. Aber da war niemand gewesen. Die Fenster zur Straße hin waren offen gewesen, die Dachfenster auch. Katharina hatte sich vorsichtig im Zimmer umgesehen. Von hier aus konnte man tatsächlich aufs Dach hinaus, und von dort in zwei andere Zimmer. Zum Beispiel in Nummer 10.

»Danke, ich komme allein zurecht«, hatte der Polizist

gesagt, als ihm endlich einfiel, dass Katharina hier eigentlich nichts zu suchen hatte.

Wenig später rückte ein Trupp von der Spurensicherung an, um die Zimmer von Janis Bedford, Simon Wolf und dem Grafen auf den Kopf zu stellen. Damit waren sie immer noch beschäftigt, während die Gäste des Kollegiums ratlos in der Küche saßen und sich fragten, wie dieser ganze Schlamassel bloß hatte geschehen können.

Wie oft hatten sie in der Küche zusammen gesessen und darüber gescherzt, dass sich das verwinkelte Haus ganz wunderbar für einen Mord eignete, und ob man nicht einmal einen Verleger, der Übersetzer besonders schäbig behandelte, hier her locken sollte. Aber jetzt war gar nichts mehr lustig daran. Die grausame Realität war in diesen friedlichen, freundlichen Ort eingedrungen und hatte alles auf den Kopf gestellt. Sonst lebten hier alle nach ihrer eigenen Façon, nach ihrem ganz persönlichen Rhythmus, ohne Rechenschaft ablegen zu müssen. Ganz plötzlich ging es nur noch darum, wer wann wo gewesen war, und ob es Zeugen dafür gab. Und jedes Mal, wenn eine Person nicht genau wusste, wo sie gewesen war, sahen die Polizisten aus, als wollten sie die Handschellen zücken.

Stepan hatte Angst. »Wer weiß, wo Simon ist. Und was er mit Vasile gemacht hat. Der Kerl ist völlig irre. Und vielleicht haben Janis oder Vasile ihm ja gesagt, dass ich auch an einer Odenthal-Übersetzung arbeite. Dann wird er auch hinter mir her sein.«

Es musste ein schreckliches Gefühl sein, sich hier im Kollegium nicht mehr wie zu Hause zu fühlen, dachte Katharina. Für sie war der Aufenthalt im Übersetzerkollegium wie eine Kur für die Seele. Kaum hatte sie die Eingangshalle betreten, legte sich der Geist des Hauses um sie wie ein schützender Mantel. In den wenigen Wochen, die sie dort verbringen konnte, war ihr nicht nach Ausflügen zumute. Es genügte ihr, gelegentlich durch die Straßen von Straelen zu schlendern, sich über die alten Häuser zu freuen, über das rote Haus Am Taubenturm zu kichern, donnerstags über den Wochenmarkt zu streifen und sich mit leckeren Sachen fürs Wochenende einzudecken. Gelegentlich erlag sie dann der Versuchung, eine große Tüte mit bunten Nähgarnen zu erstehen oder einen Strauß Blumen, weil die Farben so fröhlich waren.

Und jetzt das. Dennoch spürte sie selbst keine Furcht. Sie hatte beruflich nie etwas mit Odenthals Texten zu tun gehabt und gehörte nicht zu den Gefährdeten. Auch die Bibliothek flößte ihr keine Angst ein - niemand konnte sich dort anschleichen, ohne von dem knarrenden Holz verraten zu werden.

Draußen in der Eingangshalle waren merkwürdige Geräusche zu hören. Tiefes Murmeln, leises Schimpfen, ein Wimmern. Katharina, die am dichtesten an der Tür saß, öffnete sie vorsichtig und spähte hinaus. Bevor sie etwas erkennen konnte, wurde die Tür von außen kräftig zugezogen.

»Wir sind da wohl gerade unerwünscht«, sagte sie.

Es dauerte jedoch nicht lange, bis die Tür wieder aufging. Die Eingangshalle war leer. Die Geschäftsführerin setzte sich zu ihnen an den Tisch, zündete sich eine Zigarette an und inhalierte tief.

»Die Polizei hat Herrn Wolf gefunden«, sagte sie. »Im Gewölbekeller unter dem Haus.«

Stepan seufzte erleichtert. Die meisten schauten verwirrt auf die Tür, die von der Küche in den Gewölbekeller führte, zu Wasser- und Weinvorräten und zu den Waschmaschinen.

»Nein, nicht hier«, sagte die Geschäftsführerin. »Wir haben noch einen Keller. Wenn Sie neben Zimmer 4 die Treppe hinunter gehen. Er geht bis tief unter die Häuser. Ganz hinten kann man nicht mal mehr stehen, und Beleuchtung gibt es da auch nicht mehr. Jedenfalls lag Herr Wolf dort. Er sah schrecklich aus. Zerkratzt und blutverschmiert. Ich glaube, er hat den Verstand verloren.«

Soweit die Polizei es bis jetzt rekonstruieren konnte, hatte es zwischen Janis Bedford und Simon Wolf ein Handgemenge gegeben, bei dem sie sich gegenseitig verletzten. Janis war zusammengebrochen, und Simon war über das Dach zu seinem Zimmer geflüchtet. Aus Angst, Janis umgebracht zu haben, und unter dem Einfluss einer schweren Gehirnerschütterung hatte er sich anscheinend in den hintersten Winkel verkrochen, den er finden konnte.

»Hat er gesagt, was er mit Vasile gemacht hat?«, fragte Stepan.

Die Geschäftsführerin grinste verschmitzt. »Dieses Rätsel habe ich gelöst“, sagte sie, verschwand kurz und kam mit einem Mann wieder, in dessen dunklem, verwuscheltem Haar und Vollbart erste Silberfäden glänzten. Seine linke Hand war verbunden.

»Ich bin Vasile Barbulescu«, sagte er.

Stepan sprang auf, um den Kollegen erleichtert in die Arme zu schließen.

»Nicht übel für'n Vampir«, rutschte es Katharina heraus.

Vasile löste sich aus der Umarmung und sah die Geschäftsführerin fragend an. Die nickte in Katharinas Richtung. »Dank für den Kuchen«, sagte er. »Woher wussten Sie meinen Geburtstag?«

Nach einem Moment der Verwirrung tastete Katharina nach dem kleinen Zettel, den sie seit Freitagnacht in der Hosentasche hatte. Dem Zettel mit dem gekrakelten DANK.

»Der ist von Ihnen«, sagte sie.

»Ja. Sie haben ihn gefunden, gut.« Er lächelte wieder.

Sie hatte ein Blatt rotes Papier mit der Aufschrift »Für das Geburtstagskind von Katharina« auf die Kuchenhaube geklebt, und er hatte sich angesprochen gefühlt. Also kein Kuchendieb im Übersetzerkollegium. Das rückte ihr Weltbild wenigstens in dem Punkt wieder zurecht. »Und wo waren Sie die ganze Zeit?«

Er erzählte, dass er herzkrank war und ein blutverdünnendes Mittel nehmen musste. An dem Freitagabend, als Simon und Janis den großen Streit hatten, schnitt Vasile gerade einen Apfel auf, als Simon plötzlich draußen an der Terrassentür zu randalieren begann. Vasile war so erschrocken, dass er sich in die Hand geschnitten hatte, die nicht mehr aufhören wollte zu bluten. Also hatte er einen Freund angerufen, der ihn ins Krankenhaus brachte. Und ihm seine Versichertenkarte gab, weil Vasile keine hatte. Deshalb hatte die Geschäftsführerin ihn unter seinem Namen nicht finden können. »Seinen« Geburtstagskuchen hatte er dem Freund geschenkt, um sich für die Gefälligkeit zu bedanken, und der hatte im Gegenzug darauf bestanden, dass Vasile nach seiner Entlassung aus dem Krankenhaus noch bei ihm blieb, um richtig zu feiern. Die Geschäftsführerin hatte sich an den Freund erinnert, weil Vasile ihm einmal ein Fax geschickt hatte, und hatte ihn aufgespürt.

»Wer hier nicht lernt, wie man sorgfältig recherchiert, dem ist nicht mehr zu helfen«, sagte sie.

Für das Verschwinden des Grafen gab es also doch eine Erklärung, aber so eine Geschichte hätte Katharina sich wirklich nicht ausdenken können. Jedenfalls war sie unendlich erleichtert, dass auch dieses Rätsel jetzt gelöst war. Eines aber musste sie noch wissen. »Warum arbeiten Sie noch mit einer Schreibmaschine?« fragte sie den Rumänen.

»Wie kommen Sie denn darauf? Ich schreibe am Computer«, erwiderte er. »Ach - ich weiß.« Er stand auf. »Ich zeige es Ihnen.«

Die ganze Übersetzerrunde erhob sich und folgte ihm zu Zimmer 1, wo er sie zum Schreibtisch führte und das Tonband einschaltete. »Meine Eltern sind beide Schriftsteller. Sie haben immer nachts gearbeitet. Wenn ich das Klappern nicht höre, kann ich einfach nicht schlafen.«

Und mit dem vertrauten, rhythmischen Klappern einer Schreibmaschine im Hintergrund gingen sie wieder in die Küche, um die nächste Flasche Wein zu öffnen.

Katharina Laudons Birnenkuchen mit Guss

750 g feste Birnen
Zitronensaft, Wasser

FÜR DEN BODEN:

200 g Mehl
175 g kalte Butter, in Würfel geschnitten
50 g Walnüsse, gemahlen
75 g Zucker
1 Msp. Backpulver
1 Ei
Butter für die Form

FÜR DEN GUSS:

1 Päck. Vanillepuddingpulver
250 ml Birnensaft
3 EL Zucker
200 ml Sahne
3 Eier, verquirlt

Zutaten für den Boden zu einem glatten Mürbeteig kneten und mindestens 30 Minuten kalt stellen.
Birnen schälen, entkernen und in Spalten schneiden.
In Zitronenwasser legen, damit sie nicht braun werden.
Backofen auf 170 °C (Umluft 150 °C) vorheizen.
Springform (26 cm ø) einfetten und mit dem Teig auslegen. 2 - 3 cm Rand formen.
Puddingpulver mit etwas Saft anrühren. Restlichen Saft, Zucker und Sahne zusammen aufkochen. Puddingpulver einrühren, Masse kurz aufkochen, damit sie eindickt, und vom Herd nehmen.
Eier unterziehen.
Birnen kurz abtropfen lassen, auf den Boden legen und den Guss darüber verteilen. 40-45 Minuten backen.
Vor dem Anschneiden völlig erkalten lassen.

Der lange Schatten der Schwanenburg

Am freitäglichen Kaffeeklatsch meiner Familie nahm ich diesmal aus beruflichen Gründen teil. Schon als Kind hatte ich vor allem den Nusskuchen geliebt und es dafür auch ertragen, einen ganzen Nachmittag zuhören zu müssen, wie von längst vergangenen Zeiten erzählt wurde. Doch gerade heute konnte mir das Gespräch nicht schnell genug auf »früher« kommen, und wenn ich selbst die Rede darauf bringen musste.

Tante Hanna beugte sich vor, hob die Kuchenplatte an und spähte darunter. Ich wartete darauf, dass der Nusskuchen rutschte, aber entweder klebte der saftige Teig bombenfest an der Platte, oder der Schokoguss verband Kuchen und Unterlage und verhinderte jegliche Bewegung. Gerda kam mit der Kaffeekanne herein und wollte uns einschenken. »Was machst du da?«

»Ich wollte nur wissen, ob die Platte neu ist«, sagte Tante Hanna. »Aber bei der trüben Beleuchtung hier kann ich das Markenzeichen nicht erkennen.«

»Du hättest mich auch fragen können«, meinte Gerda pampig. Dann riss sie sich sichtlich zusammen. »Die hat mir doch Karl zur Hochzeit geschenkt.«

Da ich vom Fach bin – ich leite jetzt die Abteilung Keramik des Museums für Angewandte Kunst in Köln, und meine besondere Leidenschaft gilt dem Teilbereich Porzellan – hätte ich Tante Hanna gleich sagen können, dass es sich um ein No-name-Imitat eines Meißner Musters handelte. Aus der scheußlichen Periode. Doch ich wusste, dass sie das selbst wusste. Schließlich kannte sie jedes Stück Hausrat in unserem Familienclan, sei es Möbel, Betttuch oder Kaffeelöffel, so gut, als hätte sie es selbst angefertigt. Unzählige Male hatte sie in ihrem Leben diese Stücke abgewischt, gewaschen und gespült, erst im Haushalt ihrer Mutter, dann in dem meiner Mutter. Für sich selbst hatte sie nie etwas behalten und lebte in einer Einzimmerwohnung.

»Trübe ist es wirklich«, sinnierte Tante Henny, Hannas jüngere Schwester, mit Blick durchs Fenster in den Novembernebel. »Aber mit den Kerzen doch so gemütlich hier!«

Tante Hanna – die eigentlich meine Großtante war, eine Schwester meines Großvaters mütterlicherseits – fahndete an der Kante des Tischtuchs entlang.

»Es ist frisch gewaschen und gestärkt«, verkündete Sibylle stolz. »Hab ich mitgeholfen.«

Gerda tätschelte ihrer zwölfjährigen Tochter die Schulter. »Das kann sie wirklich schon sehr gut. Nora, möchtest du ein Stück Nusskuchen?«

Ich hielt ihr meinen Teller hin. Diesen Nusskuchen gab es nur freitags nachmittags. Zur Auswahl standen heute noch der ebenso traditionelle Kirschboden und Windbeutel. Ich nahm es als ein gutes Zeichen für mein Vorhaben, dass Gerda, meine stets formbewusste Kusine, die Windbeutel in Form von Schwänen gestaltet hatte.

»Was suchst du eigentlich?«, fragte ich Tante Hanna, die mit der einen Hand Kuchen in sich hineinschaufelte und mit der anderen weiter am Tischtuch nestelte.

»Das Monogramm«, murmelte sie mit vollem Mund. »Das Muster erinnert mich an Muttis Tischwäsche ... das müsste also RM irgendwo haben ...«

Sibylle hob auf ihrer Seite den Saum hoch und brachte ihre Tasse gefährlich ins Wanken. »Hier, meinst du das? Dasselbe ist auch auf den Servietten.«

»Selbstverständlich«, sagte Gerda kühl. »Es ist die Decke von Urgroßmama Bertha, und bei mir wird alles benutzt – ich hab schließlich kein Museum.«

Das ebenso tradionelle Hickhack darum, wer welches

Stück von welchen Ahnen im Haushalt hatte und ob es verwendet oder »gespart« werden sollte, machte mich ungeduldig. Auch überhörte ich geflissentlich die Anspielung auf meinen Job. Ich hatte sowieso nicht verstanden, warum sie alle etwas dagegen hatten, dass ich im Museum arbeitete – oder lag es daran, dass es in Köln und nicht in Kleve war? Vorher hatte ich mehrere Jahre im Ausland gelebt, und weil meine Eltern inzwischen gestorben waren, war ich nicht oft zurück nach Kleve gekommen. Als mir eine Stelle in Köln angeboten wurde, hatte ich sofort zugegriffen; so war ich wenigstens in der Nähe meiner Heimat und meiner Familie. In der Fremde hatte ich sie plötzlich sehr vermisst. Zwar ist der Niederrhein angeblich überall, doch diese spezielle Mischung aus plattem Land und behäbigem Strom, aus Spargel und Wallfahrt und Einkaufstrips nach Holland, die fand ich nun doch nur hier. Und die Menschen, die ich schon so lange kannte, die sich zusammengehörig fühlten. So vieles hatten wir gemeinsam erlebt und durchgestanden, da fiel es nicht ins Gewicht, wenn sich einzelne Familienmitglieder nicht so gut leiden konnten. Uns verbanden die Erinnerungen, und deswegen war ich heute hier.

»Sagt mal, als im Krieg – «

»Welchem?«, sagte Tante Hanna sofort.

»Na, dem letzten. Es geht mir um die Auslagerungen.« Meist reichte ein Stichwort, und alle überboten sich mit irrelevanten Informationen zum Thema. Diesmal jedoch schlug mir Schweigen entgegen.

»War nicht der ganze Kram aus der Schwanenburg bei euch im Dorf gelagert?«, fragte ich die Tanten. »Weil sie es wegen der anrückenden Truppen nicht weiter weg bringen konnten?«

Sofort begann Tante Henny von ihrer und Hannas Jugendzeit im Krieg zu reden und auf was sie alles hatten verzichten müssen und dass es keine jungen Männer gegeben hatte, mit denen sie zum Dorftanz hätten gehen können. Dorftanz hätte es ja auch nicht mehr gegeben. Mit Mühe brachte ich das Thema wieder auf die Auslagerungen und erfuhr von Henny, dass es nicht viel gewesen war und in eine Scheune gepasst hatte. An dieser Stelle unterbrach Tante Hanna ihre Schwester mit einem finsteren Blick.

»Und haben sie es nach dem Krieg abgeholt?«, beharrte ich.

»Wenn nach den Plünderungen noch was da war . . .« Henny schob sich eine voll beladene Kuchengabel in den Mund.

»Wir haben jedenfalls nicht geplündert«, sagte Tante Hanna frostig. Wieder setzte Stille ein, bis Gerda noch einmal rundum Kuchen anbot.

Mir kam das alles seltsam vor; ich konnte mich daran erinnern, dass der Krieg sonst immer ein zentrales Thema der beiden gewesen war, mit dem sie uns Freitag für Freitag ab vier zu langweilen verstanden, bis auch wir als die nächste Generation das Gefühl bekamen, dabei gewesen zu sein. Ich tauschte einen verständnisinnigen Blick mit Gerda, Hennys Tochter, die offensichtlich auch an diese endlosen Nachmittage an Kaffeetafeln dachte, bei denen jedes zweite Wort »früher« oder »damals« gewesen war. Entweder hatten Henny und Hanna den Krieg nun ausdiskutiert, oder die Stichworte »Auslagerung« und »Plünderung« waren heikel.

Was mich früher – und damals – so genervt hatte, konnte jetzt faszinierender nicht sein. Als ich vor einigen Wochen meine Stelle im Museum angetreten hatte, arbeitete ich mich als Erstes durch die liegen gebliebenen Projekte meines Vorgängers, der vorzeitig aus dem Leben gerissen worden war. Zu diesen Projekten gehörte auch die Komplettierung eines Schokoladenservice für zwölf Personen. Das hatte mich aufmerksam gemacht; zwar war es nicht der wertvollste Teil unserer Keramiksammlung, aber Schokoladengedecke waren doch recht selten. Und diese gehörten zum berühmten Meißner Schwanenservice, das um 1740 für den Grafen von Brühl angefertigt worden war. Europäisches Porzellan gab es damals erst seit wenigen Jahrzehnten, und die Fürsten und Könige zeigten gern ihre Macht und ihren Reichtum, indem sie lange Tafeln vollstellten mit dem kostbaren und zerbrechlichen »weißen Gold«.

Mittlerweile waren die mehr als zweitausend Teile des Schwanenservice über die ganze Welt verstreut worden, als Geschenke für Diplomaten und Verbündete, sie waren gestohlen und geplündert und vererbt worden.

Der Geldwert von Schokoladengedecken, obwohl nur wenige aus dieser Zeit erhalten geblieben sind, war nicht so hoch wie etwa der von künstlerisch gestalteten Tierfiguren aus Porzellan. Geschirr hat eher kulturhistorische Bedeutung. Daher wunderte mich die Hartnäckigkeit, mit der mein Vorgänger seine Nachforschungen betrieben hatte, bis ich auf die Notizen seines Vorgängers stieß, der ebenfalls in dieser Sache tätig gewesen war. Bis zu seinem tödlichen Autounfall hatte dieser es geschafft, den Bestand beinahe zu komplettieren. Es fehlte nur noch eine Tasse nebst Untertasse. Das hatte wohl den Ehrgeiz meiner beiden Vorgänger geweckt, und es weckte auch meinen.

Mein Kollege Jan Reinhart, ein Meißen-Experte aus Thüringen, half mir bei der Fahndung kreuz und quer durch vergilbte Inventarverzeichnisse. Anhand solcher Verzeichnisse ließ sich nicht nur feststellen, was wann wo gewesen war, sondern oft auch, wann es überhaupt hergestellt worden war, und mit den Beschreibungen in den Inventaren entdeckte der Experte häufig, ob ein Stück unseres Bestandes oder eines, das uns angeboten wurde, ein Imitat war.

Gemeinsam beugten wir uns nun tagelang über brüchiges Papier und schlechte Fotokopien und fanden heraus, dass dieses Schokoladenservice bis zum Zweiten Weltkrieg in der Klever Schwanenburg aufbewahrt worden war. Seit März 1945 galten die Sachen aus der Burg als verschollen. Es hatte sich niemand darum gekümmert; die Eigentumsverhältnisse waren schon vorher unklar gewesen, und das geologische Museum, das jetzt in der Burg untergebracht war, wollte den Hausrat nicht.

Ich jedoch schon, vielmehr das Museum für Angewandte Kunst. Was könnten wir für publikumswirksame Ausstellungen machen! Über Meißen, über Schokolade, über Barock ... die Möglichkeiten waren endlos, und immer könnten wir damit werben, mit unserem Service etwas Einzigartiges zu zeigen. Außerdem hatte es mich neugierig gemacht, warum meine Vorgänger beide kurz vor ihrem Tod so oft nach Kleve gefahren waren. Den Experten musste ich nicht extra anspornen; sein Ehrgeiz, das kleinste Fitzelchen Information aufzuspüren, verwandelte ihn von einem zurückhaltenden Mann in einen leidenschaftlichen Jäger verlorener Schätze.

Es gelang mir an diesem Freitag nicht, das Gespräch wieder auf die Schwanenburg-Sachen zu lenken. Ich wollte behutsam vorgehen; es schien mir, dass meine Tanten mit dem Thema schmerzhafte Erinnerungen verbanden. Nächsten Freitag würden wir uns ja wieder sehen.

Eine Woche später saßen wir in fast derselben Zusammenstellung bei Tante Henny. Sibylle fehlte wegen einer Schulveranstaltung. Dafür hatte sich Onkel Drickes zu uns gesellt und berichtete ausführlich von jeder Beerdigung der letzten zwei Monate. Gerda betrachtete den Nusskuchen, und ich sah ihr an, was sie dachte. Zwar ist das Rezept wirklich so einfach, dass der Kuchen immer gelingt; doch Tante Henny hatte es geschafft, die Schokoglasur in eine bröselige Masse zu verwandeln. Gerda bediente sich schließlich an den gekauften Plunderstückchen, wenn auch mit etwas Widerstreben.

Ich dachte, wenn ich so ganz allgemein von meiner Arbeit erzählte, würde sich Tante Hanna ein weiteres Stückchen Information über den Verbleib der Schwanenburger

Bestände entlocken lassen. Weit gefehlt. Ich hatte das Talent meiner weiblichen Verwandtschaft, Nebenkriegsschauplätze zu eröffnen und von jeglichem Thema abzulenken, vergessen.

»... und häufig kommen Erben zu uns, die wissen wollen, was ein Stück wert ist. Was ich da für Einblicke in traute Familienverhältnisse bekomme!« Aus den Augenwinkeln warf ich einen Blick auf Tante Hanna. »Sicher hätten auch meine Vorgänger viel davon erzählen können. Leider habe ich sie nicht kennengelernt – aber waren sie nicht mal hier bei euch in Kleve? Auf der Jagd nach einem Stück, das in unserer Sammlung fehlt?«

»Apropos erben«, sagte Hanna unbeeindruckt. »Deine Mutter hatte auch einen Teil von Muttis Aussteuerwäsche bekommen und wollte sie für dich sparen. Benutzt du sie jetzt?«

»Oh«, sagte ich, den Kopf noch voll vom Schicksal zweier Kuratoren, die die Autobahn zwischen Kleve und Köln nicht überlebt hatten. Zuviele Zufälle. Doch wie könnte man einen Unfall aus der Ferne organisieren? »Hättest du denn gern etwas davon gehabt?«

»Nein, ich brauche nichts ... Du benutzt sie also auch nicht?«

Ich holte tief Luft. »Ich habe eine Tischdecke und ein paar Servietten behalten. Alles andere hab ich dem Textilmuseum in Linn gegeben.«

Hanna schwieg. Die Raumtemperatur sank um fünfzehn Grad.

»Ich finde es erstaunlich«, sagte Gerda und sah mich vorwurfsvoll an, »dass du deine Erbstücke so leichtfertig herschenkst.«

»Aber im Museum kommen sie doch allen zugute«, wandte ich ein. »Die Leute können lernen, wie die Dinge früher ausgesehen haben, wie sie hergestellt wurden, wie sie verwendet wurden. Bei mir würden sie doch nur unbenutzt rumliegen.«

»Und du kannst dir was Schickes, Neues kaufen, wenn du's brauchst«, meinte Onkel Drickes. »Wozu all den historischen Plunder horten.«

Es trafen ihn die giftigen Pfeilspitzen aus Tante Hannas Augen. »Du hast wohl vergessen, wie es damals war! Als wir vor den Soldaten in den Reichswald flüchten mussten, da hatten wir nichts. Und als wir ins Dorf zurückkamen, war so viel verbrannt. Wenn da die Familie nicht zusammengehalten hätte . . . «

»Also, für mich kommt die Familie zuerst«, stellte Gerda fest. »Wenn alle so denken würden, wäre jeder versorgt.«

Onkel Drickes sah aus, als könnte er besonders in diesem Moment gut auf Familie verzichten. »Was sind schon ein paar Handtücher?«, knurrte er.

»Gerade die!«, trompetete Hanna. »Es ist doch das Alltägliche, die kleinen Dinge, die wirklich wichtig sind. Und Erbstücke halten eine Familie zusammen. Das kann kein Museum leisten.«

»Doch«, sagte ich. »Es hält sogar viel mehr zusammen: die ganze Kultur und Geschichte.«

Danach wollte die rechte Kaffeerundenstimmung nicht mehr aufkommen. Ich bot Tante Henny meine Hilfe beim Spülen an, in der Hoffnung auf brauchbarere Informationen.

»Hanna kann es nun mal nicht so gut haben, dass dir die Erbstücke nicht so wichtig sind wie ihr«, sagte Henny. »Du darfst ihr das nicht übel nehmen, sie meint es doch gut.«

Ich gab zu, dass Hanna uns immer unter die Arme gegriffen hatte, so gut sie konnte, und da sie nicht geheiratet hatte, war »Familie« für sie ihre Geschwister und deren Kinder. Sie kam stets, wenn jemand gepflegt, auf Kinder und Katzen aufgepasst werden musste, war sich für keine Arbeit zu schade und hatte immer mit offener Hand geschenkt. Ich fragte mich, was sie überhaupt an Rente bekam; viel konnte es nicht sein.

»Weißt du«, sinnierte Henny und ließ die Spülbürste ins warme Seifenwasser sinken, »ich kann mir fast denken, warum du das mit dem ausgelagerten Zeug wissen willst. Porzellan ist ja jetzt dein Beruf, und in dieser Scheune war auch welches, so weiß und golden mit Tieren drauf.«

Ich hielt den Atem an.

Henny ließ die Spülbürste wieder kreisen. »Aber da musst du Hanna fragen, die kennt sich damit besser aus.«

Und ob ich das tun würde, jetzt, wo ich wusste, dass das Service dort gewesen war.

»Obwohl, Nora ... « Henny seufzte. »Vielleicht wäre es besser, du rührtest nicht in dem alten Kram herum, das macht ihr nur Kummer. Ihre Gesundheit ist nicht mehr die beste – sag's niemandem, dass du's von mir hast, aber lange wird es mit Hanna nicht mehr gehen. Sie soll ihren Frieden haben.«

»Altes Plappermaul«, sagte Hanna von der Tür her.

Danach war aus Henny nichts mehr herauszukriegen. Wir spülten stumm weiter unter Hannas wachsamem Blick. Ich fand auch, dass sie etwas elend aussah. Nach meiner Geburt hatte Hanna, die zu der Zeit im Geschäft meiner Eltern mitarbeitete, meine Mutter monatelang gepflegt und sich um mich gekümmert. Da fühlte ich mich ihr gegenüber verpflichtet, besonders seit meine Eltern tot waren. Doch weil sie schon immer eine barsche Art gehabt hatte, fiel es mir nicht leicht, mit ihr umzugehen; ein herzliches Verhältnis hatten wir nie. Daher graulte ich mich jetzt auch davor, sie auf das Porzellan anzusprechen.

Ich hatte am nächsten Freitagmorgen gerade die Website der Lost Art Database aufgerufen, als mein Telefon auf der hausinternen Leitung klingelte.

Den Blick auf die neuesten Suchmeldungen in Sachen verschollener Kunst gerichtet – ich muss schließlich auf dem Laufenden bleiben – hob ich ab. »Abteilung Keramik, Nora Barkausen.«

»Wenn Sie heute Nachmittag nach Kleve fahren«, sagte unser Porzellanexperte, »würden Sie mich wohl bis Düsseldorf mitnehmen?«

Herr Reinhart, den ich insgeheim schon Jan nannte, hatte einen Termin beim Auktionshaus Dorotheum und sollte einen Posten Böttgersteinzeug begutachten. Mein Herz klopfte schneller, als ich ihm vorschlug, früher aufzubrechen und zusammen irgendwo zu essen. Bei Erbsensuppe und Jägerkohl erwischte ich ihn dabei, wie er unauffällig unter seinem Teller nach der Herstellermarke suchte, während ihm natürlich sofort auffiel, dass ich ganz in Gedanken den Metallstempel des Bestecks studierte. Über diese Symptome unserer Berufskrankheit mussten wir so lachen, dass sich das Du spontan ergab.

Trotz aller Ablenkungen – natürlich klopfte mein Herz immer noch zu schnell – kreisten in meinem Kopf weiterhin Tanten und Tassen. Ich unterbrach Jans Schilderung seines letzten Vortrags vor der Sèvres-Gesellschaft in Paris und erzählte ihm von meinen Klever Forschungsergebnissen.

» . . . so dass ich jetzt glaube, meine Tante hat womöglich die Tasse«, sagte ich. »Nur traue ich mich nicht so recht, sie danach zu fragen.«

Das erforderte eine ausführliche Erläuterung meiner Familiengeschichte.

Jan löffelte nachdenklich seine restliche Suppe. »Sie kommt mir wie eine sehr stolze Frau vor. Du müsstest auf jeden Fall allein mit ihr reden. So kann sie dir etwas erzählen, ohne das Gesicht zu verlieren. Und du bist doch keine Fremde, wie deine Vorgänger.«

Auch das beschäftigte mich: Ich hatte keinen Beweis dafür, dass die beiden Kuratoren wirklich mit Hanna gesprochen hatten. In ihren Notizen hatte ich nichts gefunden.

Aber Jan hatte recht. Wenn ich Hanna jetzt nach der Tasse fragte, blieb ihre Reaktion jedenfalls in der Familie. Ich setzte Jan in Düsseldorf vor dem Dorotheum am

Schwanenmarkt ab und fuhr durch den nasskalten November nach Kleve.

Wir waren wieder bei Gerda. Ich betrachtete den perfekt gedeckten Kaffeetisch. Irgendwann musste auch ich mal freitags einladen. Wegen des Backens machte ich mir keine Sorgen, das würde ich hinkriegen; aber ich hatte immer noch kein Service für meinen Haushalt gefunden, das meinen Ansprüchen gerecht wurde. So würden wir wohl erst mal weiterhin abwechselnd bei Henny und Gerda sitzen, denn in Hannas Einzimmerwohnung passten wir nicht hinein.

»Nora, du siehst irgendwie anders aus«, sagte Gerda und schob mir ein Stück Nusskuchen – heute mal mit Walnüssen – auf den Teller.

Tante Henny musterte mich und brach dann in herzliches Lachen aus. »Unsere Porzellanexpertin ist verliebt!«

»Also, da gibt's noch viel erfahrenere Fachleute, die sich besser auskennen«, stotterte ich.

Gerda lächelte. »Na, das passt doch ganz wunderbar. Wie heißt er denn?«

Tante Hanna starrte erst finster auf ihren Teller, doch dann beteiligte sie sich eifrig daran, gemeinsam mit den anderen meine Aussteuer zu diskutieren. Mein Einwand, dass es wohl noch lange nicht so weit sei, blieb ungehört.

Ich blendete das Gespräch aus und betrachtete Tante Hanna. Sie einfach fragen? Für mich war sie immer eine Respektsperson gewesen, das hatte sich in all den Jahren nicht verändert. Nie hatte ich mir Gedanken darüber gemacht, ob sie so etwas wie ein Privatleben hatte.

Warum zum Beispiel hatte sie nie geheiratet? Sicher, viele der jungen Männer, die infrage gekommen wären, blieben dann im Krieg. Doch hätte sich nicht doch später jemand finden können, so wie Henny ihren Drickes gefunden hatte? Oder Hanna hatte tatsächlich jemanden gehabt, und sie hatten nicht zusammenkommen können?

Ich versuchte, sie mir als junge Frau vorzustellen.

Als ich wieder hinhörte, war die Kaffeerunde bei einem völlig anderen Thema.

»Kakao kommt von den Azteken aus Mexiko«, klärte uns Sibylle auf. »Das hab ich neulich in der Schule gelernt. Und die haben den nicht mit Zucker getrunken, so wie wir, sondern mit Pfeffer und Chili und Maismehl.«

»Darin kann man sicher gut eine Prise Gift verstecken«, sagte ich gedankenlos. Gift!, dachte ich dann. Das erst wirkte, wenn die Opfer auf der Autobahn waren . . .

Meine Bemerkung ging in Sibylles Vortrag darüber, dass das Wort Schokolade aus dem Aztekischen kommt, unter. Dachte ich jedenfalls. Als wir aufbrechen wollten, legte Tante Hanna mir die Hand auf den Arm. »Bringst du mich nach Hause?«

Ich war auf alles vorbereitet. Ich würde mit in ihre Wohnung kommen – aber ich würde nichts zu essen oder trinken von ihr annehmen. Nicht dass es mir wie meinen Vorgängern erging.

Sie bat mich herein, kramte in einem Schrank und stellte dann etwas vor mich auf den Tisch.

»Darum geht es doch, oder?«, sagte sie leise. »Deine Anspielungen hab ich schon verstanden . . . aber warum hast du nicht einfach gefragt?«

Ich zuckte verlegen die Schultern und nahm den Blick nicht von der Tasse. »Meine Vorgänger hatten tödliche Unfälle, nachdem sie dich besucht haben. Und du siehst die Sache mit dem Museum ganz anders als ich.«

Sie setzte sich neben mich in ihren abgeschabten Ohrensessel, streckte einen Finger aus und strich an den beiden Henkeln und der schlanken, hohen Wölbung der Tasse entlang.

»Ja, ich wollte sie unbedingt behalten, obwohl ich natürlich sehr wohl wusste, woher sie stammte. Für mich aber war sie ein Geschenk. Von jemand ganz besonderem.«

Sie war dort, während sie jetzt sprach, das konnte ich

deutlich sehen, für sie war es März 1945.

»Wir hatten ein Lager im Wald nicht weit vom Gasthaus ‚Berg und Tal'. Als die kanadischen Truppen bei uns nur Frauen, Kinder und Alte fanden, gaben sie uns von ihren Rationen ab. Einer verstand sogar ein bisschen Deutsch. Er gab mir eine Tafel Schokolade und richtigen Kaffee, und als er sah, wie sehr ich mich darüber freute, brachte er mir am nächsten Tag die Tasse.«

Und dann hatte wohl ihr Herz schneller geklopft. So wie bei mir und Jan.

»Ist er gefallen?«, fragte ich behutsam.

»Ich weiß es nicht. Er kam nicht wieder.« Sie stand auf und trat an die Küchenzeile. »Hättest du auch gern eine Tasse Schokolade? Nein? Dachte ich mir. Aber ich mach' mir eine.«

Ich wandte mich zu ihr um. »Und die Kuratoren? Und warum erzählst du mir das jetzt?«

Sie maß Milch ab und füllte sie in einen Topf, rührte das Kakaopulver mit etwas Milch an und schaltete den Herd ein. »Blut ist dicker als Schokolade. Die beiden Herren waren ja Fremde für mich, die ging das alles gar nichts an – aber du bist meine Nichte.«

Sie quirlte den Kakao, bis er schäumte, und goss ihn vorsichtig in die Tasse. Dann streckte sie sich wieder in ihrem Sessel aus.

»Ich trinke sonst nie Kakao«, meinte Hanna. »Ich biete ihn immer nur Besuch an. Es ist eine spezielle Mischung.«

Ein starkes Schlafmittel würde auch in einer heißen Schokolade, so wie wir sie heute zubereiten, nicht auffallen, dachte ich. Dann griff ich nach Hannas Arm.

»Du kannst doch nicht – du wirst doch nicht etwa ... «

»Du musst dich für mich erinnern«, murmelte sie. »Mein Gedächtnis ist nicht mehr so gut, und der Arzt hat mir gesagt, dass es auch nie wieder besser wird. Bevor ich also ein sabberndes Wrack werde, niemanden mehr erkenne und nur eine Last bin ... «

Ich zerrte mein Handy heraus, um den Notarzt zu rufen. Doch dann ließ ich es sinken und betrachtete die alte Frau neben mir, die jetzt, noch im Vollbesitz ihrer Geisteskräfte, einschlief. Hanna war immer nur für uns da gewesen. Nun hatte sie mich zu ihrer Erbin gemacht und mir das Einzige gegeben, was sie jemals für sich behalten hatte. Weil sie wusste, dass ich sie jetzt verstehen würde.

Konnte ich ihre Tasse wirklich in ein Museum stellen?

Nusskuchen

ZUTATEN:

250 g geriebene Nüsse
250 g Grieß
250 g Zucker
Mark von 1 Vanilleschote
1 Essl. Mehl
1 Tütchen Backpulver
1/4 Liter starker Kaffee
1/4 Liter Milch
Fett für die Form
Schokoglasur
Nüsse zum Verzieren

Backofen auf 170 Grad vorheizen.
Alle trockenen Zutaten mischen. Kaffee und Milch zugießen und gut verrühren. Springform (24-26 cm) einfetten und Teig hineingießen. Etwa 45 Minuten backen und 10 Minuten in der Nachwärme stehen lassen. Kuchen auf einem Gitter auskühlen lassen, mit Schokoglasur überziehen und mit Nüssen verzieren.

Lauter reizende alte Damen

Das hat ja wieder einmal prima funktioniert, dachte Andreas Naumann, als er in seinen Wagen, einen zwei Jahre alten Porsche Carrera, stieg. In seiner Tasche befanden sich viertausend Euro, die er von Franziska Helmich, seinem ersten Opfer an diesem Tag, erbeutet hatte. Wieder einmal handelte es sich um leicht verdientes Geld.

Er ließ Pont hinter sich und fuhr auf der Venloer Straße in die Gelderner Innenstadt. In der Nähe des Hauptzollamtes fand er einen freien Parkplatz. Er stellte seinen Wagen ab und lief die restlichen Meter bis zur Hartstraße zu Fuß. Norbert Thielgen, sein Schneider, erwartete ihn bereits.

Naumann nickte zufrieden, als er seinen neuen Anzug, einen maßgeschneiderten Zweireiher aus reiner Seide, anprobierte. Thielgen hatte nicht zuviel versprochen. Der Stoff war vom Allerfeinsten. Naumanns Spiegelbild zeigte das Antlitz eines eleganten, erfolgreichen Geschäftsmannes. Genau das war er auch, zumindest wenn man es mit den Regeln von Ethik und Moral nicht allzu genau nahm.

Der Anzug kostete ihn achthundert Euro. Schon bald würde er sich jeden Cent davon zurückholen. Und zwar mit Zins und Zinseszins. Return on investment war der Fachbegriff, den man in der Wirtschaftssprache dafür verwendete.

»Ich behalte den Anzug direkt an«, sagte Naumann zu seinem Schneider.

Norbert Thielgen nickte. »Ich vermute, Sie haben heute noch einen wichtigen Geschäftstermin.«

»Einen ziemlich wichtigen. Drei neue Kunden. Da steckt

jede Menge Geld drin.«

Der Schneider lächelte. Andreas Naumann war sein bester Kunde. »Soll ich Ihren alten Anzug hier behalten und reinigen lassen?«

»Ja, das wäre sehr nett von Ihnen.«

Naumann überreichte Thielgen das Geld für den Anzug. Er bezahlte in bar. So machte er es immer. Nur Bares war eben Wahres.

Zehn Minuten später saß Naumann wieder in seinem Wagen und befand sich auf dem Weg nach Hartefeld, seiner zweiten geschäftlichen Station am heutigen Tag. Seine Opfer wohnten am Prozessionsweg, einer hübschen Straße mit vorwiegend frei stehenden Einfamilienhäusern. Er parkte den Wagen ein Stück vom Haus entfernt. Schließlich wollte er einen bescheidenen Eindruck machen. Ein neunzigtausend Euro teurer Porsche wirkte mitunter etwas protzig, vor allem, wenn es um Naumanns besonderes Klientel ging.

Es war genau drei Uhr, als er die Klingel neben der Eingangstür betätigte. Es hatte leicht zu regnen begonnen, doch der Regen machte Naumann nichts aus. Er war ganz auf das bevorstehende Gespräch konzentriert, an dessen Ende er sicher zum zweiten Mal an diesem Tag reiche Beute machen würde.

Naumann hatte nach dem gewohnten Schema gearbeitet. Zunächst hatte er einige Informationen über die Hausbewohner eingezogen. Er hatte herausgefunden, daß es sich um drei Frauen handelte, die alle jenseits der siebzig, verwitwet und wohlhabend waren. Es waren reizende, alte Damen und gehörten damit genau zu dem Klientel, auf das sich Naumann spezialisiert hatte.

Wie immer, so hatte er auch diesmal zuerst einen telefonischen Kontakt hergestellt. Zu seiner Freude hatte er von Anfang an den richtigen Ton getroffen. Das allein war bereits eine Kunst, die nicht viele seiner Mitbewerber beherrschten. Noch schwieriger war es, aus einem erfolgreichen Telefonkontakt einen persönlichen Termin zu machen. Manchmal dauerte es eine Ewigkeit, bis man ihn bekam. Wichtig war, dass man hartnäckig blieb, dabei aber niemals aufdringlich wirkte. Man musste seinen Opfern das Gefühl geben, die Fäden selbst in der Hand zu halten. Naumann war ein Meister seines Fachs.

In diesem Fall hatte es nur wenige Tage gedauert, bis er den erhofften Termin gewährt bekam. Jetzt galt es nur noch, den drei alten Damen seine fingierten Geldanlagen zu verkaufen, die obligatorischen Barprämien einzustreichen und sich mit seiner Beute, der zweiten an diesem Tag, aus dem Staub zu machen.

Es dauerte nur wenige Sekunden, bis ihm die Tür geöffnet wurde. Vor ihm stand eine grauhaarige Frau, die ihn von oben bis unten musterte.

»Hallo«, sagte Naumann, »mein Name ist Bernhard Langenbach von der Firma Langenbach und Partner. Wir hatten einen Termin miteinander vereinbart.«

Sofort hellte sich das bis dahin unbewegliche Gesicht der Frau auf. »Natürlich, Sie sind der Versicherungsmakler. Kommen Sie doch bitte herein.«

Naumann bedankte sich und betrat das Haus. Der Flur war hell erleuchtet. An den Wänden hingen Dutzende von Fotos, größtenteils alte Schwarzweißaufnahmen, die zum Teil bereits vergilbt waren.

»Ich bin Anna Berlitz«, stellte sich die Dame vor, während sie Naumann ins Wohnzimmer führte, wo ihn die anderen beiden Frauen erwarteten. »Das sind meine Freundinnen Jutta Wiesner und Marianne Koch.«

»Sehr angenehm«, flötete Naumann und schüttelte eifrig die Hände der Frauen. Mit einer knappen Bewegung streifte er seinen Mantel ab und setzte sich auf das Sofa.

Die Frauen hatten an nichts gespart. Der Tisch war reich gedeckt. Der Kaffee duftete herrlich frisch. Mehrere Kuchensorten standen zur Auswahl. Sogar frische Vanillewaffeln hatten die alten Damen gebacken. Das Waffeleisen, das auf einer Anrichte stand, war noch warm von der Arbeit.

»Sie tragen einen schönen Anzug«, lobte Marianne Koch, nachdem sie Naumann eine Tasse Kaffee eingeschenkt hatte. »Ist das Seide?«

Naumann nickte, froh darüber, daß sein Anzug den gewünscht positiven Eindruck machte. »Ja, das ist Seide. Ich habe den Anzug gesehen und mich sofort in ihn verliebt. Er war im Sonderangebot, ein wahres Schnäppchen.«

»Den haben Sie wirklich großartig ausgesucht. Er steht Ihnen ganz vorzüglich.«

»Vielen Dank für das Kompliment. Und vielen Dank für Ihre Einladung.«

»Wir haben Ihnen dafür zu danken, dass Sie heute Nachmittag Zeit hatten«, entgegnete Jutta Wiesner und strich sich ihre Bluse glatt. »Wenn ich Sie richtig verstanden habe, verkaufen Sie also Versicherungen.«

»Versicherungen und vieles mehr«, erklärte Naumann. »Meine Beratung umfaßt alle gängigen Finanzprodukte.«

Der vermeintliche Finanzexperte lächelte sanft. Der Trick mit den fingierten Finanzdienstleistungen funktionierte seit über zehn Jahren. Im Durchschnitt überlistete er auf diese Weise zwischen drei und fünf Kunden pro Woche. Dabei handelte es sich ausschließlich um alte Menschen, vornehmlich Frauen. Diese waren von seiner ruhigen, umgänglichen Art zumeist dermaßen angetan, daß sie gar nicht erst auf die Idee kamen, ihm zu misstrauen.

Der Clou an seinem Geschäft war, daß es die Firma Langenbach und Partner gar nicht gab. Sie existierte nicht einmal als Briefkastenfirma. So war es unmöglich, irgendeine Spur von ihm zu verfolgen.

»Ist es in der heutigen Zeit nicht schwierig, Finanzprodukte zu verkaufen?«, fragte Jutta Wiesner und postierte eine Vanillewaffel mit Sahne vor Naumann.

Naumann nickte. Fast tat es ihm ein bisschen leid, dass er die drei Damen letztlich übers Ohr hauen würde, aber wie hieß es doch so schön: Geschäft war eben Geschäft und hatte nichts mit Sympathie zu tun.

»Das ist es allerdings«, entgegnete er und nippte an seinem Kaffee. »Ich denke aber, dass die Menschen ein feines Gespür dafür haben, welchem Berater es nur um die Provison geht und wem es auf eine gute, ehrliche Beratung ankommt.«

»Und Sie legen Wert auf eine gute, ehrliche Beratung, nicht wahr?«, fragte Anna Berlitz.

Wieder nickte Naumann, diesmal mit ernster Miene. »Ja, denn nur so kann eine kleine Firma wie meine überleben. Nur wenn ein Kunde mit meiner Beratung zufrieden ist, lässt sich daraus eine langfristige Geschäftsbeziehung aufbauen. Meine Firma steht für langfristige Geschäftsbeziehungen. Die meisten unserer Kunden betreuen wir schon seit über zwanzig Jahren. Vertrauen ist die Basis, auf der unsere Beratung aufgebaut ist.«

Jutta Wiesner tätschelte Naumanns Arm. »Es ist gut, das zu hören. Wissen Sie, die meisten Vertreter wollen ältere Menschen wie uns doch nur übers Ohr hauen. Das ist eine schreckliche Gemeinheit. Auf diese Weise verliert man langsam aber sicher das Vertrauen in andere Menschen.«

»Das kann ich gut nachvollziehen«, beteuerte Naumann, der diese Art von Gespräch schon unzählige Male geführt hatte. »Mir an Ihrer Stelle würde es sicher genauso gehen. Umso wichtiger ist es, dass Sie mir vertrauen können.«

»Das tun wir«, versicherte Marianne Koch. »Sie scheinen ein sehr netter, junger Mann zu sein.«

Naumann lächelte zufrieden. Er schob sich ein großes Stück Waffel mit Sahne in den Mund, zerkaute es und spülte es schließlich mit einem ordentlichen Schluck Kaffee hinunter.

»Sie müssen wissen, daß wir drei uns schon seit einer Ewigkeit kennen», erzählte Marianne Koch.

»Um genau zu sein, schon seit über sechzig Jahren«, fügte Anna Berlitz hinzu. »Wir sind zusammen zur Schule gegangen. Auch danach sind wir immer in Kontakt geblieben. Es ist schön, solch gute Freundinnen zu haben. Wir sind füreinander da, in guten wie in schlechten Zeiten.«

»Es gab leider auch schlechte Zeiten«, fuhr Jutta Wiesner fort. »Unsere Ehemänner starben alle kurz nacheinander, im Abstand weniger Wochen. Unsere Kinder waren damals längst aus dem Haus. Wir standen vor der Wahl: entweder ins Altersheim gehen oder die Sache selbst in die Hand nehmen.«

Anna Berlitz lehnte sich in ihrem Sessel zurück. »Wir drei haben uns zusammengetan und dieses Haus gekauft. Das war vor genau vierzehn Jahren. Wir sind sozusagen eine Wohngemeinschaft. Es ist weitaus besser, als in irgendeinem anonymen Altersheim zu leben. Wir drei haben viel Spaß miteinander.«

»Das glaube ich gern«, meinte Naumann mit einem Blick in die vitalen Gesichter der Frauen.

»Sie besuchen sicher häufig Ihre Kunden zu Hause, nicht wahr?«, fragte Marianne Koch.

»Ja, sehr häufig. Meiner Meinung nach gehören persönliche Besuche zu einem freundlichen Kundenservice dazu. Nur von Angesicht zu Angesicht lassen sich Fragen wirklich gut erörtern.«

»Wenn nur jeder so wie Sie denken würde«, seufzte Jutta Wiesner. »Wissen Sie, man hat manchmal das Gefühl, als ginge es den Menschen heutzutage nur noch darum, einander übers Ohr zu hauen. Wenn ich nur daran denke, könnte ich heulen.«

»Ich weiß, was Sie meinen«, entgegnete Naumann und straffte seinen Rücken. »In meiner Branche gibt es viele schwarze Schafe, die es einem ehrlichen Berater wie mir sehr schwer machen. Ich stoße bei meiner Arbeit auf sehr viel Misstrauen.«

»Das glaube ich gern«, beteuerte Anna Berlitz. »Sagen Sie, ich möchte ja nicht indiskret sein, aber sind Sie eigentlich verheiratet?«

Naumann schüttelte den Kopf. »Nein, bin ich nicht. Leider habe ich die Richtige bisher noch nicht getroffen.«

Das entsprach nur zum Teil der Wahrheit. In Wirklichkeit war es so, dass man in seiner Branche einfach keine Zeugen oder Komplizen gebrauchen konnte.

»Das werden Sie bestimmt noch«, sagte Marianne Koch. »Wo Sie doch so ein netter Mann sind.«

»Vielen Dank für das Kompliment«, erwiderte Naumann und schob sich einen weiteren Bissen von der Waffel in den Mund. Erst jetzt fiel ihm auf, dass die Backware einen leicht bitteren Beigeschmack hatte. Rasch spülte er die Bitternis mit einem Schluck Kaffee hinunter.

»Sie sind so ein reizender Mensch«, fuhr Marianne Koch fort. »Und dazu noch so aufrichtig. Wie heißt Ihre Firma doch gleich?«

»Langenbach und Partner«, antwortete Naumann. Plötzlich durchzog ihn ein leichtes Schwindelgefühl. Schwerfällig lehnte er sich auf seinem Platz zurück, doch das Schwindelgefühl hielt an.

»Ja, richtig, Langenbach und Partner«, wiederholte Jutta Wiesner nachdenklich. Sie blickte Naumann mit ernstem Gesichtsausdruck an. »Wissen Sie, nach Ihrem ersten Anruf haben wir uns die Mühe gemacht, Ihre Firma ein wenig unter die Lupe zu nehmen. Nicht, daß wir überängstlich wären, aber ein gesundes Misstrauen hat noch keinem Menschen geschadet.«

»Sie müssen wissen, dass Marianne Jura studiert hat«, fuhr Anna Berlitz fort. »Während ihrer aktiven Zeit als Anwältin war sie auf Unternehmensrecht spezialisiert. Natürlich war ihre erste Idee, das Firmenregister zu überprüfen. Leider mussten wir feststellen, daß die Firma Langenbach und Partner gar nicht existiert. Sie verstehen sicher, dass wir darüber doch etwas überrascht waren.«

»Es war genau wie damals, als wir diese Dinge über unsere Ehemänner erfuhren«, fügte Marianne Koch hinzu. »Die Drei waren sehr unartig. Die ganze Zeit über haben sie uns mit anderen Frauen betrogen. Das konnten wir Ihnen nicht durchgehen lassen.«

»Deshalb haben wir uns damals auch der Sache angenommen«, warf Jutta Wiesner ein. »Es ist uns zwar nicht leicht gefallen, aber schließlich haben wir es doch getan. Anna ist Apothekerin und kennt einige hervorragende Mittel, die in solchen Fällen helfen.« Sie kicherte leise. »Binnen nur dreier Wochen war alles vorbei. Niemand kam auf die Idee, uns zu verdächtigen. Dafür sehen wir drei viel zu brav aus.«

»Letztlich haben unsere sauberen Gatten nur das bekommen, was sie verdient haben«, erklärte Marianne Koch ernst.

»Und wir haben uns geschworen, uns niemals wieder von einem Mann betrügen zu lassen«, sagte Anna Berlitz.

»Und daran haben wir uns bis heute gehalten«, rief Jutta Wiesner aus.

Ein heftiger Krampf ließ Andreas Naumann zusammenzucken. Das Gift, das ihm die Frauen mit der Vanillewaffel verabreicht hatten, wirkte jetzt immer schneller.

Verzweifelt presste Naumann sich die Hände auf den Bauch. In der nächsten Sekunde fiel er vom Sofa. Er blickte nach oben und sah, dass die Frauen ihn umringten. Sie lächelten ihn an. Es war ein reizendes Lächeln, wie es nur nette, alte Damen zustande brachten.

Naumann seufzte leise. Dann schloss er die Augen und starb.

Waffeln

ZUTATEN:

125 g weiche Butter
50 g Zucker
1 Päckchen Vanillinzucker
1 Prise Salz
4 Eier
250 g Mehl
1 Teelöffel Backpulver
1/4 l Milch

Öl für das Waffeleisen

Butter, Zucker, Vanillinzucker, Salz und Eier verquirlen. Mehl und Backpulver mischen, dazugeben und mit der Milch einen flüssigen Teig rühren.
Das Waffeleisen mit Öl bepinseln und erhitzen. Mit einem Schöpflöffel nicht zu viel Teig auf das Eisen geben und die Waffeln backen, bis sie goldbraun sind.

Die Waffeln mit Puderzucker bestäuben oder mit heißen Kirschen und Sahne servieren.

Die einzig wahre Grillagetorte

Es gibt diese Tage, da sieht man alles nur durch eine dicke Schicht Watte. Nichts ist konkret oder greifbar, man hat nur so eine Ahnung, tappt aber wie durch Nebel. Die Luft ist schwer und feucht, besonders hier am Niederrhein. Man bekommt einfach den Kopf nicht klar. Vermutlich kann man solche Tage überall erleben, oder vielleicht muss man sich nur genügend Alkohol hinter die Binde schütten. Ich trinke nur ganz selten Alkohol, nicht aus ideologischen Gründen, er hat einfach zu viele Kalorien. Alkohol macht dick, nicht nur einen dicken Kopf. Mir ist daran gelegen, einen klaren Kopf zu behalten, schon aus beruflichen Gründen.

Nach längerer Arbeitslosigkeit und durch Hartz IV gebeutelt, verdinge ich mich seit einiger Zeit als Privatdetektivin. Das hat den Vorteil, dass ich die Stunden, die ich in Cafés und Kneipen absitze, als Arbeitszeit bezeichnen kann. Observation oder Recherche nenne ich das.

Meistens sind es Ehepartner die ich observiere, vorwiegend männliche. Häufig beauftragen mich Ehefrauen, die Treue ihrer Ehemänner auf die Probe zu stellen. Ich sehe noch ziemlich gut aus, obwohl ich nicht mehr ganz jung bin. Reif nennt man meine Altersklasse. Aber ich habe eine tadellose Figur, die ich auf regelmäßige Gymnastik und meinen stark reduzierten Alkoholverbrauch zurückführe. Eigentlich könnte ich mich auch als Eheberaterin bezeichnen.

Ich bin ganz gut im Geschäft, seit ich die zu testenden Objekte, also die potentiell treulosen Ehemänner, über den Verdacht ihrer Gattinnen nicht im Unklaren lasse. Gegen ein angemessenes zweites Honorar, das ich von den Herren kassiere, berichte ich den Ehefrauen das, was sie hören wollen: außer Spesen nichts gewesen. Welche Frau möchte schon über die Seitensprünge ihres Ehemannes aufgeklärt werden und dafür auch noch bezahlen müssen? So findet Er mit schlechtem Gewissen zu Ihr zurück und Sie nimmt Ihn mit offenen Armen und schlechtem Gewissen ob ihres Verdachtes wieder auf. Friede, Freude, Sahnekuchen, das ist es, was meine Kunden eigentlich wollen. Das bekommen sie von mir und ich werde immer gerne weiter empfohlen. So ist allen geholfen, auch meinem Konto und dem Finanzamt.

Bei meinem neuesten Fall ging es anscheinend nicht um Untreue und ich tappte total im Nebel. Meine Klientin vermutete, ihr Mann sei entführt worden.

»Da sich noch niemand bei Ihnen gemeldet hat und es auch keine Lösegeldforderung gibt, würde ich, nach meinen Erfahrungen, erst einmal nicht von einer Entführung ausgehen«, sagte ich routiniert.

»Aber mein Mann ist schon seit zwei Tagen verschwunden und meldet sich nicht. Das ist noch nie vorgekommen, und wir sind über zehn Jahre verheiratet«, beharrte Ria Bovenkerk.

Ich schätzte sie auf Ende Dreißig, sie hatte schulterlanges, schwarz gefärbtes Haar und einen dunklen sonnenbankgebräunten Teint.

»Ich bin sicher, dass er keine Geliebte hat. Er ist auch nicht mit unserem Ersparten durchgebrannt, denn das haben wir in unser neues Café investiert. Wie ich Ihnen schon sagte, alles was mit ihm verschwunden ist, ist das Rezept.«

»Ein Kuchenrezept«, bemerkte ich, legte die Stirn in Falten und schüttelte den Kopf. »Wegen eines Kuchenrezeptes wird niemand entführt.«

»Es ist nicht irgendein Rezept.« Meine Gesprächspartnerin sah sich um und beugte sich über den Tisch zu mir herüber. Sie flüsterte: »Es ist das Originalrezept für die Grillagetorte.«

Ich lächelte gezwungen und lehnte mich zurück. Wir saßen unter Palmen im »Tapas« auf dem Krefelder Großmarkt, der kultigen Gastronomiemeile unserer Stadt. Nahe der Autobahn und keine fünfzehn Gehminuten zur Innenstadt waren dort in den letzten Jahren originelle Restaurants entstanden. Zuerst gab es nur die »Kantine«, mit dem niedrigsten Bierpreis der ganzen Stadt. Dann eröffneten nach und nach ein Vietnamese, ein Grieche, der Spanier, was zwei Deutsche sind, und vor kurzem der Italiener. Abends ergattert man ohne Reservierung kaum einen Tisch, denn die Gäste kommen aus allen Städten der Umgebung, der Großmarkt ist schon lange kein Geheimtipp mehr. Nur zur Mittagszeit sind die Krefelder hier fast unter sich.

»Hat es geschmeckt? Darf ich noch etwas bringen? Du noch einen Chefkaffee, Hanni?« Nina, die Kellnerin, war lautlos an unseren Tisch getreten und räumte die Teller ab. Ria Bovenkerk warf ihr einen misstrauischen Blick zu.

»Bring uns lieber zwei Espresso«, antwortete ich, obwohl der »Kaffee Jeffe« hier traumhaft schmeckt, aber er enthält Alkohol.

Meine Klientin wartete, bis Nina außer Hörweite war und fuhr fort: »Es ist das einzig wahre, wirklich echte, ursprüngliche Originalrezept der Krefelder Grillagetorte, verstehen Sie? Krefeld ist berühmt für Grillagetorte, die gibt es nur hier. Grillage ist ein Wahrzeichen für Krefeld, so wie der Seidenweber oder die Dionysiuskirche?«. Ihr Blick bekam etwas Panisches. »Oder sind Sie nicht von hier?«

Ich lehnte mich weit über den Tisch und raunte ihr zu: »Ich bin hier geboren und habe die Stadt nie verlassen, wenn es Sie beruhigt. Zu allen Familienfesten und besonderen Feiertagen bestellte meine Mutter Grillagetorte bei Wilms. Zu ihrer Beerdigung wurde Grillagetorte der Konditorei Gudden geliefert.« Zufrieden verschränkte ich die Arme vor der Brust. Nina servierte den Espresso.

»Ich will Ihnen nicht zu nahe treten, aber es geht um das Original. Mein Mann und ich wollen hier auf dem Großmarkt ein Café eröffnen. Neben den internationalen Restaurants soll es ein typisches Krefelder Café geben und nur bei uns gibt es die original Grillage-Torte. Wir haben alle Genehmigungen; und Sie können mir glauben, dass es nicht leicht war, die Stadtväter von unserem Konzept zu überzeugen."

»Oh doch, das glaube ich aufs Wort«, grinste ich wissend. »Denen ist es ein Stachel im Fleisch, was sich hier auf dem Großmarkt tut. Die wollen doch lieber um jeden Preis die Innenstadt beleben. Aber das funktioniert natürlich nicht, wenn nach zweiundzwanzig Uhr niemand mehr laut Piep sagen darf, ohne dass gleich das Ordnungsamt parat steht. Hier steppt der Bär bis weit nach Mitternacht und das stört keinen, denn im Gewerbeumfeld gibt es nun mal keine Anwohner, die sich über Lärm beschweren. Mir brauchen Sie nichts zu erklären.«

»Ja, sehen Sie, wir sind so kurz vor unserem Ziel. Wir haben alle Unterlagen zusammen, haben alle Auflagen erfüllt, der Eröffnung steht nichts mehr im Wege – und dann verschwindet mein Mann spurlos und mit ihm das Rezept. Sie müssen mir helfen!« Ria Bovenkerk warf mir einen flehenden Blick zu.

»Waren Sie schon bei der Polizei?«, fragte ich.

»Die tun doch nichts. Erst wenn mein Mann wochenlang nicht auftaucht oder tot aufgefunden wird«, echauffierte sich meine Klientin und schlug mit der flachen Hand auf den Holztisch, dass die Tassen klapperten.

»Wenn Sie sagen, dass Ihr Mann entführt wurde, müssen Sie doch irgendeinen Anhaltspunkt haben. Wer könnte Interesse an Ihrem Mann haben?«, fragte ich lahm.

»Falsche Frage«, konterte Ria Bovenkerk, «wer hat Interesse an dem Rezept?«

»Ja, wer denn?« fragte ich gereizt.

»Das sollen Sie doch herausfinden, Frau Baal«, sagte meine Klientin scharf.

»Ohne Anhaltspunkte kann ich nichts heraus finden«, gab ich matt zur Antwort.

»Für mich sind alle Krefelder Konditoren verdächtig, jedenfalls alle, die Grillage im Angebot führen.«

»Wieso das denn? Die haben doch nachweislich selbst ein Rezept«, sagte ich müde. »Allenfalls könnten Sie die verdächtigen, die noch keinen Grillagekuchen anbieten, aber in nächster Zeit plötzlich welchen im Angebot haben. Und wenn der dann so schmeckt, wie nach ihrem Rezept gebacken ...«

»Grillagetorte, es heißt Grillagetorte – und die wird nicht gebacken.« Frau Bovenkerk sah mich an, als sei ich ein hoffnungsloser Fall. Ich hatte ein Gefühl als sei ich von dichter Watte umgeben, wie in einem Traum, in dem man nicht von der Stelle kommt.

»Der Boden ist aus Baiser und der wird nicht gebacken, eher getrocknet.«

Ja, ich fühlte mich wie in Baiser eingeschlossen und war entschlossen, mich da durchzubeißen. »Sie haben das Rezept im Kopf«, war mehr eine Feststellung als eine Frage. »Dann brauchen Sie es doch gar nicht zurück. Sie können trotzdem Ihren einmaligen originalen Kuchen, Verzeihung, Ihre Torte backen, ich meine trocknen lassen.«

»Ich brauche das Rezept zurück, um zu beweisen, dass ich, also wir, mein Mann und ich, das Originalrezept besitzen.«

»Wie wollen Sie beweisen, dass es originaler ist als die Rezepte der alteingesessenen Krefelder Konditoren?«, fragte ich bockig. »Wenn ich das richtig im Kopf habe, gibt es mehrere Versionen, wie der Grillage nach Krefeld kam«, erinnerte ich mich. »Es heißt, die frühere Chefin des ehemaligen Café Wilms auf der Hochstraße hat das Rezept aus Paris mitgebracht. Das habe ich mal in der Zeitung gelesen. Ich müsste das genauer recherchieren.«

»Tun sie das«, sagte meine Auftraggeberin und schob

mir einen Umschlag hin. »Hier ist meine Karte und die Anzahlung. Ich habe jetzt einen Termin. Wir treffen uns morgen zur selben Zeit am selben Ort und ich hoffe, Sie haben erste Erkenntnisse.«

Ria Bovenkerk stand auf und verließ das Lokal, ohne zu bezahlen. Ich winkte Nina heran und beglich die Rechnung mit dem Geld aus dem Umschlag.

»Schwieriger Fall?«, wollte die Kellnerin wissen, und ich hob beide Hände, wie um mich zu ergeben.

»Hasta mañana«, grinste sie, als ich ging.

Es war fast fünfzehn Uhr, und meine Recherche führte mich zum Café Kaiser auf der Neusser Straße, der Verlängerung der Hochstraße. Obwohl ich überhaupt keine Lust auf Süßes verspürte, bestellte ich ein Stück Grillagetorte. Ich war der einzige Gast, und so nutzte ich die Gelegenheit, um die Kellnerin in ein Gespräch zu verwickeln. Von ihr erfuhr ich, dass der Seniorchef erzählt habe, es sei überliefert, dass ein Konditorgeselle aus der Schweiz das Rezept für Grillage mitgebracht hätte.

Auf dem Weg durch die Fußgängerzone rief ich Axel Schweiß an, einen guten Freund und begnadeten Computerfreak. Axel heißt in Wirklichkeit Alex, aber wegen seines Nachnamens bietet sich die veränderte Reihenfolge der Buchstaben an. Das ist meine Rache, denn ihm verdanke ich meinen Spitznamen Hanni. Er nennt mich Honey (also Honig oder Süße auf englisch), aber das verstehen die Krefelder natürlich nicht. Axel war nicht zu erreichen, ich sprach ihm auf die Mailbox.

»Hi Axel, hier ist Hanni Baal. Würdest du mal in deinem Internet suchen, ob du etwas über Grillagetorte findest. Und kannst du bei der Gelegenheit heraus finden, wie die Grillagetorte nach Krefeld gekommen ist? Vielleicht weiß dein Freund vom Stadtarchiv darüber Bescheid. Ruf mich an und – Axel, es ist eilig. Tschüß.«

Ich folgte der Fußgängerzone bis zur Rheinstraße und bewunderte die Auslagen im Schaufenster von Café Heinemann. Wunderschöne, reich verzierte Kalorienbomben, deren Verzehr man teuer bezahlen muss, spätestens wenn sie sich eins zu eins auf die Hüfte gesetzt haben. Ich widerstand der süßen Versuchung, meinen Vorschuss in Schokolade zu tauschen und ging geradewegs zum Café Gudden.

»Was ist das Besondere an Ihrer Grillagetorte?«, fragte ich die erstaunte Besitzerin.

»Sie ist besonders lecker«, lächelte sie, »vielleicht weil sie mit drei Baiserböden gemacht ist.«

»Verwenden Sie auch das Originalrezept?«, wollte ich wissen.

»Sie ist nach unserem Rezept hergestellt, mit Haselnussraspeln. Man kann auch Nussgries verwenden«, sagte Frau Gudden.

»Was würden Sie tun, wenn Sie das Originalrezept hätten?«, fragte ich spitzfindig.

»Ach, wissen Sie, das ist doch alles Geschmacksache. Und Geschmäcker sind verschieden.«

Das war es, was die ganze Zeit nebulös in meinem Kopf herumgeisterte - und ich war nicht drauf gekommen.

»Danke«, sagte ich, »Sie haben mir sehr geholfen - und den nächsten Grillage esse ich bestimmt bei Ihnen.« Ich stürzte aus dem Geschäft und begab mich auf dem schnellsten Weg nach Hause.

Mein Anrufbeantworter blinkte, ich betätigte die Abfragetaste. »Hi Hannibal. Hier Axelschweiß. Seit wann bist du auf dem süßen Trip? Also, der Legende nach hat ein Geselle des Café Wiebus, das soll auf der Neusser Straße gewesen sein, in den zwanziger Jahren des 19. Jahrhunderts das Rezept für Grillage aus der Schweiz mitgebracht. Und zwar aus der französischen Schweiz, daher der Name. Grillage bedeutet Gitter oder rösten und gemeint ist der gitterähnliche Belag aus gerösteten Mandeln, auch als Krokant bekannt. Der Boden ist aus Baiser und das heißt bekanntlich Küsschen. Aus dem Internet hab ich dir ein Rezept ausgedruckt, scheint aber viel Arbeit zu sein, kaufen geht schneller und schmeckt vermutlich besser. Bis die Tage, Küsschen, Honey.«

»Danke Axel«, murmelte ich, »aber das ist für mich persönlich jetzt uninteressant.«

Ich setzte mich an meinen Schreibtisch und bekritzelte Notizzettel, die ich neben und untereinander legte und wieder verschob. Was wusste ich bisher? Frau Bovenkerk sucht Herrn Bovenkerk. Er ist aber mit der Grillagetorte verschwunden. Also doch eine Dreiecksgeschichte. Sie liebt ihr Café. Ohne Grillagerezept und Herrn Bovenkerk gibt es kein Café. Aber warum nimmt sie nicht ein anderes Rezept, wenn es das sogar für jedermann zugänglich im Internet gibt? Also geht es nicht um das Rezept, sondern um Herrn Bovenkerk.

Ich blätterte im Telefonbuch und fand einen Eintrag unter Jan und Ria Bovenkerk und einen zweiten unter Bovenkerk und Partner. Ich wählte diese Nummer. Eine routinierte weibliche Telefonstimme erklärte mir, dass sich Jan Bovenkerk auf Geschäftsreise befände und erst ab morgen wieder im Hause sei.

»Weiß das seine Frau?«, rutschte es mir heraus.

»Wie bitte?«

»Ähm, Ria Bovenkerk, also, ähm . . .«

»Frau Bovenkerk begleitet ihren Mann«, behauptete die Stimme. Ich bedankte mich brav und beendete das Gespräch. Dann ordnete ich meine Zettelchen auf dem Schreibtisch neu an. Sie ergaben immer noch keinen Sinn und ich beschloss, einfach das nächste Treffen mit meiner Klientin abzuwarten.

Ich wartete über eine Stunde im »Tapas«. Als ich eine Portion Brot mit Alioli und ein Thunfischomelett verputzt hatte, zahlte ich und setzte mich auf die Nachbarterrasse bei Bruno, dem Italiener. Dort bestellte ich einen Espresso.

»Ich habe gehört, hier nebenan wird ein Café eröffnet«, ließ ich beiläufig fallen.

Bruno hob die Schultern: »Die Räume sind noch frei, aber von einem Café weiß ich nichts.«

Langsam wurde ich sauer auf meine Klientin. Was hatte die mir für Märchen erzählt? Ich wählte die Nummer von Deo, Axels bestem Freund, der bei der Krefelder Kripo arbeitete. Deo heißt eigentlich Theodor und muss geistig umnachtet gewesen sein, als er den Namen seiner Frau annahm. Seitdem heißt er Theo Doranth, kurz Deo.

Ich fragte, ob eine gewisse Ria Bovenkerk ihren Mann als vermisst gemeldet hätte, was Deo nach kurzem Zögern verneinte. Ich fluchte. »Eine männliche Leiche, die auf den Namen Jan Bovenkerk hört, habt ihr auch nicht übrig?«, mutmaßte ich.

»Könnte ich dich mit einer weiblichen Leiche glücklich machen?«, witzelte Deo, »haben wir heute ganz frisch aus dem Rhein gezogen, wissen aber noch nicht, wer sie ist.«

»Ist sie von gestern?« Ich war wie elektrisiert. »Ich meine, kann es sein, dass sie erst gestern – ähm – baden gegangen ist?«

»Hm, ja. Hast du einen bestimmten Verdacht?«, wollte Deo wissen. Ich beschrieb ihm Ria Bovenkerk und am anderen Ende der Leitung blieb es still.

»Volltreffer!«, sagte ich und »Scheiße!« Dann berichtete ich von dem Gespräch mit meiner Klientin.

»Den ganzen Quatsch mit dem Café und der Grillagetorte hat sie mir nur aufgetischt, um meine Aufmerksamkeit zu gewinnen. Sie vermutete anscheinend, dass ihr Mann ihr nach dem Leben trachten würde, und wollte nicht zugeben, dass er eine andere hat. Ich sollte ihre Lebensversicherung sein, und statt dass ich mich um ihren Mann kümmere, sitze ich im Café und esse Torte. Ich bin ein Versager!«

Ich beendete das Gespräch, bevor Deo noch etwas sagen konnte. Dann bestellte ich einen doppelten Averna, nachdem es mir allerdings nicht besser ging. Ich kippte noch einen Ramazzotti hinterher. Als ich gerade dabei war, die drei Kaffeebohnen in meinem Sambuca abzuzählen, trat eine Frau an meinen Tisch.

»Darf ich mich setzen? Es tut mir Leid, dass Sie so lange warten mussten.«

Ich starrte die Frau an, als sei sie nicht von dieser Welt. »Sie? Ich denke, Sie sind tot – Bruno, was hast du mir da ins Glas getan?«, fragte ich und stellte fest, dass ich leichte Probleme mit der Aussprache hatte.

Die Frau, die aussah wie Ria Bovenkerk, drückte meinen Arm. »Bitte, nicht so laut, Sie müssen mir helfen.«

»Das letzte Mal, als ich Ihnen helfen sollte, sind Sie im Rhein ertrunken. Ich glaube ich bin nicht der richtige Ansprechpartner für Sie.« Ich fischte die Kaffeebohnen aus dem Glas, als wolle ich sie vor dem Ertrinken retten. Ich zerkaute sie, das Schnapsglas schob ich weit von mir.

»Bitte, Frau Baal, ich bin in der Klemme«, flüsterte Ria Bovenkerk. Sie quetschte meinen Arm. »Ich habe jemanden umgebracht.«

»Die Tote aus dem Rhein sind nicht Sie?«, mutmaßte ich.

»Nein, das ist Irmgard Fratzke, die Geliebte meines Mannes.«

»Ja«, bestätigte ich, »mit so einem Namen ist man besser tot.«

»Haben Sie getrunken?«, wollte meine Klientin wissen.

»Alkohol ist nicht gut für die Figur, viel zu viele Kalorien.« Plötzlich sah ich alles ganz klar. »Sie haben die Geliebte Ihres Mannes umgebracht.«

»Ja. Nein, es war Notwehr. Frau Fratzke hat mich angerufen und um ein Treffen gebeten. Auf der Rheinbrücke, sozusagen auf neutralem Boden.«

»Und dann?«

»Sie wollte mich von der Brücke stoßen.«

»Warum?«

»Es sollte nach Selbstmord aussehen. Mein Mann hat überall herum erzählt, ich würde an Depressionen leiden.«

»Warum sollte er das getan haben?«

»Weil er mich los werden wollte.« Ria Bovenkerk brach in Tränen aus.

»Warum haben Sie mir nicht direkt erzählt, dass es um eine Dreiecksbeziehung geht? Warum haben Sie mir die Geschichte mit der Grillagetorte serviert?«, knurrte ich.

»Ich wusste doch gar nicht, dass er mich betrügt. Es war nur so ein Gefühl. Jetzt, wo wir uns endlich den Traum vom eigenen Café erfüllen konnten, schien er nicht mehr an unserem gemeinsamen Projekt interessiert zu sein. Er hat sich überhaupt nicht mehr bemüht.«

»Was heisst: jetzt?«, bohrte ich.

»Ich habe geerbt. Eine ziemliche Summe und das Rezept. Das Geld wollte ich in unser Café stecken.«

»Warum haben Sie mir nichts von ihrem Verdacht erzählt?«, beharrte ich.

»Das bisschen, was ich ahnte, wollte ich nicht wahrhaben. Ich mochte ihn auch nicht zu Unrecht verdächtigen. Eigentlich dachte ich, wenn ich Ihnen erzähle, dass mein Mann entführt worden ist, finden Sie vielleicht etwas heraus. Dass er nicht alleine auf Geschäftsreise ist oder so. Ich konnte mir nicht vorstellen, dass er und seine Geliebte schon meinen Tod planten«, schluchzte Ria Bovenkerk.

Ich drückte ihr den Sambuca in die Hand.

»Sie müssen zur Polizei gehen«, sagte ich und kritzelte ihr Deos Namen und Telefonnummer auf eine Papierserviette. »Hier, fragen Sie nach Theo Doranth, der kennt schon die erste Hälfte Ihrer Geschichte.«

»Kommen Sie nicht mit?« Roa Bovenkerk sah mich flehend an.

»Nein«, sagte ich bestimmt. »Ich lasse mir neue Visitenkarten drucken. Ab jetzt spezialisiere ich mich auf Eheberatung. Mit Mord und Totschlag will ich nichts zu tun haben. Für Kuchen nicht – wie man in Krefeld sagt.«

Grillagetorte

ZUTATEN FÜR DEN BAISERTEIG:
4 Eiweiß
200 g Zucker
20 g Mehl
100 g gemahlene Haselnüsse

ZUTATEN FÜR DEN BELAG:
100 g Zucker
100 g gemahlene Mandeln
750 g Sahne
100 g dunkle geraspelte Schokolade
4 Essl. Rum

Mit Hilfe eines Tortenringes (Durchmesser von 26 cm) auf Backpapier zwei Kreise zeichnen. Eiweiß zu ganz festem Schnee schlagen und erst wenn es fest ist, den Zucker einrieseln lassen. Zuerst das Mehl und dann die Nüsse vorsichtig unterheben.
Die Teigmasse in zwei Hälften teilen und auf die beiden Kreise verteilen.
Backofen auf 120 Grad vorheizen und die Baiserplatten auf der mittleren Schiene ca. 40 Minuten lang fest werden lassen. Sie sollen nicht bräunen.

Nach dem Backen die Teigböden vorsichtig vom Backpapier lösen. Einen Boden auf eine Tortenplatte legen, der andere wird zerkleinert.
Zucker in einer Pfanne schmelzen, die Mandeln hinzufügen und unter Rühren goldbraunen Krokant rösten. Aus der Pfanne auf Pergamentpapier gleiten lassen und nach dem Abkühlen zerkleinern.

Sahne steif schlagen, Schokoraspeln, Baiserkrümel und Rum unterheben. Um den Baiserboden einen Tortenring legen und die Sahnemasse darauf verteilen und glattstreichen. Die Mandelbrösel und nach Belieben Schokoraspeln obenauf geben und die Torte einfrieren.

Etwa 5 Stunden vor dem Servieren aus dem Kühlfach nehmen und leicht antauen lassen.

Nessa Altura

Als ein neues Jahrtausend anbrach, fand Nessa Altura, dass es an der Zeit wäre, einmal etwas Neues zu wagen, verkaufte ihre erste Kurzgeschichte an einen Verlag - und gewann den Friedrich-Glauser-Preis. Seither veröffentlicht: viele Kurzgeschichten, u. a. bei Scherz, Grafit, Vertigo - und zwei Erzählbände *(Sagen aus Nürnberg und Mittelfranken* und *Nacht über Oberstdorf).*

Mischa Bach

alias Dr. Michaela Bach, geboren in Neuwied am Rhein, lebt in Essen. Wäre es England, wäre writer die Berufsbezeichnung der Filmwissenschaftlerin, (Drehbuch-)Autorin, Dramaturgin, Dramatikerin, Journalistin und Übersetzerin. Geschrieben wurde schon immer - der erste comicartige Brief im zarten Alter von vier Jahren - veröffentlicht seit 1982. 2002 wird *Vollmond* für den Kurzkrimi-Glauser nominiert. 2001 erhält sie den Martha-Saalfeld-Förderpreis für ihre Kriminalnovelle *Der Tod ist ein langer, trüber Fluss*, die 2005 für den Friedrich-Glauser-Preis in der Sparte Debüt nominiert wurde. Wenn sie nicht schreibt, liest oder im Theater ist, lernt sie Gebärdensprache oder sie malt.

Andrea C. Busch

ist Übersetzerin, Autorin und Herausgeberin. Sie schreibt Krimis und Sachtexte und forscht zum Thema Frauensport. Zur Zeit arbeitet sie an der TU Darmstadt, wo sie unter dem Deckmantel einer harmlosen Bürotätigkeit die menschliche Natur studiert. www.andreacbusch.de

Ina Coelen

wurde 1958 am Niederrhein geboren und lebt mit ihrer Familie in Krefeld. Sie studierte Visuelle Kommunikation und arbeitet seit 1984 als selbständige Grafikerin. Seit zwanzig Jahren zeichnet sie Cartoons für eine regionale Zeitung, macht Illustrationen und schreibt Kriminalgeschichten. Sie arbeitet für einen Verlag, gibt Krimi-Anthologien heraus, organisiert die *Krefelder Krimi-Tage* und die »Krefelder Schrecksekunden«.
www.coelen-krimi.de

Dorle Gelbhaar
wurde in der Hafenstadt Rostock geboren und hat in Berlin Kulturwissenschaft studiert. Das Thema Kriminalliteratur beschäftigt sie seit langem. Sie hat Krimis rezensiert, einen Essay über die Kriminalliteratur der DDR geschrieben und nach einer Reihe von Kurzgeschichten 1998 ihren ersten Kriminalroman *Der Fremde am Telefon* bei Elefanten Press Berlin veröffentlicht. Nach weiteren Kurzgeschichten und einer Erzählung wendet sie sich mit *Das Onjeschwedde und die Mafia* wieder dem Kriminalgenre zu.

Nina George
geboren 1973 in Bielefeld, lebt als freie Autorin in Hamburg. Sie schreibt Krimis (*Kein Sex, kein Bier und jede Menge Tote; Bube, Dame, Karo, Tod* – Schwarze Hefte), Kurzgeschichten, Sachbücher. Seit zwölf Jahren als Journalistin und Kolumnistin tätig, u. a. für Cosmopolitan, TV Movie, das Hamburger Abendblatt. Nina George glaubt an Universumsbestellungen, Liebe auf den ersten Blick und die Macht erstklassiger italienischer Küche. Unter ihrem Pseudonym Anne West erschienen bisher fünf Erotikratgeber, zuletzt *Erste Hilfe für Verliebte.*
Ja, und sie war mal Kellnerin und kann besser Waffeln als Hörnchen backen.
www.ninageorge.de

Alexandra Guggenheim
gebürtige Niederrheinländerin und gelernte Kunsthistorikerin, jetzt im Norden beheimatet. Sie liebt die große Tortennostalgie, von üppigen Marzipan- über Sahne- und Schokoladentorten bis zu Nuss- und Obstkuchen. Die Portionen dürfen gerne groß ausfallen, denn ihr Taillenumfang hat bisher noch nicht unter diesem Faible gelitten. Herausgeberin und Verfasserin von E- und U-Texten. Mitglied im Syndikat und bei den Sisters in Crime.

Almuth Heuner
begann mit zwölf zu schreiben, woran die Beatles und Wolfdietrich Schnurre schuld sind. Heute lebt sie als Schriftstellerin und Herausgeberin in Frankfurt am Main. Am Niederrhein nehmen besonders Straelen und Geldern einen Platz in ihrem Herzen ein.
www.heuner.de

Beatrix Kramlovsky

wurde 1954 in Steyr geboren. Sprachenstudium in Wien, langjährige Auslandsaufenthalte. Seit zehn Jahren Hauptwohnsitz bei Wien. Neben freischaffender künstlerischer Arbeit in der Erwachsenenbildung tätig, Tutorien und Workshops an Schulen, ausländischen Universitäten und Akademien. Zahlreiche Einzelausstellungen im In- und Ausland, Beteiligung und Organisation von interdisziplinären Kunstprojekten.
Begeisterte Reisende. Preisträgerin des Landes NÖ, Mitglied einiger Künstlervereinigungen, Präsidentin des deutschsprachigen Chapters der Sisters in Crime

Thomas Kredelbach

Jahrgang 1968, lebt und arbeitet in Köln. Der gelernte Bankkaufmann und Diplom-Pädagoge publiziert seine Krimis in einer Vielzahl von Zeitschriften und Magazinen. Sein erstes Buch, die Erzählsammlung *Der Anhalter*, erschien im Jahr 2002. Der darin enthaltene Krimi *Gefährliche Freundin* war im Jahr darauf für den Friedrich-Glauser-Preis, den »Deutschen Krimi-Oscar«, nominiert. Beim Leporello Verlag erschien die gleiche Geschichte in der Anthologie »Brillante Morde«.

Ulla Lessmann

1952 in Bremerhaven geboren, lebt als freie Journalistin und Diplomvolkswirtin in Köln. Zahlreich Preise, u.a. »Förderpreis für satirische Literatur« der Stadt Herne. Veröffentlichungen u.a.: *Helenens gestörte Ruhe*, Fischer 1997, *Hedwigs Rache*, Fischer 1999, *Wir sehen das hier nicht so eng*, Satiren, Fischer 2000, *Das Geheimnis der Schulbibliothek* in *Mörderische Mitarbeiter*, Scherz 2003, *Macht hoch die Tür* in *Leise rieselt der Schnee*, Ullstein 2003.

Sandra Lüpkes

Jahrgang 1971, lebt mit Mann und zwei Töchtern auf der Nordseeinsel Juist. Seit 2001 hat die freie Autorin fünf Insel- und Küstenkrimis und zahlreiche spannende Kurzgeschichten veröffentlicht, ein eigener Krimiband wurde ins Dänische übersetzt. 2005 war sie für den Friedrich-Glauser-Preis, Sparte Kurzgeschichte und für den VS-Preis »Das neue Buch« nominiert. Zudem hat sie sich als Sängerin einen Namen gemacht, und gemeinsam mit ihrer Rockband »Strandgut« drei CDs auf den Markt gebracht. Mit der Akkordeonistin Edda Liebermann arrangierte sie ein eigenes Chansonprogramm zu den *Sieben Todsünden*. Neuere Veröffentlichungen: *Das Hagebuttenmädchen* (2004) und *Halbmast* (2005), beide Rowohlt-Verlag.

Eva Maaser
wurde am 23. 11. 1948 in Nordrhein-Westfalen geboren. Sie studierte Germanistik, Theologie und Kunstgeschichte an der Universität Münster. Seit 1999 ist sie freiberuflich als Autorin tätig. Ihr aktueller Roman *Die Nacht des Zorns* erschien 2005 bei ATV, Berlin.

Susanne Mischke
geboren in Kempten/Allgäu, schreibt sich kontinuierlich »nach oben«: geografisch - inzwischen lebt sie bei Hannover - und auf der Karriereleiter mit ihrem inzwischen zehnten Roman: *Wölfe und Lämmer*.
www.susanne.mischke.de

Brigitte Parker
studierte Grafik Design, machte sich 1984 selbständig und arbeitete für Werbeagenturen und Verlage. Sie zeichnet Cartoons, macht Illustrationen, schreibt Kindertexte und Kurzkrimis. Sie veröffentlicht regelmäßig Kurzkrimis. Sie lebt mit ihrer Familie und drei Katzen am Niederrhein.

Ulrike Renk
am 25. Januar 1967 geboren. Freie Lektorin, Autorin und außerdem Mutter von vier Kindern. Außer Erotik kann sie eigentlich alle Genres bedienen. Nach dem Studium der Literatur- und Medienwissenschaften in den USA und in Deutschland stand erst einmal die Familie im Vordergrund. Das Leben geht manchmal seltsame Wege - und einige Jahre arbeitete sie in ganz anderen Bereichen und tat viele unterschiedliche Dinge.
Nach ihrer Scheidung 1998 wandte sie sich wieder ernsthaft ihrer ursprünglichen Beschäftigung zu. Schreiben, lange Zeit nur ein Hobby, wurde ein Hauptbestandteil ihres Lebens. Auch begann sie wieder zu lektorieren. Verschiedene Veröffentlichungen in Literaturzeitschriften und Anthologien. Sie wohnt mit Kindern, Katzen, Mäusen, Hasen, Enten und Freund am Niederrhein.

Nina Schindler
war viele Jahre lang Gesamtschullehrerin und arbeitete gleichzeitig als Journalistin. Seit zehn Jahren schreibt sie Kinder- oder

Jugendbücher, aber ab und zu auch für Erwachsene, zum Beispiel Kurzkrimis. Außerdem verfasste sie ein Drehbuch und Theaterstücke und übersetzte mittlerweile mehr als 100 Bücher, darunter auch eines von Agatha Christie. Sie lebt mit Mann und fünf Kindern in Bremen.

Zora Schreiber

wurde am Niederrhein geboren und hat dort studiert. Unter anderem ist sie als Puppenspielerin, Clownin und Zauberin aufgetreten, hat eine Spielgruppe betreut, war im Kunstgewerbe tätig, hat Ferienhäuser in Frankreich vermietet und englische Antiquitäten verkauft. Sie veröffentlicht unter verschiedenen Pseudonymen Kurzgeschichten und Kurzkrimis. Sie lebt und backt am Niederrhein.

Gesine Schulz

wurde in Niedersachsen geboren und wuchs im Ruhrgebiet auf, wo sie zur Zeit wieder wohnt. Mehr als zehn Jahre verbrachte sie im Ausland (in Irland, Südamerika, der Schweiz und den USA), arbeitete in Bibliotheken oder Hotels und erlebte Abenteuerliches. 2004 erschien im Leporello Verlag ihr Kurzkrimiband *Der Beuys von Borbeck (die sauberen Fälle der Privatdetektivin & Putzfrau Karo Rutkowsky).*
Die Autorin schreibt auch Kinderbücher, u. a. die Kinderkrimiserie *Privatdetektivin Billie Pinkernell.*

Jutta Wilbertz

studierte Angewandte Theaterwissenschaft in Gießen und absolvierte außerdem eine Schauspiel- und Gesangsausbildung in Rom und Köln. Neben Kriminalerzählungen und Kurzgeschichten schreibt sie auch mörderische und andere Chansons und tritt regelmäßig mit ihren kabarettistisch-musikalischen Programmen auf. Sie ist Mitglied der Autorinnenvereinigung Sisters in Crime.

TATORT NIEDERRHEIN

Ulrike Renk

Seidenstadt-Leichen

Krefeld-Krimi

ISBN 3-936783-12-8 · 224 Seiten · € 9,-

Schaufensterpuppen werden in der Umgebung Krefelds gefunden – ohne Kopf, mit Kunstblut, sorgfältig arrangiert, lebensecht wirkend.
Die Polizei hält das solange für einen Streich, bis an der Mühle auf dem Egelsberg tatsächlich eine Leiche liegt – weiblich, ohne Kopf, sorgfältig arrangiert.
Wer ist die Tote? Was hat sie mit den Puppen zu tun?
Als eine weitere Frau vermisst gemeldet wird, beginnt der Wettlauf mit der Zeit.
Ist ein Serienmörder in Krefeld am Werk?
Hauptkommissar Jürgen Fischer – gerade erst nach Krefeld versetzt – wird auf atemberaubende Weise mit der Seidenstadt bekannt gemacht.

LEPORELLO
KRIMI

Herausgegeben von Ina Coelen

Mords-Feste

Kalender-Krimis vom Tatort Niederrhein

Kriminalgeschichten von
Uli Aechtner, Mischa Bach, Jürgen Ehlers,
Reinhard Junge, Paul Lascaux, Michael Rossié,
Niklaus Schmid, Barbara Wendelken u. a.

ISBN 3-936783-10-1 · 272 Seiten · € 9,–

Für diesen Band haben sich zwanzig der bekanntesten deutschsprachigen Krimiautorinnen und -autoren den Jahreskalender mit seinen Festen und Feiertagen vorgenommen. Man hat am Niederrhein die Tatorte und reichlich kriminelle Energie gefunden – frei nach dem Motto: »Man soll die Morde feiern wie sie fallen«.
In diesem Krimi-Kalender wird gelogen und betrogen, gemordet und gemeuchelt.
Denn was wäre passender als ein Banküberfall zum Weltspartag, oder auf Altweiber um Schlips und Kragen gebracht zu werden – und was wäre geschickter, als eine fröhlich-feuchte Feier für kriminelle Betrügereien und das Silvesterfeuerwerk für eine Mordtat zu missbrauchen.

LEPORELLO
KRIMI

ALLE KARO-KURZKRIMIS IN EINEM BAND

Gesine Schulz

Der Beuys von Borbeck

Die sauberen Fälle der Privatdetektivin & Putzfrau Karo Rutkowsky

Ganz gleich, ob sie einen Mord aufklären soll, hinter Wollmäusen her ist oder zum Geburtstag verschenkt wird – Karo Rutkowsky, Privatdetektivin mit schwacher Auftragslage sowie erfolgreiche Putzfrau in den Villen des Essener Südens, erledigt ihre Aufgaben mit Schwung. Nicht immer legal, aber gründlich.

ISBN 3-936783-07-1 · 304 Seiten · € 9,-

KURZ, KRIMINELL UND PREISGEKRÖNT

Mischa Bach · Ina Coelen (Hrsg.)

Brillante Morde

Die besten Krimi-Kurzgeschichten aus Deutschland, Österreich und der Schweiz – nominiert und ausgezeichnet mit dem Friedrich-Glauser-Preis 2002 · 2003 · 2004

ISBN 3-936783-08-X · 192 Seiten · € 9,-

»Dass die bislang mit dem Krimipreis der Autoren nominierten und ausgezeichneten Erzählungen nun vorliegen – in einem Band sozusagen als Krönung des krimi-literarischen Schaffens versammelt – ist dem Verlag und den Herausgeberinnen zu danken ... Alle drei Jahre ein solch furioser Best-of-Band – es bedarf keiner hellseherischen Fähigkeiten, um dieser allerersten Ausgabe bereits den Status eines begehrten Sammelobjekts vorherzusagen ... Die Autoren stellen – jede und jeder für sich – die besondere Qualität des Genres unter Beweis ...« HORST ECKERT

LEPORELLO
KRIMI

Ina Coelen · Ingrid Schmitz (Hrsg.)

Tödliche Touren

Der kriminelle Reiseführer vom Niederrhein

21 Autoren liefern eine mörderische Entdeckungsreise

ISBN 3-936783-06-3 · 256 Seiten · € 9,-

Mords-Appetit

Krimi-Leckerbissen vom Niederrhein
(mit mörderisch guten Rezepten)

In 19 Kriminalerzählungen wird nach besten Rezepten geschlemmt und gemeuchelt – spannende kriminell-kulinarische Leckerbissen

ISBN 3-936783-05-5 · 256 Seiten · € 9,-

Tatort Niederrhein

Die besten Kurzgeschichten aus dem Krimi-Wettbewerb der Westdeutschen Zeitung

Jede Story trägt eine andere Handschrift – nur eines haben alle gemeinsam: den Tatort Niederrhein

ISBN 3-936783-04-7 · 256 Seiten · € 9,-

LEPORELLO
KRIMI